L'ESPRIT

DES LOIX

QUINTESSENCIE',

Par une suite de Lettres Analyti-
ques.

SECONDE PARTIE.

Ut evellas & deftruas ..... & ædifices, &
plantes. Jerem. 1. v. 10.

M. DCC. LI.

L'ESPRIT
DES LOIX
QUINTESSENCIE'.

VINGTIE'ME LETTRE.

Sur le dix-neuviéme Livre.

JE vous infinuois, MONSIEUR, vers la fin de ma feconde Lettre, que les rapports infinis que l'Auteur de *l'Efprit des Loix* prétendoit leur donner, me fembloient tous chimériques. Vous voyez maintenant ma préfomption déja iuftifiée par la difcuffion de dix-huit Livres ; vous ferai-je mieux augurer du dix-neuviéme ? Je ne le crois pas, & je ne le puis à la feule infpec-tion du titre. *Des Loix dans le rapport qu'elles ont avec les principes, qui for-ment l'efprit général, les mœurs & les manieres d'une Nation.* Que vous dirai-je à ce sujet? Ecoutez l'Auteur? * *Cette matiere est d'une grande étendue. Dans cette foule d'idées qui se présentent à mon esprit ; je serai plus attentif à l'ordre des choses, qu'aux choses même.* Il faut que *j'écarte à droite & à gauche ; que je perce & que je me fasse jour.* A ce langage ne vous figurez-vous pas le Héros de Cervantes, qui, la visiere haute & la lance en arrêt, pique sa *Rossignante* & se précipite au travers d'une vaste Campagne couverte de buissons, & d'autres objets confusément apperçus, qu'il prend tous pour autant de Géans? Il sera plus attentif à l'ordre des choses, qu'aux choses mêmes. Ce sont des idées en foule, où comme dans une foule de personnages réels, il apperçoit des têtes & des visages, sans pouvoir en discerner les traits ; mais il veut percer *& se faire jour.* Il faut donc qu'il écarte à droite & à gauche : voyons-le faire.

Son expédition doit être d'une étendue pareille à celle de son importance : ce sont de sages & salutaires avis, qu'il se croit chargé de donner à tous les

* C. 1.

Légiſlateurs paſſés, préſens & futurs.
Attentif à l'ordre des choſes, il voit
d'abord * *combien pour les meilleures
Loix il eſt néceſſaire que les eſprits ſoient
bien préparés.* Mais qu'appelle-t-il ici
de bonnes Loix ? Dans quelle poſition
met-il ceux qui doivent les accepter ?
C'étoit-là l'indiſpenſable attention qu'il
falloit faire aux choſes, pour en parler judicieuſement & conſéquemment.
S'agit-il d'une Nation qui n'ait jamais eû
de Loix, & qui ſente la néceſſité d'en
avoir ? Dans ce premier cas, la diſpoſition de tous les Peuples étoit, comme
je l'ai dit ailleurs, de réclamer l'obſervation de la juſtice, dont ils avoient
des notions naturelles, & qu'ils voyoient
impunément violée dans l'anarchie.
Les bonnes Loix alors ſeront celles qui
preſcriront ce qu'on ſent être juſte, &
qui défendront le contraire. Il faut
conſidérer de plus ſi celui qui doit propoſer les Loix, ou les faire obſerver,
en a déja reçu le pouvoir ; ou ſi le peuple
veut que les Loix ſoient fixées avant de
convenir de la forme du Gouvernement.
A ces conditions, & par ces conven-

* C. 2.

tions expresses, on peut dire que les esprits sont suffisamment préparés à recevoir des Loix qu'ils sont censés avoir déja reçues.

Mais quand on supposera qu'un Conquérant ou qu'un Usurpateur proposera des Loix injustes, & qu'il voudra les faire recevoir par la seule raison qu'il est le plus fort, c'est une imagination plus que déraisonnable de poser pour principe que ces Loix seront mal reçues, parce que les esprits n'y sont pas préparés. Il est naturel que de pareilles Loix les révoltent.

Tel fut le soulevement des Germains contre le *Tribunal établi chez eux par Varus* ; c'étoit par un juste mouvement d'indignation qu'ils coupoient la langue aux Avocats, & leur disoient : *vipere cesse de siffler.* Ce n'étoit pas sans raison non plus que *Mithridate reprochoit aux Romains les formalités de leur justice.* C'est ainsi que l'Auteur traduit *calumnias litium* les vaines subtilités, les fausses allégations, les déclamations captieuses, &c. & quand il ne s'agiroit que d'une Jurisprudence, où par un usage sans équité, la forme l'emporte sur le fond dans les meilleures causes ;

ce feroit vouloir anéantir toute idée de juftice dans les efprits que de fuppofer qu'ils peuvent être préparés à fouffrir patiemment que leurs droits les mieux établis cédent à des régles fouvent plus frivoles qu'elles ne font arbitraires.

Fut-ce fans fujet enfin que les La-ziens trouverent horrible & barbare la nature du Tribunal de Juftinien, pour faire *le procès au meurtrier de leur Roi?* La févérité peut être portée jufqu'à l'inhumanité ? La nature a certains droits que la néceffité même de punir ne permet pas de violer fans modération : ce feroit un moindre inconvénient de laiffer un crime impuni, que d'envelopper des innocens dans le châtiment du coupable.

Mais dans quels écarts ou dans quelles difparates notre Ecrivain fe laiffe-t-il emporter, pour accumuler des exemples du défaut de préparation dans les efprits à recevoir les meilleures Loix ? De quelles Loix s'agit-il dans celui des Parthes, qui ne purent fupporter ce Roi, *qui ayant été élevé à Rome fe rendit affable & acceffible à tout le monde ?* Dans quelle Nation goûtera-t-on ja-

mais ce faux, qui fous une feinte affa-
bilité couvre fouvent l'indifference, la
haine, les inimitiés, les deſſeins formés
de nuire & de perdre ceux dont on ſe
laiſſe approcher avec le plus d'aiſance?
Tacite, le judicieux Tacite, n'a-t-il pas
raiſon de dire que c'étoit apporter aux
Parthes des vertus inconnues & de nouveaux vices? Sans la candeur, ſans la
ſincérité, ſans la droiture, toutes les ap-
parences de vertu ne ſont-elles pas juſtement odieuſes?

Par quel exemple encore ce Diſcou-
reur emphatique prouvera-t-il que *la
liberté même a paru inſupportable à des
Peuples, qui n'étoient pas accoutumés à
en jouir?* Les maux de l'anarchie peuvent porter des Peuples qui n'ont point
de Loix à ſouhaiter d'en avoir, & c'en
eſt là la véritable origine. Mais c'eſt
alors l'amour même de la liberté qui
diſpoſe les eſprits à la reſtraindre pour
la conſerver plus ſûrement. Il eſt contre la nature de ſe plaire dans la ſervitude. *Un air pur peut quelquefois être
nuiſible à ceux qui ont vécu dans des païs
marécageux.* C'eſt un effet qui ſe remarque dans les végétaux tranſplantés,
comme dans les animaux dépaïſés,

parce

parce que dans les uns comme dans les autres la conſtitution des corps dépend d'un certain méchaniſme, où la température de l'air peut s'influer. Mais les affections des ames raiſonnables ne dépendent que de leurs notions, ou de leurs ſentimens, qui ſont d'eux-mêmes inaltérables. Tel eſt le ſentiment de la liberté, qu'aucun changement de lieux ne peut faire dégénérer juſqu'à devenir un goût d'eſclavage.

Je ris, & qui ne riroit pas de la queſtion que l'Auteur propoſe ſur un éclat de rire qu'un Roi de Pégu fit, *quand il apprit qu'il n'y avoit point de Roi à Veniſe.* A ce récit, ſon imagination bruſque ſe repréſente d'abord tous les Peuples du païs auſſi ſottement entêtés de la Roïauté que leur Roi même. *Quel eſt,* s'écrie-t'il, *le Légiſlateur qui pourroit propoſer le gouvernement populaire à des peuples pareils?* Suppoſons les mécontens de leur Roi, comme ils pouvoient l'être, le premier venu les eût trouvés préparés à changer de gouvernement comme *Brutus* trouva les Romains diſpoſés à chaſſer leurs Rois.

Sur ces diſpoſitions l'Auteur diſtingue deux cauſes qui peuvent les produire. * La *tyrannie réelle*, qui confiste dans la violence du gouvernement & la tyrannie d'opinion, qui se fait sentir, lorsque ceux qui gouvernent établissent des choses *qui choquent la maniere de penser d'une nation*; mais les raisons qu'il rend de cette distinction sont plus conjecturales, que clairement déduites des faits qu'il allegue. Augufte vouloit, dit Dion, se faire appeller *Romulus*; mais il changea de deffein, quand il apprit que le Peuple craignoit *qu'il ne voulût se faire Roi*. Suétone en rend une autre raison, c'est qu'on repréfenta dans le Sénat que le nom * d'Augufte exprimoit une idée plus fublime & plus honorable que celui de *Romulus*. Mais fuppofons que Dion foit plus croyable, la réflexion de notre Auteur fur la crainte du Peuple n'en fera ni plus jufte ni plus folide. *Les premiers Romains, dit-il, ne vouloient point de Rois, parce qu'ils ne pouvoient en souffrir la puissance*, ou l'abus de leur puiffance: les Romains d'alors ne vouloient point de Rois *pour n'en pas souffrir les manieres*. Réflexion fauffe & peut-être purement fatirique. Le peuple Romain

* C. 3.

** Suéton. in Augufl. C. 7.

conserva toujours la même aversion
pour le gouvernement violent, c'étoit,
comme nous l'avons vû dans Ciceron
tout l'intérêt bien marqué que ce Peuple prenoit dans les partis, qui divi-
soient la République. Ce n'étoient point
ses *manieres*; mais ses droits & sa sureté
qu'il souhaitoit de conserver. Ce fut
pour le ménager, que César, les *Trium-
virs*, *Auguste* s'abstinrent des noms de
domination, qu'ils garderent *tout l'extérieur de l'égalité*, de sorte que leur vie
privée contenoit une espece d'opposi-
tion avec le faste des Rois d'alors. Par
ces reserves Auguste parvint sur-tout,
non-seulement à faire supporter, mais
à faire aimer sa domination, quelque
étendue que sa puissance fût. Le Co-
médien Pilade n'avoit point été chassé
de la Ville & de l'Italie par des factions;
mais pour une insolence qu'il avoit com-
mise contre un Spectateur, & c'est une
exagération dans Dion d'alléguer que
quand Auguste eut fait revenir ce Ba-
ladin, le mécontentement qu'on avoit
marqué de certaines Loix trop dures,
qu'il avoit faites cessa. Cette pensée
pourroit se tolérer dans un Poëte sati-
rique, mais un Historien qui la hazar-

da , est censé consentir qu'on ne l'en croie pas.

Il est ordinaire à notre Auteur de parler des choses avant de les définir ; mais il n'y a jamais beaucoup à perdre, dans ce désordre de ses pensées, ce n'est qu'au poids qu'il faut les prendre pour juger de leur valeur. Qu'est-ce donc que l'esprit général, auquel les Loix doivent avoir rapport? Ecoutez. * *Plusieurs choses gouvernent les hommes, le climat avant tout , ensuite la Religion ; les Loix après ; les maximes du gouvernement , les exemples des choses passées ; les mœurs, les manieres d'où se forme un esprit général , qui en résulte , c'en est la quintessence.* Mais prenez garde que toutes ces drogues, qu'on vient de vous nommer n'entrent pas dans cette quintessence en doses égales. A mesure que dans chaque *nation une de ces choses agit avec plus de force, les autres lui cédent d'autant.* Par exemple , *la nature & le climat dominent presque seuls sur les sauvages; les maximes gouvernent les Chinois; les Loix tyrannisent le Japon , les mœurs donnoient autrefois le ton dans Lacédémone : les maximes du Gouvernement & les*

* Chap 4.

mœurs anciennes le donnoient dans Rome.
Voila des mots hazardés, & je n'ai pas
besoin de m'arrêter à vous en montrer
le peu de justesse, ou la fausseté. L'Auteur aura soin de confondre lui-même
toutes les idées qu'il semble nous donner.
· Voyons-le faire un essai de l'application de son principe & nous montrer par un exemple * *combien il faut
être attentif à ne point choquer l'esprit
général d'une nation.* C'est la nation fran-
çoise, dont il affecte de nous faire une
peinture hypothetique. Il semble appré-
hender qu'elle ne choquât par trop de
ressemblance; mais au fond son grand
vice est de n'être pas assez ressemblante.
Ceux qui connoissent un peu le roïaume,
ont pu remarquer que chaque province,
chaque canton, souvent chaque village,
chaque ville sur-tout, ou chaque quar-
tier d'une grande Ville a ses manieres,
ou son esprit particulier. Mais admettons la supposition. *S'il y avoit dans le
monde une Nation, qui eût une humeur sociable, une ouverture de cœur, une joie
dans la vie, un goût, une facilité à communiquer ses pensés, qui fût vive, agréa-*

* Chap. 5.

ble , enjouée , quelquefois imprudente , souvent indiscrete , & qui eût avec cela du courage, de la générosité , de la franchise, un certain point d'honneur , il ne faudroit point chercher à gêner par des Loix ses manieres , pour ne point gêner ses vertus. Quoi ! si malgré l'humeur sociable , on voyoit regner dans cette même nation tous les vices les plus contraires au bien de la société, la mauvaise foi, les fraudes, les usurpations & les injustices de toute espece dont la multitude de nos Tribunaux retentit , il ne faudroit point faire de Loix contre ces désordres en faveur des belles manieres & pour ne pas gêner les vertus ! Si le point d'honneur étoit porté jusqu'au fanatisme, jusqu'à la fureur , jusqu'à la barbarie. Seroit-ce gêner quelque vertu de proscrire ces excès brutaux par des Loix severes & dignes de l'humanité, qu'ils outragent? Que'le maxime à débiter que, si en général le caractere est bon , il importe peu de quelques défauts qui s'y trouvent ? A ce prix qu'elle nécessité de faire des Loix. Quand les Peuples les ont demandées, n'étoit-ce pas une preuve qu'il y avoit encore chez eux plus de bon que de mauvais ? mais il leur

importoit que ce mauvais fût retran-
ché.

Notre Auteur paroît le sentir, mais
il ne goûteroit pas ce retranchement
dans la Nation dont il a fait le portrait.
On pourroit, dit-il, *contenir les femmes ; faire des Loix pour corriger leurs
mœurs, & borner leur luxe ; mais le de-
vroit-t'on? Qui sait si on n'y perdroit pas
un certain goût qui seroit la source des
richesses de la nation, & une politesse
qui attire chez elle les étrangers*, c'est-
à-dire qu'il donne ici pour la source des richesses de la Nation. ce même
luxe, qu'il nous représente ailleurs comme la cause de la ruine de tous les Etats,
& conclud de là tacitement que c'est
*au Législateur à suivre l'esprit de la Na-
tion* comme n'étant point contraire aux
principes du gouvernement.

Mais il s'explique sans équivoque
dans le chapitre suivant. * *Il ne faut pas
tout corriger*, & cet oracle est appuié
sur le discours extravagant d'un prétendu Gentilhomme François, qu'il introduit sur la scéne. *Qu'on nous laisse, disoit-il, comme nous sommes, la Nature*

* Chap. 6.

répare toût. Relifez le refte & refléchif-
fez eomment un Magiftrat a pu ne pas
rougir de le tranfcrire & de le publier.
Comment un pareil écrit feroit-il écou-
té dans un Sénat, ou dans le Confeil
d'un Prince fage? N'eft-ce pas une juftification de ces fiecles féconds en crî-
mes, qu'Horace nous a peints comme
la fourcc de la corruption générale, &
de la perte de la République. Qu'on
nous laiffe enfin comme nous fommes.
faire des Loix contre une vivacité capa-
ble d'offenfer, & propre à faire manquer
à tous les égards : faire des Loix contre une prétendue politeffe, qui *donne*
fur-tout du goût pour les femmes ; de telles Loix ne feroient pas *convenables par-*
mi nous, parce qu'elles gêneroient *notre*
humeur fociable ; ces qualités, qui donnent du goût pour corrompre les mariages, pour confondre les races & les
maifons, ce ne font que des qualités
indifcretes, qui ne méritent pas l'attention du gouvernement ; les Monarchies n'ont pas befoin de mœurs fi pures.

Le Gentilhomme politique ou le politique Gentilhomme entreprend de
juftifier fon dire par une comparaifon.

Les Athéniens étoient un Peuple qui avoit quelque rapport avec le nôtre. Ils mettoient de la gaieté dans les affaires. Un trait de raillerie leur plaisoit sur la Tribune, comme sur le Théatre ; plaisant raisonnement ; comme si la raillerie n'étoit pas aussi propre dans la bouche des Orateurs que des Poëtes, à faire sentir le ridicule des vices & des mauvais conseils. Mais la gaieté des Athéniens leur eût-elle fait goûter une raillerie, qui leur eût représenté la corruption réciproque des deux sexes comme un effet de l'humeur sociable, dont il falloit les congratuler ? Auroit-il cru qu'en faveur des belles manieres il falloit accorder l'impunité d'une vivacité naturelle capable d'offenser & de manquer à tous les égards ? C'est trop insister sur un verbiage frivole & plus que déplacé.

Continuons d'écouter notre Auteur sur les effets de l'humeur sociable. Il philosophe à ce sujet aussi gravement & aussi dogmatiquement, que s'il puisoit ses maximes dans le fond même de la Nature. *Plus les peuples se communiquent, dit il, plus ils changent aisément de manieres, parce que chacun est plus un spectacle pour un autre* ; mais dans quelle société chacun ne devient-il pas un spectacle pour un autre par des communications nécessaires ? N'est-ce pas dans ces communications même que la société consiste ? Par-là *on voit mieux les singularités des individus.* La maxime est certaine ; mais l'effet des singularités est de choquer, quand elles sont vicieuses ; ce ne sont communément que des ridicules, qu'on craint de se donner. La communication par elle-même ne porte donc pas à changer de manieres. Supposons au contraire qu'une communication plus particuliere soit l'effet d'une humeur plus sociable, que ce soit par penchant & par attrait qu'on le cherche ; qu'il y ait plus de cordialité que d'intérêt dans le commerce ; que ce soit le cœur enfin qui forme les relations & qui les entretienne ; l'effet de ces dispositions est de donner des manieres ingénuës, simples uniformes, constantes ; l'inconstance en un mot n'est point renfermée dans l'idée de l'humeur sociable.

Aussi notre Argumentateur employe-t'il pour le prouver un autre *medium* ; vous le devinez, c'est le climat. Sçachez

donc, ou croyez enfin si, vous pouvez
que *le climat, qui fait qu'une nation aime
à se communiquer, fait aussi qu'elle aime
à changer.* Le climat est une étrange
cause, il agit méchaniquement, mais
contre la nature de la méchanique qui
consiste à produire des effets immua-
bles ; ces imaginations sont risibles.
Achevons. *Ce qui fait qu'une Nation
aime à changer, fait aussi qu'elle se forme le goût.* Ici, comme souvent ailleurs,
le raisonnement est renversé;ce qui fait
qu'une Nation change, c'est que son
goût se perfectionne, ou se deprave ;
toutes les manieres naissent du bon ou
du mauvais goût.

Ne confondez pas, s'il vous plaît,
l'un avec l'autre, pour juger des nouvelles maximes que notre politique phi-
losophant tire encore des effets de l'humeur sociable ; *la société des femmes,
gâte,* dit-il, *les mœurs & forme le goût ;*
la maxime est naïve & sied dans la
bouche, qui nous a débité celle du Gentilhomme. Qu'on nous laisse tels que
nous sommes ; qu'on nous laisse notre
goût sur-tout pour le commerce des
femmes ; leur société corrompt nos
mœurs ; mais il ne conviendroit pas de

gêner en ce point notre humeur sociable.

L'envie de plaire plus que les autres, & l'envie de ne plaire qu'à soi-même établit les modes. Rien de moins exact que cette double pensée. L'envie de plaire ne suppose point de rivalités. On veut plaire sans avoir de préférence à craindre ; on ne veut souvent plaire qu'à soi-même ; & c'est sans autre dessein formé qu'une infinité de femmes consultent leur miroir, elles se parent sans aucune espérance d'être vues par d'autres yeux, & dans la vérité l'invention des modes n'est dûe qu'à la cupidité des Ouvrieres, ou des Négocians. Mais le grand travers ici, la maxime antipolitique, c'est de donner les modes pour un *objet important.* La raison qu'on en allégue est digne de son auteur. On ne nous le dissimule pas. C'est l'Auteur de *la Fable des Abeilles*, que le nôtre cite avec complaisance, pour avoir montré par un Machiavellisme, peut être au fond moins sérieux que satyrique, combien les vices sont utiles à la société civile ; *à force*, dit-il, *de se rendre l'esprit frivole, on augmente sans cesse les branches de son commerce.* Mais quelle est enfin l'utilité de ce commerce ? C'eſt qu'à force d'enrichir ſes Compagnies commerçantes, & ſur-tout les Douanes, il ruine abſolument les Etats par un luxe intolérable. C'eſt un aveu que notre politique a fait, comme vous l'avez vû dans divers endroits. Il a donc mal pris la Fable des Abeilles, ce jeu d'eſprit ne ſuppoſe les vices utiles qu'autant qu'ils ſont modérés, & notre Auteur le cite en faveur d'un vice, qu'il reconnoît incapable de modération. C'eſt une illuſion de ſon goût naturel pour le frivole. Il croit avoir fait une acquiſition, quand il a pu s'approprier quelque penſée dont le ſpécieux l'éblouit, & d'où cet éblouiſſement lui fait tirer une fauſſe conſéquence.

J'ai la mauvaiſe habitude d'imaginer toujours quelque ſuite dans les penſées des Ecrivains que je lis, & je n'en ſuis que trop ſouvent la dupe. Je voudrois du moins trouver du ſens & du vrai dans leurs écarts mêmes & cette ſatiſfaction me manque encore. * *La vanité*, dit l'Auteur, *eſt un auſſi bon reſſort pour le Gouvernement, que l'orgueil en eſt un dangereux.* Il ſuivoit de-là ſelon

* Chap. 9.

son plan que les Loix devoient encourager la vanité dans les Etats, & s'appliquer à corriger l'orgueil ; & c'est ce
qu'il ne dit pas. Auſſi l'auroit-il dit
fort mal à propos, par rapport à la vanité : ce ſentiment produit par tout plus
de maux réels qu'il ne paroît produire
de faux biens. L'Auteur n'a pour garant de ceux qu'il lui fait produire
que les frivoles & fauſſes penſées de la
Fable des Abeilles. On lui paſſe que
c'eſt de la vanité que le luxe & les modes réſultent. Mais ne nous a-t'il pas
montré plus d'une fois dans ſes contradictions que le luxe eſt la vraie perte
des Etats. Ce n'eſt point la vanité qui
produit l'induſtrie & les Arts, ce ſont
les beſoins & les commodités de la vie.
Le goût alors eſt un don de la nature.
La vanité ne donne jamais à ceux qui
n'en ont point que le goût d'une mauvaiſe imitation.

L'Auteur n'a point dit ce que c'eſt
que l'orgueil ; mais quoi qu'il entende
par ce terme, il ne le décrit que par
des attributions très-impropres. *Les
maux infinis, qui naiſſent, dit-il, de
l'orgueil de certaines nations, c'eſt la pareſſe, la pauvreté, l'abandon de tout.*

La paresse, ou l'oisiveté naît de la molesse, de la lâcheté, de l'aversion pour la peine du travail, & c'est cette paresse, qui selon le Sage conduit en porte à la misere & à l'indigence. Voilà des réflexions tirées de la nature des choses, & justifiées par l'expérience. Mais dire : *la paresse est l'effet de l'orgueil, le travail est une suite de la vanité,* ce sont des notions alambiquées, quintessenciées, sophistiquées, toujours en effet plus fausses que vraies. Que l'orgueil d'un Espagnol le porte à ne pas travailler, ce ne sera pas par paresse ; mais par la fausse crainte de se deshonorer. *Que la vanité d'un François le porte à sçavoir mieux travailler que les autres,* il n'en sera pas plus vrai, que son travail en lui-même soit une suite de la vanité. Le besoin seroit la vraie cause de son travail, & la vanité viendroit seulement lui suggérer l'envie de travailler mieux.

Le faux domine de même dans cette autre pensée. *Toute Nation paresseuse est grave.* On pourroit dire avec vérité ; toute Nation paresseuse est légere, volage, amie des amusemens, & quelquefois des exercices pénibles ; mais frivoles ; des jeux, des courses, de la chasse, &c. On pourroit dire encore : Toute Nation paresseuse est sujette à vivre de rapines, de larcins, de brigandages, à donner dans tous les vices, que l'oisiveté suggére & nourrit. Mais enfin si la paresse & l'oisiveté, de quelque source qu'elle naisse, devenoit l'esprit général d'une Nation seroit-ce un mal que les Loix ne pussent déraciner ? N'est-il pas du droit naturel que ceux qui ne veulent point travailler, ne mangent point ? Si les Chevaliers de Saint Jacques & les autres *hidalgo*, qui font profession de mendier en Espagne, avoient à leurs trousses des Archers de l'écuelle, ne préféreroient-ils pas la fausse honte de travailler à celle d'être renfermés ? Que sais - je ? La culture de la terre ne déroge point & les Nations, qui permettent à la Noblesse de commercer, sont peut-être les plus sages. Que ceci soit dit où l'Auteur a paru n'avoir rien à nous dire.

Il est vrai, qu'il y a tant de frivole, de faux & de mal conçu dans la suite de ce Livre, qu'il ne nous en revient que la peine de démêler la confusion de ce cahos d'imaginations mal digérées pour y subſtituer, s'il ſe peut, des idées plus juſtes & plus vraies. *C'eſt d'abord un paralléle de contraſtes que l'Auteur remarque entre les Eſpagnols & les Chinois. Les Eſpagnols ſont fidéles mais pareſſeux. Leur conſtante fidélité donne à toutes les Nations la confiance de commercer avec eux, ou par eux, & leur pareſſe fait qu'ils ne commercent point pour eux-mêmes. Les Chinois ſont actifs, mais trompeurs. Leur activité fait qu'ils travaillent beaucoup pour eux-mêmes ; mais leur infidélité reconnuë fait que les autres Nations n'oſent commercer avec eux ni par eux. C'eſt des deux côtés du bien & du mal que les contraſtes des qualités de ces deux Nations produit ; mais à quoi vient ** la réflexion, dont l'Auteur compoſe un Chapitre exprès là-deſſus ; c'eſt un ſcrupule, dont on l'auroit cru d'autant moins capable qu'il eſt plus déplacé. Vaille qui vaille donc, croyez qu'il n'a point dit ce qu'il vient de dire pour rien *diminuer de la diſtance infinie qu'il y a entre les vices & les vertus.* Qui l'en auroit ſoupçonné ?

* Chap. 10.
** Chap. 11.

n'a-t'il pas donné la bonne foi des Espagnols & l'activité des Chinois pour de
bonnes qualités , & la paresse des uns
& l'excessive avidité du gain dans les
autres pour de mauvaises qualités ?
Qu'a-t'il donc voulu dire ? rien s'il ne
se contredit pas. Il a voulu faire comprendre , que tous les vices politiques
ne sont pas des vices moraux , & que
tous les vices moraux ne sont pas des
vices politiques. Comment cela ? N'a-t'il
pas donné l'infidélité des Chinois pour
un vice politique , qui prive la Nation
du commerce de toutes les autres ,
& cette même infidélité n'est-elle pas
un vice moral qui rend les Chinois de
fort malhonnêtes gens. La paresse des
Espagnols n'est-elle pas de même un vice
moral & pourtant politique, parce qu'elle les prive d'un profit qu'ils pourroient
faire dans le commerce. Il n'a donc
rien appris par ces deux exemples à
ceux qui font des Loix, *qui choquent
l'esprit général* ; aucun Législateur sage n'épargnera les vices moraux sur-
tout quand ils feront aussi généraux
qu'essentiellement contraires au bien
de l'état. L'esprit des Loix est de le
procurer & le devoir des Législa-

teurs d'y travailler par tous les moyens les plus efficaces.

Voici quelque chose de plus étrange ; c'est une suite de la pensée, dont j'ai fait voir le travers ailleurs. * Maxime capitale, qu'il ne faut jamais changer les mœurs & les manieres dans l'Etat Despotique ; pourquoi ? *Parce que rien ne seroit plus promptement suivi d'une révolution* ; mais la révolution seroit-elle un malheur dans l'Etat Despotique, si elle tendoit à lui procurer la liberté, soit en adoucissant le Despote, soit en le chassant pour établir un Gouvernement plus juste ? Il n'y pense pas, il est trop superficiel pour creuser jusques là. Ce même défaut le jette dans une méprise ou dans une bévuë qui separe dans son esprit les objets les plus liés, & qui lui fait prendre pour des espéces de paradoxes les idées les plus naturelles & les plus vraies. *Les Loix, dit-il, font établies, les mœurs font inspirées.* Qu'importe, si pour le fond l'objet des Loix & des mœurs est le même ? Quand les mœurs font bonnes, les Loix font inutiles. La fonction de la Loi

* Chap. 12.

n'eſt donc que d'établir par des Statuts,
ce que la raiſon ſeule devroit inſpirer ?
La Loi n'eſt toujours en un mot que cette même raiſon, qui commande ce qu'il
faut faire, & qui défend l'oppoſé. Pra-
tiquer ce qu'il y a de juſte, éviter ce qui
ne l'eſt pas, là ſe réduit toute la régle
des mœurs. C'eſt donc une fauſſe penſée de dire que les mœurs tiennent plus
à l'eſprit général, & que les Loix tiennent plus à une inſtitution particuliere.
Les Loix ſont une inſtitution ; mais
dont le but eſt de fixer l'eſprit général.
L'Auteur ne s'entend pas. C'eſt ce que
la ſuite va montrer plus clairement.
Mais il s'entend encore moins quand il
confond ici les mœurs avec ce qu'il
appelle les *manieres*, ou quand il croit
que certaines manieres n'ont point de
rapport avec les mœurs.

C'eſt ſa penſée, quand il nous dit *
que c'eſt à la Chine que les manieres ſont
indeſtructibles, pour prouver que le Légiſlateur ne doit point les choquer.
On enſeigne ajoute-t'il, *dans les écoles*
les manieres comme les mœurs. On
connoît un lettré à la maniere aiſée dont

* Chap. 13.

il fait la révérence. Or ces choſes une fois données en préceptes par de graves Docteurs s'y fixent comme des principes de morale, & ne changent plus; remar-marque puérile, raillerie déplacée. L'Auteur prétend-il nous perſuader que les graves Docteurs Chinois mon-trent eux-mêmes à leurs élèves à bien faire la révérence? Non. Mais s'ils leur conſeillent de l'apprendre, ils ſont plus ſages que les nôtres. Perſonne parmi nous ne ſe préſente communément plus mal que les gens élevés dans les Colléges. Or c'eſt un précepte vraiment moral de conſeiller à tous les hommes de ſe préſenter le moins mal qu'ils peuvent. Leurs mauvaiſes manieres bleſ-ſent les autres, elles leur donnent un ridicule, qui nuit au bien qu'ils pour-roient faire, & qui peut leur cauſer des mortifications, qu'ils ne ſeroient pas capables de ſupporter eux-mêmes.

Revenons aux inconſéquences où l'Auteur eſt jetté par la diſtinction des Loix & des mœurs. * *Nous avons dit,* c'eſt lui qui parle, *nous avons dit, que les Loix étoient des inſtitutions particu-*

* Cap. 14.

lières & précises du *Légiſlateur* , & les
mœurs & les manieres des inſtitutions de la
Nation en général. Il l'a dit en effet ,
mais fort mal à propos ; & *de-là* , continue-t'il , *il ſuit que lorſqu'on veut chan-*
ger les mœurs , il ne faut pas les chan-
ger par les Loix , comme ſi le but précis & l'office des Loix n'étoit pas uniquement de former ou de réformer les
mœurs. *Cela paroît trop tyrannique*. Oui,
ſi les Loix ne ſont pas puiſées dans cette raiſon , qui commande ce qu'il faut
faire , en conſéquence de cette notion
naturelle , que les hommes ont de la
juſtice. *Il vaut mieux changer les mœurs*
par d'autres mœurs & par d'autres ma-
nieres , quel éblouiſſement d'eſprit ſug-
gere ce langage à celui qui parle ? Quelles idées ſe forme-t'il des mœurs en
ce moment ? *Les mœurs* , dira-t'il , au
Chap. 16. repréſentent les Loix. Comment les repréſentent-elles ? C'eſt que
les mœurs ſont l'éxecution des Loix. *Ain-*
ſi , pourſuit-il , *lorſqu'un Prince veut*
faire de grands changemens dans la Na-
tion , il faut qu'il *réforme par les Loix ce*
qui eſt établi par les Loix , c'eſt-à-dire,
qu'il faut qu'il réforme les mœurs
par les Loix, que les mœurs ne repré-

ſentent plus ; qu'il faut qu'il réforme les Loix mêmes, ou qu'il faſſe du moins de nouveaux Statuts pour en aſſurer plus efficacement l'exécution.

Mais l'Auteur donne à ce ſujet dans un autre écart par l'effet de la double méprise qui lui fait confondre les mœurs avec les ſimples manieres. Il croit ſe ſuivre en continuant *qu'il faut que le Prince change par les manieres, ce qui eſt établi par les manieres ; que c'eſt une très-mauvaiſe politique de changes par les Loix, ce qui doit être changé par les manieres.* Par-là même il ne fait que tomber de méprises en méprises. D'abord il ne réfléchit pas à ce qu'il dit encore au 15e. Chapitre, que *les manieres repréſentent* les mœurs. En ce cas donc, quand les Loix ont à réformer les mœurs, il faut par conſéquent qu'elles réforment les manieres, qui les repréſentent. Quand d'ailleurs les manieres ne repréſenteroient que la barbarie, que la ruſticité, que l'ignorance, y auroit-il de l'injuſtice à les changer par des préceptes, par des inſtructions, par des Statuts mêmes qui les changeoient en mieux ; quelques attachés que les peuples ſoient à leurs coutûmes, il n'eſt pas vrai que les leur ôter violemment *ce ſeroit les rendre malheureux.* C'eſt une heureuſe néceſſité dit S. Auguſtin, que celle qui nous contraint à mieux faire. * *Felix eſt neceſſitas, quæ in meliora compellit.* Il eſt vrai *que toute peine* proprement dite, qui ne dérive pas de la néceſſité, *eſt tyrannique, que la Loi n'eſt pas un pur acte de puiſſance, & que les choſes indifférentes par leur nature, ne ſont pas de ſon reſſort,* quand elles ſont vraiment indifférentes à toutes ſortes d'égards. Mais ſans s'arrêter à des diſcuſſions plus ſcrupuleuſes, il ſuffit d'obſerver que tout ceci ſe dit à pure perte par un eſprit plus frappé du frivole que de l'utile.

La violence, dit-il, *de Pierre I. qui faiſoit tailler juſqu'aux genoux les longues robes des Moſcovites, qui entroient dans les Villes, étoit tyrannique.* Je lui demande, eſt-ce une tyrannie de proſcrire le luxe & l'immodeſtie des habits ? N'a-t'on pas de ſages raiſons d'en regler la forme pour la facilité des exercices Militaires, & même des exercices civils, & des travaux néceſſaires aux

* . Epit. 45. veter. Ed.

commodités

commodités de la vie ? Quel étoit le but de Pierre I. de policer ſa Nation , n'y réuſſit-il pas ? Oui , juſqu'à faire dire à notre Auteur *que la facilité & la promptitude avec laquelle cette Nation s'eſt policée a bien montré que ce Prince avoit trop mauvaiſe opinion d'elle , & que ces Peuples n'étoient pas des bêtes comme il le diſoit.* Mais enfin d'où vint cette facilité? de l'eſpece de violence, qu'il fit à ces Peuples ? Ses vexations leur donnerent de l'intelligence. Il prit des ſoins infinis pour leur donner la connoiſſance des Sciences & des Arts. Il attira dans ſes Etats d'habiles Artiſans de toutes les profeſſions. Voilà ce que tout le monde ſait. Mais point du tout , nous n'y ſommes pas. Voici le ſecret important & le moyen déciſif qui fit éprouver à ce Prince la facilité du changement qu'il méditoit. Les femmes étoient enfermées & en quelque façon eſclaves, il les appella à la Cour , & les fit habiller à l'Allemande ; il leur envoyoit des étoffes. Ce ſexe goûta d'abord une façon de vivre , qui flatoit ſi fort ſon goût , ſa vanité & ſes paſſions, & la fit goûter aux hommes.

De-là les Sçavantes Académies, les

célébres Manufactures , les connoissan-
ces de l'Astronomie , de la Navigation,
de la construction des Vaisseaux & des
autres Méchaniques. Les Russiens en
un mot , se sont habillés à l'Allemande
à l'exemple de leurs femmes , & ne re-
gretent plus leurs barbes & leurs longues robes. Disons tout , & ne suppri-
mons point du récit de l'Auteur la cir-
constance la plus de son goût , la plus vi-
sionnaire & la plus contradictoire dans
sa supposition; ce qui rendit le changement plus aisé , c'est que les mœurs d'a-
lors étoient étrangeres au climat, & n'y
avoient été apportées que par le mêlange des Nations & par les conquêtes. *Pierre donc , donnant les mœurs & les manieres de l'Europe à une Nation d'Europe ,
trouva des facilités , qu'il n'attendoit
pas lui-même.* L'Empire du climat est
le premier de tous les Empires.

Il ne manque à ce ridicule déja mis
tant de fois dans tout son jour par mes
lettres précédentes que d'être relevé par
une derniere touche , la voici. M. l'Auteur vous a persuadé sans doute que le
moyen le plus efficace que *Pierre I.* em-
ploya pour policer sa Nation fut d'appeller quelques femmes à la Cour, &

de les habiller à l'Allemande ; achevez
donc maintenant de vous convaincre
que ce changement des mœurs des femmes influera fans doute beaucoup dans
le Gouvernement de Moſcovie. Tout
en effet eſt extrêmement lié. Le Deſpotiſme du Prince s'unit naturellement
à la ſervitude des femmes ; la liberté
des femmes avec l'eſprit de la Monarchie. Ce raiſonnement eſt ſi lumineux
qu'il faudroit avoir l'eſprit bien bouché
pour n'en pas découvrir la ſublime profondeur au premier coup d'œil.

Mais ſçavez-vous ce que j'apperçois
ici le plus ſenſiblement ? C'eſt la vérité
de ce que j'augurois dans ma premiere Lettre, que ce que notre Auteur
cherchoit, ce n'étoit pas aſſurément la
véritable origine des Loix ; auſſi n'eſt-
il rien qui lui ſoit plus étranger. Son
ignorance à ce ſujet paroît aller juſqu'au paradoxe , je veux dire qu'il
ſemble ne pas voir même ce qu'il voit.
Les *mœurs*, dit-il, *& les manieres ſont
des uſages que les Loix n'ont point établis, ou n'ont pas voulu établir* ; & c'eſt
lui-même pourtant qui va nous dire ce
que je vous ai déja plus d'une fois inſi-
nué *que les mœurs repréſentent les Loix*

& que les manieres repréſentent les mœurs.
C'eſt pour cette raiſon même qu'il veut
qu'on ne ſoit pas étonné que quelques
Légiſlateurs *aient confondu les Loix, les*
mœurs & les manieres. Il eſt donc vrai
que ces Légiſlateurs ont cru *pouvoir*
établir les mœurs & les manieres, &
qu'ils l'ont voulu. J'ajoute qu'ils ont
du le vouloir, & ce qui m'étonne, c'eſt
que notre Auteur penſe que quelqu'un
puiſſe s'en étonner. Licurgue, dit-il,
l'a fait. *Licurgue fit un même Code pour*
les Loix, les mœurs & les manieres; les
Légiſlateurs de la Chine en firent de mê-
me. Il nous cite en note que *Moïſe fit*
un même Code auſſi pour les Loix & la
Religion & que les *premiers Romains*
confondirent les Coutûmes anciennes avec
les Loix. C'eſt la mémoire qui vient mal
à propos troubler le ſyſtême de ſon imagination. Que ne nous alléguoit-il plutôt
pour l'étaïer quelques Légiſlateurs, dont
le bût n'eut pas été d'établir les mœurs.

Quelle étoit la fonction des Légiſlateurs ? de conſulter ce que la raiſon
preſcrit aux hommes, & ce qu'elle leur
interdit pour conformer leurs Statuts
à ces notions primitives & naturelles?
Or, montrer ce qu'il faut faire & ce

qu'il faut éviter, n'eſt-ce pas donner une régle complette des mœurs ? On dit que *les Loix réglent plus les actions du Citoyen, & que les mœurs réglent plus les actions ; de l'homme;* mais puiſque les mœurs repréſentent les Loix, ſe peut - il faire qu'on ſoit bon Citoïen, ſans être honnête homme, & puiſque les manieres repréſentent les mœurs qui regardent la conduite intérieure, les manieres ne ſont-elles pas néceſſairement l'objet de la Loi, qui ne peut régler la conduite intérieure de l'homme ſans régler en même tems l'extérieure, pour former en même tems l'homme & le Citoïen, ou le Citoïen par l'honnête homme.

Si vous reconnoiſſez le même goût dans la ſuite, n'en ſoyez point ſurpris ; elle vient du même principe. Je ne dirai pas de l'ignorance ; mais de l'oubli, mais du défaut d'attention ſur l'origine & ſur le but des Loix. Oui, je reconnois ici celui qui nous diſoit dans ſa Préface : *J'ai d'abord examiné les hommes ; & j'ai cru que dans cette infinie diverſité de Loix & de mœurs ; ils n'étoient pas uniquement conduits par leurs fantaiſies,* ſur quoi j'obſervois qu'il ne nous diſoit point par quel autre principe il les avoit crus ordinairement conduits, & de ce silence seul, je concluois que sur l'origine des Loix ils ne pensoient pas comme le reste des hommes. En voici la preuve la plus complette. *Les Législateurs* de la Chine avoient, dit-il, pour principal objet de faire vivre leur peuple tranquille. Ne trouvez-vous pas singulier, Monsieur, qu'il paroisse trouver là de la singularité ? Quel est le Législateur digne de ce nom, qui n'ait pas eu pour objet la tranquillité de son peuple, la concorde, la bonne intelligence & l'union de ses Citoïens. Pour y réussir, quel moyen plus assuré que de les rappeller aux sentimens que la nature même leur inspire, que de leur apprendre à se respecter beaucoup, que de leur faire sentir qu'ils se doivent beaucoup mutuellement, & qu'il n'est aucun d'eux qui ne dépende d'un autre à quelqu'égard. Dire donc qu'en cela les Législateurs de la Chine *donnerent aux régles de la civilité la plus grande étenduë* c'est prendre le change, il falloit dire qu'ils donnerent aux principes de l'humanité toute leur étenduë. Leurs Loix ne firent que fixer

ce qu'ils trouvoient ſuggéré par la nature même, & pour l'en convaincre,
il ſuffiſoit de réfléchir que les hommes
n'euſſent jamais affecté les uns pour
les autres des reſpects & des déférences
ſi quelqu'impreſſion du dedans ne les y
déterminoit. Plus en effet les Nations ſe
civiliſent, plus, en un mot, elles ſe rap-
prochent des principes de l'humanité,
plus elles portent loin ces ſortes de devoirs, car c'eſt ainſi qu'on les nomme.

Telle fut donc l'influence que les
ſages Loix des Chinois eurent dans leur
conduite ; notre Auteur le remarque ;
mais avec une ſorte d'étonnement qui
ſemble lui repréſenter cette heureuſe
influence comme un ridicule que ce
peuple ſe donnoit. *On vit* dit-il, *les gens
de village obſerver entr'eux des cérémonies comme les gens d'une condition relevée.* Ne diroit-on pas auſſi que ce n'eſt
qu'aux gens de condition que S. Paul
a dit : prévenez-vous les uns les autres
par des marques d'honneur ; *moyen*
pourtant, ajoute notre Auteur, *très-
propre à inſpirer de la douceur, à maintenir parmi le peuple, la paix & le bon
ordre, & ôter tous les vices qui viennent
d'un eſprit dur ;* moïen par conſéquent

très-digne de l'attention d'un sage Législateur.

Faisons un pas de plus , c'est un nouveau sujet d'étonnement qui nous découvre de plus en plus le peu de connoissance de l'esprit des Loix dans celui qui veut nous en instruire. Il nous donne comme une propriété particuliere au Gouvernement de la Chine d'avoir confondu la Religion , les Loix les mœurs & les manieres. Telle est cette foule d'idées , qui se présentoit , disoit-il , à son esprit au commencement de ce Livre. C'est un trait indivisible que son imagination lui fait mettre en pieces & qu'il veut que les Législateurs de la Chine aient réunies ; mais il vient de nous dire dans le Chapitre précédent que Licurgue, que Moïse, que les Romains ne firent comme les Chinois qu'un seul Code des quatre points qu'il lui plaît maintenant de diviser. Tout cela fut la morale , tout cela fut la vertu , tout cela fut ce qu'on appelle les rites ; tout cela fut en un mot l'objet des Loix , parce que les Loix tendoient à regler les mœurs qui font & qui doivent être le fond de la Religion qu'aucun Législateur n'a regardée, ni pu regarder comme étrangere au bien des États. Il faut, difoient-ils, honorer la divinité & la maniere de l'honorer c'eſt de l'imiter par des mœurs pures & par les vertus, dont elle eſt pour nous le modele.

Voilà ce que la raiſon ſaine, voilà ce que la plus ſimple attention ſur la conſtitution de l'homme apprenoit aux Chinois comme à tous les autres. Point de ſingularité chez eux; *comme leurs Loix enveloppoient toutes les petites actions de la vie lorſqu'on trouva moyen de les faire obſerver exactement, la Chine fut bien gouvernée.* C'eſt l'aveu de l'Auteur. Il obſerve de plus que *quand on abandonna les principes du Gouvernement Chinois ; que quand la morale y fut perdue, l'État tomba dans l'anarchie & l'on vit des révolutions.*

Mais il s'égare, il ſe perd dans une recherche ſuperflue. Comment les rites purent-ils ſe graver dans le cœur & l'eſprit des Chinois ? Deux moïens ſe préſentent à lui. L'un la difficulté de l'écriture, qui forçoit les Chinois à donner une grande partie de leur vie pour apprendre à lire les livres qui contenoient les rites. L'autre que les

rites n'ayant rien de fpirituel, & n'é-
tant que des préceptes d'une pratique
commune, il étoit plus aifé d'en convaincre & d'en frapper les efprits que
d'une chofe intellectuelle. Quelles illufions ! quels oublis ! Comment n'a-t'il
pas réfléchi que parmi nous on apprend
des rites & des pratiques fuperficielles
à des Peuples infinis, qui ne favent pas
lire ? ne vient-il pas d'obferver qu'à la
Chine les Lettrés enfeignerent les rites
& les prêcherent ? Comment imagine-
t-il que les préceptes des rites n'avoient
rien de fpirituel ? Comment fe figure-
t'il que la morale & les vertus n'é-
toient point une chofe intellectuelle ?
Les pratiques que ces préceptes ordonnoient étoient en effet des pratiques
communes en ce fens qu'elles tenoient
aux fentimens naturels, dont elles n'é-
toient que les expreffions. Fut-*il* difficile aux Légiflateurs Chinois de per-
fuader aux hommes comme il le dit
plus haut, qu'ils devoient fe refpecter
beaucoup, d'être attentifs à ce qu'ils
fe doivent les uns aux autres, & qu'il
n'y en a pas un qui ne dépende d'eux
à quelque égard ; or avec ces maximes,
ou ces fentimens rien n'eft plus naturel

à chacun d'en donner au déhors des démonſtrations ? N'apprend-on pas tout cela ſans ſavoir lire ailleurs que dans ſon propre cœur ? Laiſſons pour un moment notre Auteur dans ſon étonnement à ce ſujet c'eſt une digreſ-ſion ſur ſa prétendue propriété du Gou-vernement Chinois.

1°. *La Chine ne perd point ſes Loix par la conquête*, & pourquoi ? C'eſt que *les manieres, les Loix, la Religion y étant la même choſe, on ne peut chan-ger tout cela à la fois. Il eſt plus aiſé que le vainqueur ſe plie peu à peu au Peuple, que le Peuple vaincu à lui.* Sur ce fait je demanderois volontiers à celui qui le ſuppoſe s'il croit ſérieuſement que le Gouvernement de la Chine eſt tel aujourd'hui qu'il fut dans la pre-miere conſtitution que les anciennes Loix lui donnerent ? Il n'ignore pas que depuis Confucius il vint un au-tre Philoſophe impie, dont la doctri-ne a prévalu ſur la ſienne & que cet-te doctrine eſt une eſpece de ſpinoſiſ-me, c'eſt-à-dire une éponge de la Re-ligion & de la morale, qui a fait éva-nouir toutes les maximes admirables du Gouvernement modéré, q'e Con-

C vj

fucius avoit enseignées pour y substituer le Despotisme & toutes ses injustices.

2°. De la supposition de l'espece d'im-
mutabilité des Loix Chinoises, il suit
encore, dit l'auteur, *une chose bien triste.*
C'est qu'il *n'est presque pas possible que
le Christianisme s'établisse jamais à la
Chine.* Que vous dirai-je Monsieur ?
Croyez-vous que celui, qui parle ainsi
s'intéresse sincerement au progrès du
Christianisme ? Ne sondons point les
cœurs ; n'éxaminons pas même si le
défaut de ces progrès ne vient point
de ce qu'on prêche à la Chine toute
autre chose que le vrai fonds du Christianisme ; relevons une fausse pensée de
l'Auteur. *C'est que le Christianisme semble
demander que tout s'unisse, & que les rites des Chinois semblent ordonner que tout
se separe ;* n'est-ce pas lui qui nous a
dit que les rites *étoient un moyen très-
propre à inspirer de la douceur, & maintenir parmi le Peuple la paix & le bon
ordre, à ôter tous les vices qui viennent
d'un esprit dur.* Ne sont-ce pas là les effets de la charité, que le Christianisme prêche & comment les mêmes pratiques demandent-elles que tout s'u-

niſſe & que tout ſe ſepare ? Nos Prédicateurs ne ſeront jamais mal reçus ,
quelque part qu'ils aillent annoncer
ces grandes maximes, auxquelles J. C.
a voulu que ſes diſciples ſe fiſſent connoître ; s'aimer mutuellement , ſe tolérer , ſe pardonner, ne point faire aux
autres ce qu'ils ne voudroient pas qu'on
leur fît ; adorer Dieu en eſprit, & chercher la juſtice avant toutes choſes.

Mais enfin * *comment s'eſt faite cette
union de la Religion des Loix, des mœurs
& des manieres chez les Chinois ?* C'eſt
une queſtion décidée , ſur laquelle notre Auteur s'eſcrime de nouveau ; ce
ſont des efforts redoublés qu'il fait
pour enfoncer une porte ouverte ; on
n'a vu chez les Chinois que ce qu'on
a vu chez toutes les Nations du monde.
Ils n'ont fait qu'accommoder leurs
Loix aux penchans de la Nature ; ils
*eurent pour principal objet du Gouver-
nement* la tranquillité de l'Empire, &
quel autre objet les Légiſlateurs ont-
ils eu s'ils ont été ſages ? Dans cette
idée ils crurent devoir inſpirer *le reſpect
pour les peres ?* eh ! n'étoit-ce pas la

* Chap. 19.

Nature même qui l'avoit inspiré de tout tems ? Dans quel siecle & dans quel païs n'a-t'on pas considéré cet amour comme un devoir indispensable? Toute l'Antiquité ne s'est-elle pas fait un plaisir de nous transmettre de cette affection des exemples, où les efforts de la Nature montrent à la raison saine que rien ne lui doit paroître trop difficile pour remplir ce même devoir. On y voit un fils qui se vend pour payer les dettes de son pere, & pour lui procurer une sépulture honorable ; on y voit une fille qui va tous les jours dans la prison nourrir le sien de son propre lait pour le soustraire à la rigueur d'un jugement, qui le condamnoit à mourir de faim, ne compte-t-on pas au rang des actions mémorables d'un pieux héros l'effort qu'il fit d'emporter le sien sur ses épaules pour le sauver des ruines de sa patrie ?

Que dis-je, il est même du fond & comme de l'instinct de la Nature que la jeunesse révere ceux qui n'ont sur elle que la seule supériorité de l'âge ? Toute l'antiquité nous apprend de même qu'indépendamment des Loix les vieillards étoient dans une grande vénération ; les cheveux blancs, nous dit Ovide étoient autrefois un titre d’honneur pour lequel on exigeoit des déférences refpectueufes , & Juvenal ajoute qu’on regardoit dans un jeune homme comme un crime capital de ne s’être pas levé devant un vieillard. Cette efpece d’exagération trouve fa preuve dans une ufage uniforme de tous les établiffement civils ; les honneurs qu’on accordoit à ceux qui les gouvernoient étoient fondés fur la prérogative de leur âge. Par tout on les nommoit les vieillards, les anciens, ou *les peres* , parce que leur autorité n’étoit qu’une image ou qu’une attribution volontaire de l’autotité que les Peres ont toujours eue fur leuts propres familles. Le refpect de leurs enfans pour eux doit s’étendre autant que leur vie. Difons même qu’il doit durer au de-là de la fin de leurs jours , & fe conferver pour leur mémoire.

Mais ces idées naturelles paroiffent fi fort étrangeres à notre Auteur , qu’elles fe renverfent dans fon efprit , quand il veut en raifonner ; *il étoit impoffible,* dit -il, *de tant honorer les peres morts , fans être porté à les honorer vivans.* Voilà comme il veut que la chofe fe soit faite, & de maniere qu'il étoit impossible qu'elle ne se fît pas. Ce fut à force de faire honorer aux Chinois leurs peres morts, qu'on leur apprit à tant honorer leurs peres vivans. Il voit ici le contraste de ce que la raison saine & l'expérience montre dans tous les tems, & peut-être dans tous les lieux, où l'affection pour les parens leur a fait rendre des honneurs jusqu'à la mort. Ces honneurs ou cérémonies *avoient plus de rapport à la Religion*, c'est-à-dire qu'elles devinrent en effet une des principales causes, ou des principales especes de l'idolâtrie, qui s'introduisit dans le monde. C'est ainsi qu'elles degenererent chez les Romains. Nos ancêtres dit Minucius Felix ne pensoient dans leur simplicité qu'à donner des démonstrations de leurs regrets sur la perte de leurs bons Rois; ils ne vouloient qu'en perpétuer chez eux la mémoire par les Statuës, qu'ils leur erigeoient; mais insensiblement ces monumens qu'ils n'avoient imaginés que pour leur consolation, devinrent pour eux des objets de Religion, *sacra facta sunt, quæ fuerant assumpta solatia.*

Les Chrétiens ne firent d'abord aucune différence de cette idolâtrie d'avec le culte ordinaire des autres Divinités , qui n'étoient en effet que des hommes morts; mais dans la suite , ils donnerent eux-mêmes dans le piége ; on abuse des institutions les plus innocentes , quand elles ont pris leur origine dans des sentimens naturels , qui peuvent être portés jusqu'à l'excès ; c'est ainsi que les cérémonies pour les peres morts ont eu dans un sens plus de rapport à la Religion, quoique dans leur objet elles n'eussent rapport qu'aux mœurs, qu'elles ne fussent que les parties d'un même Code. Notre Auteur en est surpris & cherche comment ce Code a pu se faire. Mais attendez un moment, un retour subit va le lui faire trouver aussi bien que s'il l'avoit fait lui - même ; voici comment.

Le respect pour les peres étoit nécessairement lié avec tout ce qui représente les peres, les vieillards, les Maîtres, les Magistrats, l'Empereur ; ce respect supposoit dans les peres un retour d'amour pour les enfans, & par conséquent le même retour des vieillards aux jeunes gens, des Magistrats à ceux qui leur étoient soumis, de l'Empereur à ses sujets. Laissez-le dire, il va vous faire sentir le rapport que

peuvent avoir avec la conſtitution fondamentale de la Chine des choſes qu'il
lui plaît d'appeller les plus indifférentes.
C'eſt que malgré ce qu'il a dit contre
la réclamation de la Nature que le *cli-*
mat de la Chine porte naturellement à l'o-
béiſſance ſervile, & que pourtant *les*
premiers Légiſlateurs furent obligés de
faire de très-bonnes Loix, & que le gouvernement *fut ſouvent obligé de les ſuivre*;
il reconnoît ici que ce gouvernement
fut tel, que je vous ai peint tous les
anciens gouvernemens avant même que
les Loix euſſent été jugées néceſſaires.
cet Empire, dit-il, *eſt formé ſur l'idée du*
gouvernement d'une famille, de ſorte *qu'il*
eſt néceſſaire d'imprimer *dans tous les*
cœurs un ſentiment *qui forme l'eſprit*
général, qui gouverne l'empire ; retran-
chez une des pratiques propres à former
ce ſentiment, vous ébranlerez l'Etat. Il
conçoit donc enfin comment & pourquoi l'union de la Religion, des Loix,
des mœurs, & des manieres s'eſt faire
dans le Code de la Chine. Il eût été
plus étonnant que cette union ne ſe
fût pas faite chez un Peuple qui n'étoit
pas auſſi dépravé qu'il l'eſt aujourd'hui
par les opinions & par les vexations du
deſpotiſme.

Au refte cette dépravation ne devoit pas fe préfenter à l'efprit de notre Auteur comme l'objet d'un paradoxe. Il trouve * *fingulier* que la vie des Chinois étant toute dirigée par les rites , ils foient néanmoins le Peuple le plus fourbe de la terre; c'eft qu'ils ont ceffé d'être dirigés par les rites , ou qu'ils en ont perdu l'efprit par les raifons que je viens de dire; mais non je n'y fuis pas, c'eft un paradoxe que notre Auteur croit, dit-il , pouvoir expliquer comme il a cru pouvoir expliquer le prétendu paradoxe des Grecs fur les effets de la Mufique ; écoutez-le ; c'eft felon lui *la néceffité & peut-être la nature du climat qui ont donné à tous les Chinois une avidité inconcevable pour le gain , & les Loix n'ont pas fongé à l'arrêter, tout a été défendu quand il a été queftion d'acquérir par violence ; tout a été permis quand il s'eft agi d'obtenir par artifice, ou par induftrie.* Voilà le vrai paradoxe ou la fauffeté manifefte & démentie par les maximes formelles de Confucius qui s'enfeigne dans toutes les écoles de la Chine ; mais pour autorifer fon paradoxe notre Auteur ne veut point

* Chap. 20.

que *nous comparions la morale des Chinois avec celle de l'Europe.* A la Chine , *chacun,* dit-il, *a dû être attentif
à ce qui lui étoit utile. A Lacédémone
il étoit permis de voler ;* à la Chine il eſt
permis de tromper. C'eſt ainſi que dans
ſon ouvrage *on détruit les opinions* * *per-
nicieuſes , & qu'on encourage les bonnes.*
La bonne maxime ſelon ſa bonne morale c'eſt que chacun ſoit attentif à ce
qui lui eſt utile, quelqu'injuſte qu'il ſoit
en lui-même.

Si vous doutiez, Monſieur, que je prenne ici ſon vrai ſens , je vais vous le confirmer par lui-même; ſuivez le un moment avec moi. Après le prétendu paradoxe dont il n'a fait exprès une di-
greſſion que pour avoir occaſion d'inſinuer cette étonnante penſée : que la
morale de la Chine ne doit pas ſe comparer avec celle de l'Europe, il revient
à l'imagination de ſingularités qu'il
a cru voir dans le Code des Loix du
Païs & conclud ** *qu'il n'y a que des
inſtitutions ſingulieres, qui confondent ainſi
des choſes naturellemeut ſéparées,* les Loix,

* Dreſent. pag. 68, & 69.
** Chap. 21,

les mœurs & les manieres, & convient encore malgré lui, que *quoiqu'elles foient féparées, elles ne laiffent pas d'avoir entr'elles de grands rapports*, & des rapports même *fi néceffaires*, qu'en les retranchant on *ébranle* l'Etat ; mais enfin quelque étendu que le Code des Loix Chinoifes fût, ces Loix n'avoient pas fongé à arrêter l'inconcevable avidité des Citoïens pour le gain ; donc il leur étoit permis de tromper.

Il tire la même conféquence de ce que Solon répond : que les Loix qu'il avoit données aux Athéniens *étoient les meilleures de celles qu'ils pouvoient fouffrir.* Ce qui fignifie felon lui qu'il leur avoit donné quelquefois des Loix injuftes en elles-mêmes, telle que la Loi de Licurgue qui permettoit de voler, Loi fi defhonorante pour ce dernier que pour l'excufer on ne peut que fuppofer qu'il ne l'a point faite, ou qu'on l'a mal prife. Dans fon préjugé pourtant l'Auteur s'écrie fur la réponfe de Solon : belle parole, *qui devroit être entendue de tous les Légiflateurs*, pour leur apprendre à fe permettre quelquefois de mauvaifes & d'injuftes Loix.

Il fait pis , & je me suis trop avancé pour ne pas tout dire. C'est par la sageſſe de Dieu même que ce Profeſſeur d'injuſtice prétend en faire donner des leçons ou des exemples aux Légiſlateurs. Telle eſt la manie d'une imagination ſans régles , & ſans principes , qui meſure à ſes fantaiſies les choſes humaines & les divines. C'eſt un trait de la Théologie poëtique , qui faiſoit commettre aux Dieux des adulteres & des inceſtes , pour rendre ces crimes religieux ; & ſur quoi notre Auteur fonde-t'il la ſienne ? ſur un texte d'Ezechiel , où Dieu dit en parlant au Peuple Juif : *Et moi je leur ai donné des préceptes qui ne ſont pas bons* ; ces paroles devoient ſurprendre un Lecteur reſpectueux pour la Divinité , elles devoient au moins le faire héſiter ſur leur vrai ſens. Mais elles paroiſſent favoriſer la fauſſe imagination de notre Auteur ; il ne balance point. Cela ſignifie que les préceptes que Dieu avoit autrefois donnés aux Juifs , *n'avoient qu'une bonté relative , ce qui eſt l'éponge de toutes les difficultés que l'on peut faire ſur les Loix de Moïſe.* Laiſſons-la cet alibi pour ce qu'il eſt. La grande difficulté c'eſt qu'il ne s'agit nullement ici des Loix de Moïſe. Dieu s'y plaint au contraire de ce que les Juifs ont violé les préceptes, dont il leur avoit dit que l'obſervation feroit le bonheur de leur vie ; *& moi* dit-il, *je leur ai donné des préceptes qui ne ſont pas bons , & des jugemens dans leſquels ils ne vivront pas.* comme s'il leur diſoit, vous pouviez vivre conſtammeut heureux ſous les Loix que je vous avois données par Moïſe ; vous les avez violées , & moi je vous ai livrés à des Nations ennemies, qui vous rendront les plus malheureux des hommes. Ces tyrans exerceront ſur vous des vexations intolérables , ils vous impoſeront des travaux au-deſſus de vos forces. C'eſt ainſi que ſelon le langage ordinaire des Ecritures , Dieu dit qu'il a fait ce qu'il a permis de faire ; c'eſt ainſi qu'un autre Prophéte demande s'il y a quelque mal dans la Ville, que Dieu n'ait pas fait. C'eſt dis-je, en ce ſens qu'il avoit donné des préceptes , qui n'étoient pas bons. l'Etre ſouverainement bon n'ordonne rien qui ne ſoit pas bon ; mais c'eſt un bien qu'il fait quand il punit les méchans.

Vous voyez Monſieur, comment ;

pour remplir toute *l'étendue* de sa ma-tiere , telle que son imagination la lui a représentée , notre Auteur *écarte* à droite & à gauche , comment il *perce* ; comment *il se fait jour*; comment il fait des *singularités* , des idées les plus com-munes & les plus triviales ; comment il invoque les suffrages , qui ne disent rien en sa faveur ; comment il allégue les autorités qui lui sont les plus contrai-res ; comment il se contredit & con-clud par prouver la nécessité de ce qu'il regardoit comme hors d'œuvre ; com-ment il s'éblouit & s'égare jusqu'à fai-re donner à la sagesse de Dieu des Loix qui n'ont qu'une bonté relative.

C'est ce procédé qu'il prétend main-tenant assortir à celui de Radamante, sur ce principe ; * que quand un Peu-ple a de bonnes mœurs , les Loix doi-vent *être simples*. L'application sur-tout sera des plus justes. Sous Radamante il n'y avoit point encore de Loix écrites. Il jugeoit son Peuple comme j'ai dit que tous les anciens Rois le jugeoient, & comme *il gouvernoit un Peuple ex-trêmement religieux, il expédioit tous les*

* Chap. 12.

Procès

*Procès avec célérité, déférant seulement
le serment sur chaque chef;* ce n'étoit pas
une Loi, mais une Jurisprudence ins-
pirée par l'instinct même de la nature.
Le serment fut en effet la premiere
barriere que les hommes imaginerent
de mettre aux injustices mutuelles dont
ils étoient capables, & qu'ils pouvoient
être tentés de se faire ; ce fut l'unique
sceau des alliances publiques, & des
traités particuliers, l'unique titre qui
fixa les limites des possessions, & souvent l'unique sûreté qu'on prit pour la
conservation de ses jours même, contre
ceux dont on redoutoit la puissance, ou
les ressentimens. Jurez-moi que vous
ne viendrez point ravager mon pays ;
jurez-moi que vous laisserez paître mes
troupeaux paisiblement dans cette con-
trée ; jurez-moi que vous ne me dispu-
terez point cette portion de terre : jurez-moi que vous ne me tuerez-point.
Là se réduisoient toutes les précautions
que les hommes prenoient contre les
hommes. Ils juroient & faisoient jurer.
Soit sentiment, soit réflexion, la crainte du parjure leur paroissoit le frein le
plus puissant mettre à la licence de
leurs passions. Ils n'imaginoient point

D

qu'on pût porter l'impudence & la dépravation jufqu'à manquer au refpect pour la Divinité qu'on avoit atteſtée comme préſente. *Mais*, ajoûte Platon, *Quand un Peuple n'eſt pas religieux, on ne peut faire uſage du ſerment que dans les occaſions où celui qui jure eſt ſans intérêt, comme un Juge & des témoins.* Platon ſe trompe ; il eſt des circonſtances où les Loix défèrent le ſerment à ceux qui ſont les plus ſuſpects d'intérêt, & ces Loix ſont ſages. On ne fait point d'injuſtice aux hommes, quand on eſſaie de les ramener à leurs devoirs, par des ſentimens qu'on a droit de ſuppoſer en eux comme inviolables ; l'horreur du faux ſerment, n'eſt pas toujoursétouffée dans les plus ſcélérats.

L'Auteur continuë, ou il eſſaïe de continuer à nous donner des exemples applicables à ſon principe, mais tous de plus en plus diſparates. * *Dans le tems que les mœurs des Romains étoient pures, il n'y avoit point de Loi particuliere contre le Péculat ; ce crime parut, & la Loi fut faite.* Or, n'eſt-il pas du dernier abſurde

* Chap. 23.

de repréſenter le péculat comme un des principes, qui forment l'eſprit général d'une Nation? Tous les Citoïens ſont-ils, ou peuvent-ils être dans le cas de voler les deniers publics?

* *Continuation du même ſujet*, ou continuation de la diſette de l'Auteur. Il eſt à la quête pour chercher quelque exemple plus juſte, & ſa mémoire le ſert également mal. *Les Loix*, dit-il, *qui donnent la tutelle à la mere, ont plus d'attention à la conſervation de la perſonne du pupille ; celles qui la donnent au plus proche héritier, ont plus d'attention à la conſervation des biens.* Que faire? chez les Peuples dont les mœurs ſont corrompues, il vaut mieux donner la tutelle à la mere. Juvenal à mon avis penſoit plus ſenſément, lorſque dans l'extrême corruption des mœurs de Rome, il avertiſſoit les pupilles riches de ſe défier de leur mere. ** *Vos ego pupilli moneo ... cuſtodite animas.* Chez les Peuples *où les Loix doivent avoir de la confiance dans les mœurs des Citoïens, on donne la tutelle à l'héritier des biens, ou à la mere, & quelquefois à tous les deux.*

* Chap. 24.
** Satir. 6. v. 481.

On joue le tuteur *à croix pile* ; on ne choisit point, de peur de prendre le pire. N'est-ce pas là bien percer & se faire un grand jour ?

* 2e. *Continuation du même sujet.* Elle est fondée sur deux ou trois fausses pensées, & se termine à deux réflexions rafinées jusqu'au précieux, je veux dire, également fausses. *La Loi Romaine donnoit la liberté de se faire des dons avant le mariage ; après le mariage elle ne le permettoit plus. La Loi des Visigots ne vouloit pas que l'époux donnât à celle qu'il devoit épouser au de-là du dixiéme de ses biens, & qu'il ne pût lui rien donner la premiere année de son mariage.* L'esprit de ces deux Loix étoit *visiblement le même.* Elles vouloient donner des limites à l'affection des époux, de maniere que l'équité fût tellement conservée dans la société conjugale que le sort des femmes y fût assuré, que leurs avantages ne nuisissent point à celui des enfans, & que les biens retournassent aux héritiers légitimes, quand l'union seroit stérile. Point du tout, dit notre Auteur, la Loi des Romains étoit

* Chap. 25.

fondée fur leurs mœurs. On leur permettoit de fe faire des dons avant le
mariage , *parce qu'ils n'y étoient portés
que par la frugalité , la fimplicité & la
modeftie* ; mais qu'ils pouvoient fe laiffer féduire par les foins domeftiques,
par les complaifances, & par le bonheur de toute une vie. Sentez vous ,
Monfieur, les rapports, les liaifons,
en un mot la vérité de toutes ces penfées ? Elles auroient affurément befoin
d'un fort long commentaire, & ce n'eft
pas moi, qui vous le ferai. La Loi des
Vifigots venoit encore des mœurs. Les
Légiflateurs vouloient arrêter cette jac-
tance Efpagnole uniquement portée à
faire des libéralités exceffives dans une
action d'éclat, & ce fut pour cela qu'ils
les bornerent au dixiéme des biens, &
qu'ils ne permirent d'en faire qu'après
que l'éclat de l'action étoit paffé;courez
après encore. Mais attendriez-vous à la
gentilleffe de ces réflexions mignonnes:
que les Romains par leurs Loix arrête-
rent quelques inconvéniens de l'Empire
du monde le plus durable, qui eft celui
de la vertu; les Efpagnols par les leurs
vouloient empêcher les effets de la tyrannie du monde la plus fragile, qui eft

celle de la beauté. Ces réflexions font-
elles du genre politique ou Romanef-
que ?

3e. *Continuation*. C'eſt ici que l'Auteur emporte la piéce, ou qu'il ſe livre
tout entier au feu de ſon imagination
favorite, que les Loix doivent ſe conformer aux manieres. *La Loi de Théodoſe & de Valentinien*, tira les cauſes
de la répudiation des anciennes mœurs
des Romains. Elle mit au nombre de
ces cauſes *l'action d'un mari, qui châti-
roit ſa femme d'une maniere indigne d'une
perſonne ingénue; mais cette cauſe fut omi-
ſe dans les Loix ſuivantes*. C'eſt que
*les mœurs étoient changées à cet égard.
Les uſages d'Orient avoient pris la place
de ceux d'Europe* ; en un mot, il étoit
établi, ou l'on commençoit à établir
que déſormais les femmes ſeroient
impunément traitées en eſclaves.

A ce dernier trait, l'Auteur conclud
comme les mauvais Prédicateurs. *Nous
avons vû comment les Loix ſuivent les
mœurs : c'étoit mon premier point.
Voyons à preſent comment les mœurs ſuivent les Loix.* * C'eſt mon ſecond point.
Ce ſecond point conſiſte dans un chapi-

* Chap. 27.

tre unique, mais diffus, vous n'en devez point être furpris ; c'eft l'imagination de l'Auteur qui le dicte, & vous fçavez qu'elle eft féconde. Il va donc vous apprendre comment les *Loix peuvent contribuer à former les mœurs , les manieres , & le caractere d'une Nation.* La matiere eft épuifée. Mille Ecrivains nous ont conté comment les premiers fondateurs des Sociétés ont adouci le caractére fauvage & les mœurs diffolues des Peuples qu'ils avoient raffemblés par de fages maximes , par des régles de conduite puifées dans leurs propres penchans , par des exercices propres à former le corps & l'efprit , par une attention continuelle à rappeller les hommes à cette raifon , qui doit les gouverner tous ; & qui leur apprend ce qu'il faut faire , ce qu'il faut éviter. Ce font des faits qui fe vérifient par des exemples. Mais cette façon de prouver eft trop triviale pour notre Prédicateur , ce font des conjectures qu'il va vous donner pour des expériences. *J'ai parlé* , dit-il, au Livre onziéme, *d'un peuple libre : j'ai donné les principes de fa conftitution. Voyons les effets, qui en ont dû fuivre, le caractére*

D iiij

qui a dû s'en former, & les manieres qui en résultent. Ce Peuple en un mot, est un enfant de son imagination, dont il avoit pris exactement le point natal, & maintenant il va vous tirer son horoscope. Un petit scrupule pourtant semble l'arrêter. *Je ne dis point,* continue-t'il, *que le climat n'ait produit en grande partie les Loix, les mœurs, & les manieres de cette Nation : mais je dis que les mœurs & les manieres de cette Nation devroient avoir un grand rapport à ses Loix.* Au reste, l'une & l'autre supposition reviennent au même pour lui. Le bons sens aura formé les Loix de la Nation dont il parle. Or, dans les principes le *bons sens est attaché aux fibres grossieres des climats froids de l'Europe.* La longue déduction qu'il fait des rapports que les mœurs & les manieres de la Nation devroient avoir avec les Loix, n'est donc après tout qu'un simple horoscope, & sans vous en donner aucun précis, je puis vous dire à coup sûr, que vous en ferez pour le moins autant de cas que des Centuries de MICHEL NOSTRE-DAME, & des pronostications de MATHIEU LAMSBERG.

XXI. LETTRE

Sur le vingtiéme Livre.

JE vous ai fait obferver plus d'une fois que ce qui caractérife le plus *l'Efprit des Loix* , ce font les fingularités ; on en rencontre ici de tous les genres ; mais le début de ce vingtiéme Livre me paroît une des plus bizarres. Il l'eft jufqu'à l'inconcevable. L'Auteur nous avertit que les * *matieres qui fuivent demanderoient d'être traitées avec plus d'étendue* , mais il n'en fera rien , favez-vous pourquoi ? C'eft que *la nature de fon ouvrage ne le permet pas. Il voudroit couler fur une riviere tranquille & il eft entraîné par un torrent.* C'eft une penfée qu'il a trouvée trop jolie pour ne pas figurer quelque part ; mais où la place-t il ? quelle idée nous donne-t-elle du perfonnage qu'il fait ou qu'il va faire ? Il nous avoit dit dans fa Préface que fi nous voulions chercher fon deffein , nous ne pouvions le bien *découvrir que dans fon ouvrage,* & je vous faifois obferver là que c'étoit

* Chap. 1.

D v

s'exprimer *en deux façons pour ne rien dire* ; mais quel eſt enfin le deſſein de ſon ouvrage ? On ne vous le dira point encore ; on vous dira ſeulement que ſa nature eſt de ne permettre pas de traiter avec étendue les matieres qui le demanderoient le plus. Vous ſaurez en conſéquence que le deſſein de l'Auteur ou ſon envie ſeroit de couler ſur une riviere tranquille, & ſon ſort d'être entraîné par un torrent. Il n'a pas aſſez de loiſir pour traiter ſes ſujets ſelon leur importance. Vingt ans n'ont pu lui donner aſſez de momens pour y ſuffire. Lui ſied-il donc de s'en plaindre au moment qu'il vient de ſe délecter à voguer ſi tranquillement ſur vingt pages de vaines pronoſtications à pure perte pour les Lecteurs : au moment qu'il va nous débiter avec auſſi peu de vérité que de juſteſſe, ſes réflexions infructueuſes *ſur les Loix dans le rapport qu'elles ont avec le commerce conſidéré dans ſa nature & ſes diſtinctions ?*

Un de ſes défauts les plus ordinaires c'eſt de négliger la maxime cenſée du Philoſophe Orateur, que toute queſtion qu'on ſe propoſe de traiter ſur quelque ſujet que ce ſoit doit partir de la définition, *debet à definitione profi-*

cifci. Queſt-ce que le commerce ? ſa nature conſiſte en général dans l'uſage de vendre ou d'acheter. Cet uſage eſt né de l'attention naturelle que les hommes ont de pourvoir à leurs beſoins & du ſentiment de l'humanité, qui les porte à ſe communiquer mutuellement les biens, dont ils manquent. Ils le firent d'abord par des échanges ou convinrent à la fin de compenſer par un certain prix ce qu'ils ne pouvoient échanger. Cette communication commença par les habitations voiſines & s'étendit enſuite dans tout un état particulier ; on tranſporta d'une Province à l'autre les différentes productions dont chacune abondoit pour les rendre communes à toutes, & c'eſt ce qu'on peut appeller le commerce intérieur ou domeſtique. La même inégalité de diſtribution regne dans les différentes parties du Monde. Les choſes utiles ou commodes à la vie font le ſuperflu dans certains Païs, où les autres ſont obligés de les aller chercher pour ſuppléer à leur diſette, & c'eſt le commerce étranger. Pour faciliter l'un ou l'autre, ceux qui n'ont point de reſſources propres ſe ſont fait une profeſſion d'acheter pour revendre, c'eſt un commerce d'induſtrie, qui leur procure la ſubſiſtance par le gain, dont ils font païer leurs peines ; on trouve chez eux des proviſions ou des magazins, des productions de la nature & des ouvrages de l'art & cette forte de commerce eſt en ſoi le plus varié par ſes *diſtinctions*. Il forme une diverſité de commerçans, qui ne différent que par la maniere d'acheter & de revendre. Les uns amaſſent les marchandiſes, les autres les détaillent chacun dans leur genre.

Or de tout cet exercice de ventes & de reventes & de toutes ſes diſtinctions il n'en eſt pas une dont on puiſſe dire avec quelque propriété ce que notre Auteur dit en général. *Le commerce guérit des préjugés deſtructeurs.* Cette épithete n'eſt bonne que pour enrichir le Dictionnaire *Néologique*. Quels ſont les préjugés dont le commerce a guéri? Comment peut - on dire encore : que *c'eſt preſque une regle générale que par-tout où il y a des mœurs douces, il y a du commerce,* &c. Il y a du commerce par tout où les beſoins, les intérêts, ou l'abondance du païs l'introduit. C'eſt ſon origine & ſon objet & c'eſt preſque au contraire une regle générale que les païs, ou les Villes les plus commerçantes, font les plus groffieres. On y néglige tout ce qui peut adoucir les mœurs, l'étude des Sciences & des Arts des Langues & des écrits des anciens. Et quand l'Auteur ajoute que *le commerce a fait que la connoiſſance des mœurs de toutes les Nations a pénétré partout*, il prend le change ou le donne. Le commerce à qui nous devons ces connoiſſances, c'eſt le commerce des voïages tels que ceux des anciens Philoſophes. Ils vouloient commercer ou converfer avec les différentes Nations & fur-tout avec les Egyptiens, qui ne trafiquoient point parce qu'ils ne manquoient de rien. C'étoit de chez eux qu'ils revenoient inſtruits pour inſtruire leurs Citoïens, & nous-mêmes fans nos Voïageurs nous n'aurions que très-peu de Connoiſſances des Païs où nos commerçans vont acheter du poivre, de la canelle & du gingembre.

A ce quiproquo de notre Auteur je crois entendre un Rheteur en défaut, qui fophiſtique fon fujet pour le farder. Par où le commerce encore *perfectionne-t'il les mœurs ?* C'eſt dit-il, *par les Loix qu'on eſt obligé* de faire pour en corriger les abus & pour y faire regner

la juſtice. C'eſt ainſi que les Juriſconſultes ont eſſaïé de le réduire aux regles des contrats d'achats & de ventes ? Et comment ſe fait-il que les Loix
du commerce perfectionnent les mœurs,
par la même raiſon que ces mêmes Loix
perdent les mœurs? c'eſt que dans ce
ſecond ſens l'Auteur prend les abus
pour les Loix du commerce. Oui, dit-
il, *le commerce corrompt les mœurs pures.*
C'étoit le ſujet *des plaintes de Platon;*
mais il a ſa reſſource, & ſi le commerce
corrompt en effet les mœurs pures, *il
polit & change les mœurs barbares.*

Un autre grand bien, dont il parle
comme *d'un* * *effet naturel* du commerce
eſt *de porter à la paix*; mais ce bien ſi
c'eſt un bien réel ne convient qu'au
commerce étranger & ne doit point
entrer dans la définition générale du
commerce. D'ailleurs c'eſt le ſeul intérêt qui fait déſirer aux Nations obligées
de commercer enſemble de conſerver
la paix, & ſi cet eſprit unit les Nations, il *n'unit pas de même les particuliers*; on remarque, ajoute l'Auteur, que
dans les païs, où l'on eſt affecté que de
l'eſprit de commerce, *on trafique de toutes les actions humaines & de toutes les*

* Chap. 2.

vertus morales. Prétend-t'il par-là louer le commerce, ou le blâmer ? Il faut certes avoir une grande envie de composer des Chapitres pour les remplir de pensées si peu faites les unes pour les autres. Celle qui suit n'est encore qu'une louange sophiftique. L'esprit de commerce produit, dit-il, un certain *sentiment de justice exacte, opposé d'un côté au brigandage & de l'autre à ces vertus morales, qui font qu'on ne distingue pas toujours ses intérêts avec rigidité, &* qu'on peut les négliger pour ceux des autres. Il veut dire que par l'habitude de tout apprécier, on perd tout sentiment de bienfaisance réciproque, & qu'on met à prix les choses mêmes que le droit naturel a rendu communes & gratuites.

Plus j'avance plus je m'imagine que l'esprit de celui qui nous parle ne s'étoit monté dans ce moment que pour penser faux. *La privation totale du commerce produit,* dit-il, *le brigandage.* Soit que le pais soit ou puisse être commerçant, ou non, le brigandage est communément le fruit de la paresse ou de la haine du travail. Mais *Ariftote* bien ou mal entendu *met le brigandage au nombre des* *manieres d'acquérir.* L'Auteur applaudit & remarque à propos que l'esprit de brigandage n'est point contraire *à certaines vertus morales* telles que *l'hospitalité.* Le dirai-je ? Un jeune chien volage abandonne un Liévre qu'il pourſuit pour un Alouette qui lui part ſous le nez ; les comparaiſons ne devroient point déplaire quand la juſteſſe en excuſe l'indécence. Vous le voyez, Monſieur, l'Auteur étoit en train de nous parler des propriétés du commerce ; la fauſſe penſée lui vient, la *privation* totale de cet exercice produit le brigandage, le brigandage ne lui paroît point incompatible avec l'hoſpitalité, treve de commerce ; le voilà qui fait une longue excurſion ſur l'hoſpitalité que les anciens Germains exerçoient, mais lorſqu'ils eurent *fondé des Royaumes*, l'hoſpitalité *leur devint à charge*, *cela paroît par deux Loix du Code des Bourguignons.* Ces deux Loix étoient prudentes, juſtes & ſages ; mais pendant qu'on s'amuſe à les citer, le Liévre s'échappe & l'Auteur a perdu de vûe ſon objet. Y reviendra-t'il ? Non. Ce ſont deux ſortes * *de pauvres peuples*, qu'il caractériſe ſans le plus leger

* Chap. 3.

rapport au commerce. *Les uns sont pauvres parce qne la dureté du Gouvernement les a rendus tels , & ces gens là sont incapables de presque aucune vertu, parce que leur pauvreté fait une partie de leur servitude* ; Ergo glu. Les autres ne sont pauvres , que parce qu'ils ont dédaigné, ou parce qu'ils n'ont pas connu les commodités de la vie ; & ceux-ci peuvent faire de grandes choses , parce que cette pauvreté fait une partie de leur liberté. Pesez bien cette conséquence, & concevez si vous pouvez que de tels pauvres sont capables d'une aussi grande chose que le commerce. C'est ainsi que des pensées sublimes rendent les esprits propres à la profession la plus basse.

Enfin le mot du commerce reparoît, je dis le *mot*. L'Auteur a commencé par ne le point définir , & poursuit par le définir mal. * *Le commerce* , dit-il, *a du rapport avec la constitution.* Le commerce soit au dedans , soit au dehors, n'a de rapport direct qu'avec les besoins ou les commodités de l'Etat. C'est-là son objet , & sa véritable origine. Il est donc faux *que dans le Gouverne-*

* Chap. 4.

ment d'un seul, il soit fondé sur le luxe, & que son unique *objet soit de procurer à la Nation qui le fait tout ce qui peut servir à son orgueil, à ses délices, & à ses fantaisies.* Un Gouvernement Monarchique peut manquer par sa position des choses les plus nécessaires, ou du moins le plus commodes à la vie. Les Provinces peuvent avoir besoin de se communiquer réciproquement leurs différentes productions, & la sagesse de ce Gouvernement, & de tout autre est d'empêcher que le commerce ne serve aux usages que l'Auteur lui donne pour unique objet.

Il continue. *Dans le Gouvernement de plusieurs, le commerce est ordinairement fondé sur l'œconomie.* Notion fausse de la sorte de commerce dont il veut parler. Il y a dans tous les Etats un commerce qu'on peut nommer œconomique : vendre ce qu'on a de trop pour acheter ce qu'on n'a pas, c'est œconomie ; mais acheter ce qu'on n'a pas pour le revendre à d'autres à plus haut prix, c'est industrie, c'est trafic mercenaire. C'est ainsi, dit l'Auteur, *que les Républiques de Tyr & de Carthage ont fait le commerce. Les Négocians de cette espèce,*

ayant l'œil *fur toutes les Nations*, portent à l'une ce qui manque à l'autre ; il
falloit dire *ce qu'ils ont pris d'une autre ;*
ce font comme des pourvoïeurs gagés,
qui fe font payer de leur induftrie.
Mais il eft très-faux encore que ce trafique regarde le *gouvernement de plufieurs* par fa nature , *& le monarchique*
par occafion. Si l'un & l'autre habite
un païs riche , il fe contente de fubfifter de fes propres revenus , & s'épargne
fagement la peine ou la honte d'exercer
une profeffion, qui le dégrade par l'a-
vidité du gain. C'eft donc la feule néceffité qui oblige & les Etats populaires,
& les monarchiques , à recourir à cette reffource deshonorante , quand le
befoin ne le juftifie pas.

Ce qui trompe perpétuellement notre Auteur , c'eft qu'il fait abftraction
du convenable pour ne réfléchir que
fur le poffible , & qu'il ne juge même
du poffible que dans les fauffes fuppo-
fitions quil s'eft faites. Ecoutez-le raifonner un moment, & vous fentirez
cette double vérité ; *comme le trafic,*
dont il parle , *n'eft fondé*, dit-il , *que
fur la pratique de gagner peu, & même
de gagner moins qu'aucune autre Nation,*

& de ne se dédommager qu'en gagnant continuellement ; il n'est guéres possible qu'il puisse être fait par un Peuple chez qui le luxe est établi, ce qui signifie dans un Etat Monarchique ; car il faut selon lui qu'il y ait du luxe. Le Peuple d'ailleurs *y dépense beaucoup, & ne voit que de grands objets.* Ce raisonnement ne porte donc, comme vous le voïez, que sur la double fausse supposition qu'un Etat populaire ne puisse subsister que par son trafic, & que le luxe regne necessairement dans un Etat Monarchique. C'est à cette fausse idée qu'il applique si mal ce que Ciceron disoit si bien, selon lui : *je n'aime point qu'un même Peuple soit en même tems le Dominateur & le Facteur de l'Univers.* C'étoit l'inconvenance & non l'impossiblité qui frappoit ce sage Orateur. Il n'aimoit point qu'un Peuple maître de l'Univers exerçât le monopole sur tous les autres Peuples. Mais on tire de sa pensée que ce qu'il ne trouvoit pas convenable n'étoit pas possible. *Il faudroit supposer, dit-on, que chaque particulier dans cet Etat Dominateur, & tout l'Etat même eussent toujours la tête pleine de grands projets, & cette même tête remplie de petits, ce qui est contradictoire.* A cela je répondrois que c'est supposer que Ciceron rêvoit, quand il disoit si bien, qu'il n'aimoit pas à voir que le même Peuple fût en même tems le Dominateur & le Facteur de l'Univers ; il croïoit voir ce qui n'étoit pas , & ce qui ne pouvoit pas être.

Au vrai le sort du faux , c'est de se démentir. On vient de nous représenter les Sujets des Etats qui subsistent par le commerce, non pas d'*œconomie*, comme on le nomme très-improprement ; mais d'*industrie* , & de *métier* , comme *la tête remplie de petits projets pour gagner peu.* Mais la chance tourne. *Un commerce mene à l'autre ,* le petit au médiocre , le médiocre *au grand, & celui qui a eu tant d'envie de gagner peu, se met dans une situation où il n'en a pas moins de gagner beaucoup.* Par-là , *les grandes entreprises* prennent la place des petits projets. On *conçoit une hardiesse qui ne se trouve point dans les Monarchies* , dont les sujets ne voient pourtant que de grands objets qui les occupent trop , pour leur laisser le loisir de commercer.

De plus , les grandes entreprises des

Négocians font toujours néceffaire-
ment mêlées avec les affaires publiques : mais dans les Monarchies les
affaires publiques font auffi fufpectes
aux Marchands , qu'elles leur paroiffent fûres dans les Etats libres. Ce
n'eft donc point au fond le pouvoir &
le loifir qui manque aux fujets des Monarchies pour commercer , c'eft la fûreté.

Réfumez maintenant , Monfieur ,
toutes les penfées louches , ineptes ,
difparates, par lefquelles on a prétendu vous prouver dans ce Chapitre, que
le commerce a du rapport avec la conftitution des Etats; le Chapitre fuivant,
va vous prouver qu'il n'en dépend
point.

C'eft l'Auteur, qui nous dit, * qu'on
a vu par-tout la violence & la vexation donner naiffance au commerce ,
non d'*œconomie*, mais d'*induftrie* ; *lorfque les hommes font contraints de fe réfu-
gier dans les marais, dans les Ifles , les
bas fonds de la Mer, & les é ueils même.
C'eft ainfi que Tyr, Venife , & les Villes
de Hollande furent fondées. Les fugitifs y*

* Chap. 5.

trouverent leur sûreté. *Il falloit subsister;*
ils tirerent leur substance de tout l'Uni-
vers. Leur commerce, comme je l'ai
dit, n'eut donc point de rapport avec
la constitution ; mais aux seuls besoins
de leurs Etats. C'est l'origine commune
& du commerce étranger, & du commerce domestique. La profession de nos
Marchands dans l'intérieur du Royaume, n'est qu'une invention de leur industrie, qui les fait subsister au défaut
d'une autre profession lucrative, ou
de revenus propres.

Résisterai-je à la tentation de vous
faire observer en passant avec quel art
ou quel renversement du sens commun
notre Auteur compose ses fréquens *pots-*
pourris. Ce sont toujours de petits cahos,
où le chaud combat avec le froid, &
le sec avec l'humide. Il nous a dit dans
son premier Chapitre, que le commerce corrompt les mœurs pures, & polit
les mœurs barbares. A présent il nous
dit, *que la* stérilité du territoire de
Marseille détermina les Citoïens à ce
même commerce, & qu'en conséquen-
ce il fallut qu'ils fussent *laborieux* pour
suppléer à la nature qui se refusoit,
qu'ils fussent *justes* pour vivre parmi les

Nations barbares , qui devoient faire leur pofpérité ; qu'ils fuffent *modérés* pour que leur Gouvernement fût toujours tranquille: enfin qu'ils euffent des *mœurs frugales* , pour qu'ils puffent toujours vivre d'un commerce qu'ils conferveroient plus fûrement lorfqu'il feroit moins avantageux ; ceux de Marfeille firent donc de néceffité vertu. Mais ce qui met ici le comble au contrafte , c'eft qu'avec des mœurs telles qu'il vient de les décrire , leur voifinage avoit *gâté les Gaulois*. Le froid avoit embrafé le chaud , & le fec ramolli l'humide.

Ne nous plaignons point au refte , de ne pas trouver de la fuite entre les Chapitres d'un Livre où l'Auteur nous avertit qu'il eft entraîné par un torrent dont la force fait paffer les objets devant lui fans aucun ordre. Après nous avoir indiqué comme par hazard, la véritable origine du commerce d'induftrie dont il nous parloit fous un autre nom, il étoit naturel qu'il nous dît fi les Nations forcées à le faire pour fubfifter, en ont un droit propre , ou fi ce droit ne peut leur être accordé qu'à certaines conditions par les Etats dans lefquels

quels

quels elles veulent commercer. Ce
doute eſt du reſſort des Juriſconſultes,
& peut ſe décider auſſi par des raiſons
politiques, qui n'auroient rien que de
juſte. Mais l'Auteur qui compte pour
peu les régles, ſe jette bruſquement
au travers des ſingularités du détail. Il
nous décrit d'abord * *l'eſprit de l'Angleterre ſur le commerce. Elle a voulu,
dit-il, conſerver en cela ſon indépendance. Souverainement jalouſe du commerce
qui ſe fait chez elle, elle ſe lie peu par
des traités, & ne dépend que de ſes
Loix. Elle a toujours fait céder ſes intérêts politiques aux intérêts de ſon commerce*, & pour tout dire en un mot,
*c'eſt le Peuple du monde qui a le mieux
ſu ſe prévaloir à la fois de trois grandes
choſes ; la Religion, le commerce, & la
Liberté.*

Les Anglois lui ſçauront-ils gré de
cet éloge ? Il n'y manqueroit que ce
qu'il a dit plus haut, que chez eux on
eſt tellement affecté de l'eſprit du commerce qu'on y trafique de toutes les
actions humaines, & de toutes les vertus morales. A ce prix l'Eſprit des Loix
n'auroit pas beaucoup de rapport avec

* Chap. 6.

E

eelui de leur commerce. Mais c'eſt une attention que notre Auteur ne fait guére. Il dit bien que * *dans certaines Monarchies* , on a fait *des Loix très - propres à abaiſſer les Etats forcés* à ſubſiſter par le commerce. *On leur défend d'apporter d'autres marchandiſes que celles du cru de leur pays : on ne leur a permis de venir trafiquer qu'avec des Navires de la fabrique du pays où ils viennent.* Ces Loix ſont-elles juſtes ou non ? ce n'eſt point de ce côté-là qu'on les conſidére. On dit ſeulement *qu'il faut que l'Etat qui les impoſe , puiſſe aiſément faire lui-même le commerce , ſans quoi , il ſe fera pour le moins un tort égal.* Oui , ſi c'étoit un beſoin preſſant qui l'obligeât à tirer de-là ces marchandiſes, ou s'il ne pouvoit ſe les procurer d'ailleurs ; mais ſi ce n'eſt que par préférence qu'il veut bien les prendre de la Nation qui les lui préſente , c'eſt une grace qu'il lui fait. A plus forte raiſon donc il peut lui refuſer la permiſſion d'en apporter d'autres que celles de ſon cru, ſi ces autres lui ſont inutiles. ou peut-être nuiſibles telles que celles qui ne ſervent qu'au luxe. Il eſt dur d'exiger des

* Chap. 7.

Négocians de n'employer que des navires du païs dans lequel ils viennent commercer ; mais si ce commerce n'est que de pure indulgence , ils ne doivent pas se plaindre d'une condition gênante à laquelle il leur est libre de ne pas se soumettre.

Dans la supposition pourtant que les Etats permettent le commerce chez eux pour leurs besoins ou pour leurs simples commodités , *la vraie maxime,* dit l'Auteur , est de n'en *exclure aucune Nation sans de grandes raisons.* Il suffit donc selon lui-même , que ces Etats aient de grandes raisons, dont ils sont les seuls Juges pour donner une exclusion particuliere. Ils sont maîtres de n'accorder qu'à ceux qu'ils voudront ce qu'ils ne doivent à personne. * Les Japponnois ne commercent qu'avec deux nations, la Chinoise & la Hollandoise & *toute Nation qui se conduira sur leurs maximes sera nécessairement trompée : Soit ;* mais les Japonnois préférent ces tromperies à des surprises qui leur paroissent plus importantes, & plus dangereuses à la tranquillité de leur Gouvernement. Ils ont

* Chap. 8.

exclu des Portugais, ils avoient exclu les Hollandois par la même considération, & ne les reçoivent aujourd'hui qu'après avoir pris de leur part des sûretés nouvelles.

Ceux qui s'assujettissent *à ne vendre leurs marchandises qu'à une seule Nation, sous prétexte qu'elle les prendra toutes à un certain prix*, ne font pas non plus si dupes qu'on voudroit les faire. Une Nation sage & modérée peut sans être pauvre préférer l'assurance de se défaire de tout son superflu par un seul commerce, à l'ambition de s'enrichir davantage par un commerce plus tumultueux. On ne conçoit pas même ce que notre Auteur veut dire, quand il ajoute que *ces* conventions ne conviennent qu'à des Nations *dont la servitude consiste* à renoncer à l'usage des choses que la nature leur avoit données. C'est un mystere que je laisse à dévoiler à ceux qui se font un peu plus familiarisés avec ses idées sophistiquement sublimes.

Il apperçoit dans ce moment * *un établissement propre au commerce* d'industrie; ce font des banques, qui par

* Chap. 9.

leur crédit ont formé de nouveaux fignes des valeurs. Ces établiſſemens ne
ſont pas plus propres au commerce
d'induſtrie qu'à tout autre. L'utilité de
leurs fonds conſiſte dans la facilité de
tranſporter l'argent dans des païs éloignés pour quelque cauſe que ce ſoit;
mais on auroit tort, ajoute l'Auteur,
de tranſporter ces établiſſemens dans
les Etats qui font *le commerce du luxe.*
Que veut-il dire ? où ne fait-on pas ce
commerce ? Le luxe ne regne-t'il pas
dans tous les Etats, quand les mœurs
s'y font corrompuës ? Les banques n'y
ſervent-elles pas comme au commerce
de beſoins ou de ſimples commodités,
pour tranſporter d'une part à l'autre, les choſes qui lui manquent ?
L'Auteur ne ſe fait pas entendre, parce
qu'il a cru mal à propos qu'on l'enten-
droit à ſes fauſſes définitions.

Il y a d'ailleurs dans ſa maniere ordinaire de raiſonner, une penſée conſtante, dont il s'eſt fait un caractére
très-injurieux à l'eſpéce de Gouvernement qu'il nous a peint lui-même comme le meilleur. Jamais il ne nous parle du Gouvernement monarchique
comme d'un Gouvernement injuſte par

principe. Il ſemble dans ſon eſprit qu'il ne ſoit pas dans la poſſibilité de la na-ture, qu'un Monarque ſoit équitable, & que l'effet infaillible de la puiſſance ſur ſon cœur, ſoit le mouvement d'en abuſer. C'eſt la raiſon déciſive pour la-quelle il ne veut pas qu'on faſſe des fonds de banque dans un païs gouver-né par un ſeul. Dans un Gouvernement pareil, *il n'y a jamais eu*, dit-il, que le Prince qui ait eû, ou qui ait pû avoir un thréſor. Pour moi, je puis me figu-rer un Monarque qui gouverne ſans uſurper les biens de ſes ſujets, & qui mette ſon plaiſir à favoriſer les moïens de leur proſpérité.

Je me figure auſſi que notre Auteur auroit dû penſer plus judicieuſement, & plus équitablement ſur la franchiſe ou non franchiſe * *du port*. Ce n'eſt point ſur la nature du commerce ; mais ſur la qualité des marchandiſes qu'il con-viendroit que cette franchiſe ou non franchiſe fût réglée. L'induſtrie qui cherche à gagner, ne diſtingue point les objets du luxe de ceux des ſimples com-modités. Il eſt donc de la ſageſſe de tout Gouvernement de faire ce diſcerne-

* Chap. 10.

ment des marchandifes que les commerçans amenent. Il feroit partout
contre la *raifon*, d'établir un port franc
pour celles qui ne fervent qu'au luxe.
*On fe priveroit du feul bien que ce luxe peut
procurer & du frein le plus puiffant qu'il
puiffe recevoir.* Dans quelque conftitution
que ce foit l'Auteur ne fait que fuivre fes premieres illufions, quand il
n'applique ces réflexions qu'aux *Gouvernemens Monarchiques*, comme fi le
luxe leur convenoit effentiellement,
comme s'ils ne commerçoient en effet.
que pour le luxe. Plufieurs Monarchies
au contraire, font obligées dans des di-
fettes ordinaires ou d'accident, de faire
venir des bleds ou d'autres denrées néceffaires à la vie, & dans ces fuppofi-
tions, il feroit convenable, il feroit
jufte même d'accorder à ces marchandifes un port franc. C'eft ainfi que la
raifon corrige ce que la feule imagination fuggére.

On ne nous a pas épargné de longs
Chapitres pour expliquer de prétendus
paradoxes, qui ne l'étoient que pour
celui qui les propofoit, & maintenant
il nous en propofe un qu'il n'explique
point, quelque befoin qu'il ait d'être

expliqué : la liberté du *commerce n'eſt pas une faculté accordée aux Négocians de faire ce qu'ils veulent, ce ſeroit bien plutôt ſa ſervitude.* Ce qui gêne le commerçant ne gêne pas pour *cela le commerce* ; ainſi , par exemple , *l'Angleterre , défend de faire ſortir ſes Laines ; elle ne permet point la ſortie de ſes Chevaux , s'ils ne ſont coupés.* Si donc ſes commerçans enlevoient quand ils voudroient ſes laines , ils n'en feroient point un commerce libre ; mais on le leur défend afin qu'ils commercent plus librement. Comprenne qui pourra. Je ſoupçonne ſeulement que dans cette phraſe l'Angleterre *gêne le Négociant en faveur du commerce* , l'Auteur a voulu dire qu'elle gêne réellement le Négociant comme particulier en faveur de la Nation. Mais ce n'eſt qu'un ſoupçon , ce ſeroit une vaine ſubtilité , qu'un homme qui parle pour être entendu ne doit pas ſe permettre.

Autre paradoxe à peu-près du même goût ; mais qui s'explique par un *alibi.* L'Auteur vient de dire que *c'eſt dans les païs de la liberté que le Negociant trouve des contradictions ſans nombre , & qu'il n'eſt jamais moins croiſé par les*

Loix que dans les païs de la servitude, *
ce qui signifie que dans ces païs il n'y a
point de Douanes. Il semble donc que
dans le Chapitre suivant qui traite de
ce qui détruit la liberté du commerce,
il veut dire que ce sont les Douanes ;
point du tout avec les Douanes on jouit
de la liberté du commerce. Qu'est - ce
donc qui la détruit, c'est *la Finance
par ses injustices, par ses vexations,
par l'excès de ce qu'elle impose,* par
les difficultés *qu'elle fait naître & les
formalités qu'elle exige.* Quel remede
à ces maux ? Que les droits des Douanes soient mis en regle, de maniere que
les Régisseurs ne puissent arrêter les
marchandises sur aucun prétexte quand
ces droits sont exactement acquités con-
formement aux tarifs. La confiscation
sur-tout ne peut avoir lieu que sur les
marchandises expressément prohibées.

Observez pourtant qu'entre des peu-
plus ennemis tous les biens sont réciproquement confisqués par le seul droit
de la guerre, à moins qu'il n'y ait des
conventions exceptives. On convien-
dra, par exemple, de ne point inquiéter
les Laboureurs, de ne point ravager

* Chap. 12.

E v

les terres enfemencées, de ne point couper les moiffons avant la maturité, de ne point empêcher réciproquement l'exportation & l'importation des denrées ; ces ménagemens fe tirent de la qualité de la guerre ; fouvent on ne combat que pour des titres ; que pour des prérogatives, que pour des fatisfactions honoraires, que pour des jaloufies , que pour des haines perfonnelles entre les Chefs des Nations. Il n'eft pas jufte alors que les Peuples fouffrent du délire de leurs Princes ; mais quand la querelle eft fondée fur des raifons plus graves & plus intéreffantes, il eft naturel que toute communication de fecours ceffe ; prolonger alors le commerce ce ne feroit fouvent que prolonger la guerre. On faifit , on confifque tout ce qui vient du païs ennemi ; tout eft permis, pourvû qu'on ne l'empêche point de commercer avec les Nations, foit voifines , foit éloignées, avec lefquelles on a point rompu la bonne intelligence.

C'eft là peut - être l'efprit * *de la grande Charte des Anglois* qui défend de *faifir & de confifquer en cas de guerre les marchandifes des Négocians étran-*

* Chap 13.

gers à moins que ce ne foit par repréfailles. En ce fens la réflexion de notre
Auteur, qu'il *eft beau que la Nation An-*
gloife ait fait de cette défenfe *un des*
articles de fa liberté, ne feroit pas auffi
jufte qu'il penfe, ce feroit feulement de
fon équité qu'elle auroit voulu donner
une preuve ; mais affoiblie par l'exception des *repréfailles* : elle pouvoit
au refte ufer de fa liberté comme l'Efpagne en ufa lorfqu'en 1740. elle défendit à fes Sujets d'introduire dans
fes Etats des marchandifes d'Angleterre ; ce que l'Auteur trouve d'excef-
fif dans cette défenfe c'eft la peine de
mort qu'elle infligeoit aux contre-
venans. Il feroit à fouhaiter fans doute
qu'on pût ne l'impofer pour aucun crime ; mais c'eft une chicane *d'oppofer*
un crime d'Etat à ce *qui n'étoit*, dit-on,
qu'une violation de police ; on péche
contre l'Etat quand on péche contre la
police ; mais tous les crimes ne font
pas égaux & ne méritent pas la même
peine. Il y eut donc de l'excès dans celle que l'Efpagne infligeoit ; mais elle
ne fit qu'ufer d'un droit commun par
la publication de fon Ordonnance. Il
n'eft point vrai qu'elle choquât l'ef-
E vj

prit du commerce qui doit être inter-
rompu par le seul fait de la guerre,
pour les raisons, mais avec les réserves
que je viens de dire.

L'Auteur veut nous expliquer ensuite pourquoi la contrainte par corps
est plus permise ou plus juste pour les
dettes de commerce que pour les dettes communes; mais à la maniere dont
il s'exprime, je doute qu'il soit entendu. * *Les Négocians*, dit-il, *étant obligés
de confier de grandes sommes pour des
tems souvent fort courts, de les donner
& de les reprendre, il faut que le débiteur remplisse toujours au tems fixé ses
engagemens, ce qui suppose la contrainte par corps.* On demande premierement
quel est ce débiteur. La profession des
Négocians est d'acheter & de revendre. Est-ce donc quand ils achetent
ou quand ils revendent qu'ils sont
obligés de confier de grandes sommes, de les donner & de les reprendre:
l'une & l'autre de ces opérations présente des idées toutes contraires; si c'est
le Négociant qui confie de grandes
sommes pour les achats qu'il fait, il

* Chap. 14.

ne donne pas ces sommes pour les reprendre ; ce ne sont que des marchandises que le vendeur doit lui livrer au tems fixé ; l'espece change , & la contrainte par corps n'a plus le même objet. Supposez au contraire que ce soit le Négociant qui prenne des termes pour païer & qui ne païe point ; c'est alors contre lui que la contrainte par corps doit être accordée ; ce seroit une fausse pensée de dire qu'en ce cas la *Loi fait plus de cas de la liberté d'un Citoïen que de l'aisance d'un autre.* Ce seroit plaider la cause des affronteurs ; ce sont les commerçans qui *méritent le moins d'indulgence, & pour qui l'humanité demande moins de limitation à la séverité des Loix*, quand ils ne paient pas au tems fixé, parce que c'est l'avidité du gain qui les a rendus insolvables ; il est juste seulement qu'ils soient païés aux termes qu'ils ont donné , quand ce sont eux qui vendent ; mais leur qualité de commerçans ne leur donne à ce sujet aucune préférence , on ne doit pas leur pardonner de procurer l'aisance publique aux dépens des Citoïens particuliers.

* *Belle Loi;* c'est le titre d'un Chapi-
* Chap. 15.

tre exprès. La Loi sans doute est fort belle ; elle est de Geneve. *Elle exclud des Magistratures & même de l'entrée dans le Conseil*, les enfans de ceux qui sont morts insolvables, à moins qu'ils n'acquitent les dettes de leur pere; mais c'est tirer cette Loi par les cheveux de dire *qu'elle a cet effet qu'elle donne de la confiance pour les Négocians.* Sur quoi cette confiance est-elle fondée, si le pere insolvable n'a pas été dans le négoce? La Loi ne défend pas même à ses enfans de commercer. Ils pourront donc commercer & devenir insolvables comme leur pere, à condition qu'ils ne seront point Magistrats, & qu'ils n'entreront point dans le Conseil; c'est donner trop d'emphase à cette exclusion sage de dire que la Loi particuliere a encore à Genéve la force de la Loi publique; les enfans des peres insolvables ne font point exclus du rang des Citoïens pour n'avoir pas payé leurs dettes.

A cette allure, dans quel esprit peut-on penser que l'Auteur se plaint de l'abondance des matiéres qu'il doit traiter dans ce Livre? On voit qu'il est à la quête pour remplir ses Chapitres. Il les fourre de tout ce qui peut avoir quelque trait à son sujet. D'abord c'est *Xenophon** qui voudroit qu'on *donnât des récompenses aux Préfets de commerce qui expédient le plutôt les Procès.* Il sentoit le besoin de notre Jurisdiction Consulaire. On ajoute que *les Romains* eurent cette Jurisdiction pour les Nautoniers dans le bas Empire. On cite enfin Platon qui dit que *dans une Ville où il n'y a point de commerce maritime, il faut la moitié moins de Loix Civiles,* d'où l'Auteur conclud que dans une Ville commerçante *il y a moins de Juges & plus de Loix,* & c'étoit *des Juges pour le commerce* qu'il devoit parler dans ce Chapitre. A tout cela Monsieur ne penserez-vous pas que celui qui veut rapsodir toutes ces piéces n'excelle pas dans l'art de coudre ?

A quoi bon nous citer encore le fait de l'Empereur Théophile, il n'étoit propre qu'à rabatre de la haute idée que l'Auteur veut nous donner du commerce. Cet Empereur fit brûler un vaisseau dans lequel il se trouva des Marchandises pour Théodora sa femme :

* Chap. 16.

En quoi *, lui dit-il, *les pauvres gens pourront-ils gagner leur vie si nous faisons encore leur métier?* C'est la vraie considération qui doit empêcher les Princes de faire cette sorte de commerce. C'est la ressource de leurs sujets pauvres, que leur industrie fait subsister par le gain qu'ils font sur les reventes. Il eût été superflu d'alléguer que personne ne pourroit réprimer les Princes, s'ils faisoient des monopoles ; que personne ne pourroit les obliger à tenir leurs engagemens. Il suffisoit d'observer qu'aucun besoin ne les forçoit de faire une profession qui dérobât à d'autres des gains nécessaires. ** *Les Princes Portugais & Castillans*, qui se saisissoient des branches les plus riches de leur commerce, aux Indes Orientales, commettoient la même injustice ; leur crime étoit celui des riches qui dépouillent les pauvres.

Quand on raisonne conséquemment on voit que c'est par là qu'il est contre l'esprit du commerce, que la Noblesse le fasse dans tous les Etats aussi bien que dans la Monarchie, parce qu'on

* Chap. 17.
** Chap. 18,

fuppofe que la Nobleſſe a des biens
plus que fuffifans , & trop de confidération pour ne pas avoir des préférences. C'eſt par-là que les Empereurs *Ho-*
norius & Théodoſe * difent que cela feroit
pernicieux aux Villes & ôteroit entre les
Marchands & les Plébéiens la facilité
d'acheter & de vendre ; mais c'eſt pouffer l'inconvénient jufqu'à la chimere
d'ajouter qu'il eſt *contre l'eſprit de la*
Monarchie que la Nobleſſe y faſſe le
commerce. Il n'eſt point contre la bonne police que la Nobleſſe pauvre ufe
d'une reſſource propre aux Citoïens
pauvres, quand l'Etat ne lui fournit
point d'autre moïen de fubfifter , &
c'eſt une penſée mal conçue de dire
que l'uſage , qui a permis le commerce à la Nobleſſe en Angleterre *foit une*
des choſes qui a *le plus contribué à y* af-
foiblir le Gouvernement Monarchique.
S'il y a quelque affoibliſſement dans ce
Gouvernement , il confiſte à ne pouvoir faire que du bien. Quel Roi juſte
s'en plaindra ?

Je n'apprécierai point ** *la réfle-*

* Chap. 19.
** Chap. 20.

xion *particuliere* que l'Auteur nous débite à ce sujet, vous la trouveriez dans son tout sans justesse, sans vérité, sans consistance. Je ne sache point qu'il y ait *des gens qui pensent qu'il faudroit qu'il y eût en France des Loix, qui engageassent la Noblesse à faire le commerce.* Plusieurs peuvent penser qu'il seroit convenable de lui permettre un certain commerce qui n'eût rien de la bassesse & de l'esprit mercenaire des détails. *Ce seroit,* répond notre Auteur, *y détruire la Noblesse sans utilité pour le commerce.* Pensée gauche. Si le commerce est utile en lui-même, qu'importe par quelles mains il se fasse pourvû qu'il se fasse équitablement & selon les Loix? Ce commerce au moins seroit utile à la Noblesse pauvre & l'aideroit à se soûtenir. C'est ce qu'on y considere; c'est l'effet qu'il produit dans quelques Etats. Mais comment enfin le même homme peut-il dire que le commerce détruiroit la Noblesse au moment même qu'il reconnoît que le commerce la produit parmi nous & *qu'il en trouve la pratique sage?* Les *Négocians,* dit-il, *n'y sont pas nobles, mais ils peuvent le devenir.* L'acquisition qu'on peut faire de la No-

bleſſe à prix [d'argent encourage beaucoup les Négocians *à ſe mettre en état
d'y parvenir*. Que ſont devenues ces
penſées outrées, ou ces *traits ſaillans*
par leſquels il inſiſtoit ſur la néceſſité
d'une Nobleſſe d'origine pour la conſtitution d'une Monarchie. La girouette
eſt tournée pas un autre vent. *Il n'e-
xamine pas ſi l'on fait bien de donner
ainſi aux richeſſes le prix de la vertu ;
on le fait ; il y a tel Gouvernement où
cela peut être utile*. Quel raiſonnement !
Quelle maxime ! je n'acheve pas, M. il
me faudroit un volume pour vous faire une juſte analyſe du reſte de ce
Chapitre ; ce n'eſt qu'un tiſſu des penſées les plus fauſſes, les plus folles, les
plus extravagantes, qu'un renverſement
inconcevable d'idées qui vous repréſen-
teroit les dégradations continuelles, la
décadence & la ruine preſque entiere
d'un Etat, comme les accroiſſemens de
la puiſſance & les effets de la bonté
de ſes Loix, qui défend le commerce
à la Nobleſſe, & qui donne la Nobleſſe pour récompenſe aux commerçans.

Ses raiſonnemens ne ſont pas moins
renverſés & moins inconſéquens ſur

les Nations à qui le commerce eſt *
deſavantageux. Ecoutez - les un moment. Les fonds de terre de chaque
païs ſont ordinairement poſſédés par
ſes habitans ; plus les fonds ſont fertiles plus ils rapportent de ſortes de
productions , plus le païs eſt riche. C'eſt
ainſi que nous l'avons penſé nous autres eſprits vulgaires. Point du tout ,
les effets mobiliers , comme l'argent ,
les billets , les lettres de change , les
actions ſur les Compagnies , les vaiſſeaux , toutes ces marchandiſes appartiennent au monde entier , & le peuple qui poſſede le plus de ces effets eſt
le plus riche. Et comment les acquié-
rent-ils ? *par leurs denrées* , ce qui ſuppoſe qu'ils ont des fonds de terre, qui
les produiſent , *par le travail de leurs
ouvriers, par leur induſtrie, par leurs découvertes & par le hazard même. Et*
tous ces moïens n'étoient-ils pas prati-
quables à nos Païs , qui poſſedent les
terres les plus fertiles ? Ils peuvent
donc toujours être les plus riches ,
& trouveront le néceſſaire & les commodités ſans ſortir de chez eux. *Comment peut-il ſe trouver un Etat ſi mal-*

* Chap. 21.

heureux, qu'il *fera privé des effets des*
autres Païs & même encore de prefque
tous les fiens. Le voici. *Les propriétaires*
des fonds de terres ne feront que les Colons
des étrangers. Retournez la phrafe &
vous direz, les étrangers ne feront que
les tributaires des poffeffeurs des fonds
de terres, qui leur en vendront les productions ; & ce même état qu'on fuppofe fi malheureux qu'il *manquera de tout,*
ne manquera de rien, puifqu'il aura du
fuperflu pour les étrangers ; il ne pourra rien acquérir, qu'importe s'il a tout
ce qu'il lui faut & le fuperflu même ;
Il vaudroit mieux qu'il n'eût de commer-
ce avec aucune nation du monde, c'eft le
commerce qui dans les circonftances où il
fe trouve, le conduit à la pauvreté. Oui
s'il a voulu fe procurer des chofes inutiles pour le profit qu'il tiroit de fon
fuperflu, puifque les circonftances dans
lefquelles il fe trouvoit étoient d'être le
colon des étrangers & de les avoir pour
tributaires. Un *Païs qui auroit toujours*
moins de marchandifes ou de denrées qu'il
n'en reçoit, fe met en équilibre en s'a-
pauvriffant. C'eft toujours la fuppofi
tion renverfée. Ce Païs colon des étrangers envoie toujours plus qu'il ne reçoit & ne fait que s'enrichir ; s'il n'e_

ft

pas aſſez fou pour recevoir les choſes dont il peut ſe paſſer. C'eſt ce que nous verrons dans l'exemple dont on ſe ſervira pour juſtifier toutes ces imaginations déplacées, que je nommerois plus naïvement un *vrai coq-à-l'ane*.

Encore un trait pourtant pour en montrer tous les travers. *Dans les pais de commerce, l'argent qui s'eſt tout à coup évanoui, revient, parce que les Etats qui l'ont reçu le doivent*; c'eſt donc un argent qu'on leur a ſimplement prêté; car ſi c'eſt un argent, qu'on leur envoie pour des Marchandiſes, il ne revient point, & les marchandiſes qu'ils envoient, ne font qu'épuiſer ce qu'il en reſte dans l'Etat, en achats plus ſouvent ruineux qu'avantageux; mais dans les *Etats dont nous parlons l'argent ne revient point*, & la véritable raiſon, c'eſt qu'il vient toujours & ne ſort point qu'on ne le deſtine à des choſes ſuperflues. *La Pologne*, dit l'Auteur, *ſervira ici d'exemple*, & cet exemple eſt juſte dans mes expoſitions. Elle n'a preſque point de ces choſes que nous appellons les biens mobiliers de l'Univers. Qu'arrive-t'il ? *Les Seigneurs preſſent le Laboureur\ pour avoir une plus grande quantité de bled, qu'ils puiſſent* envoïer aux étrangers, & se procurer des choses que demande leur luxe. Si la Pologne ne commerçoit avec aucune Nation, ses Peuples seroient plus heureux. C'est mon raisonnement, qui n'a, comme je l'ai dit, aucune justesse dans les suppositions del'Auteur, qu'en les renversant.

Ce qu'il dit du Japon n'est ni mieux digéré ni plus concluant. Il l'appuie d'une pensée subsidiaire, dont la vérité ne naît point de la nature des choses. *Il est difficile*, dit-il, qu'un Païs n'ait des choses superflues. Il est au contraire assez commun qu'un Païs manque de toutes les choses nécessaires. Ce fut là selon lui l'origine du commerce d'industrie ; mais supposé qu'il ait des choses superflues, il pourra les rendre utiles par le commerce d'exportation ; mais par quel commerce pourra-t'il les *rendre nécessaires* ? Ce ne sera sans doute qu'en réformant sa constitution, comme l'Auteur voudroit que la Pologne réformât la sienne ; que les Seigneurs partageassent leurs trop grands Domaines à leurs païsans. Par-là l'Etat pourroit donner les choses nécessaires à un plus grand nombre de sujets & renoncer sagement à tout commerce d'importation.

Que résulte-t'il donc enfin de tout ce Chapitre, où l'Auteur examine à quelles Nations il est désavantageux de suivre le commerce ? Deux paradoxes des plus palpables. *Disons donc*, dit-il, 1°. Que ce ne font point les Nations qui n'ont besoin de rien qui perdent à faire le commerce, ce font celles qui ont besoin de tout. Ces Nations qui n'ont besoin de rien ne perdent point à commercer de leur superflu ; mais elles perdent à commercer des choses inutiles ou nuisibles, qui ne servent qu'au luxe ; celles qui manquent de tout ne peuvent que gagner & n'ont rien à perdre. 2°. Ce ne font point les Peuples qui suffisent à eux-mêmes ; mais ceux qui n'ont rien chez eux, qui trouvent de l'avantage à ne trafiquer avec personne. C'est le même paradoxe mis dans toute son absurdité ; on ne peut rien perdre quand on n'a rien chez soi. L'industrie est la seule ressource qui puisse faire subsister. C'est ainsi que le travail & les Arts, ou le trafic, font vivre des Provinces & des Etats entiers. Voyons maintenant où le torrent, par qui l'Auteur est entraîné, le conduira.

XXII. LETRE.

XXII. LETTRE

Sur le vingt-uniéme Livre.

JE réfléchis sur le titre de ce Livre, & je m'étonne plus que jamais du def-fein de l'Ouvrage & de celui de l'Auteur, puifque ce n'eft que par l'un qu'*on peut bien découvrir l'autre. Les Loix dans le rapport qu'elles ont avec le commerce con-fidéré dans les révolutions qu'il a eues dans le monde.* De quelle utilité peut être dans un traité général de l'Efprit des Loix, le détail des Révolutions d'un ufage, qui n'a point été fondé fur les Loix, & dont on ne fe propofe que de nous expofer que l'hiftorique. Ce def-fein de l'Ouvrage ne répond donc point à fon titre, & celui de l'Auteur eft de fe prêter à tous les perfonnages qui lui convenoient le moins. Hiftorien pour le fimple amufement, il fe jette dans tou-tes les recherches les moins intéreffan-tes, pourvû qu'elles lui paroiffent cu-rieufes; il veut bien courir le rifque de ne faire qu'un Livre *agréable*, au lieu d'un Livre qui devoit être *utile*. C'eft

E

un reproche qu'il se réjouit apparam-
ment d'avoir mérité. Mais je doute que
ce soit de votre part, & de celle d'un
grand nombre de justes estimateurs. Il
faudra pourtant vous donner une espéce de Quintessence de ce Livre, dont
la décomposition n'est pas d'un travail
ordinaire, & d'une réduction facile à
simplifier.

Ce sont d'abord quelques * *Observations générales*. Avant d'entamer les révolutions du commerce, l'Auteur a
bien voulu nous avertir qu'il en est un
sans révolutions. Ce sont certaines causes physiques, la qualité du terrein
ou du climat, qui en ont pour jamais
fixé la nature. Telle est le commerce
des Indes Orientales ; elles vendent à
toutes les Nations sans rien acheter
d'elles. C'est la nature même qui produit cet effet, ajoute l'Auteur ; mais
ne le prenez pas à la lettre. Les mots
suivans disent le contraire. *Les Indiens
ont leurs arts adaptés à leur maniere de vivre ; leur maniere de vivre est réglée sur
leurs besoins ; notre luxe ne sçauroit être
le leur, ou pour parler plus juste, ils n'ont*

* Chap. 1.

point de luxe. C'est leur *frugalité* qui leur laisse un grand superflu des marchandises que leurs arts & la nature de leur païs leur fournit. Il y a plus, leur Religion qui est *indestructible* leur donne de la répugnance pour les choses qui nous servent de nourriture. Que pensez-vous, Monsieur, de cette expression. La vérité seule est indestructible. Une Religion qu'on qualifie de cette épithete doit donc sembler vraie. Non, Monsieur, n'insistons point si fort sur la valeur des termes : l'Auteur ne les pése point, & ne sent pas même ce qui lui échappe de vrai dans ce qu'il dit de propre à fixer le véritable Esprit des Loix. Tel est le commerce constant des Indiens, & cette frugalité qui les borne à se contenter des choses nécessaires pour se défaire des superflues. C'est la Loi que tous les Peuples qui trafiquent avec eux devroient s'imposer.

Mais l'Auteur, qui perd de vûe son véritable objet, s'amuse de même à rechercher pourquoi la plûpart des Peuples des côtés de l'Afrique * sont

* Chap. 2.

sauvages & barbares, & croit en avoir trouvé la raison. Quoi qu'il en soit, ils sont sans industrie, sans arts, & possèdent en abondance des *métaux précieux*, *qu'ils tiennent immédiatement des mains de la nature. Que suit-il de là ? Que tous les Peuples policés sont en état de négocier avec eux, avec avantatage.* Ils peuvent leur faire estimer beaucoup des choses de nulle valeur, & en recevoir un très-grand prix. Voilà la Loi du commerce avec eux. Est-elle juste ? ou jusqu'à quel point l'est elle ? C'est une question qui mériteroit au moins quelques attentions. Mais dans cet Ouvrage, on fait communément peu de différence entre ce qui se fait, ou peut se faire, & ce qui se doit.

L'application sérieuse est d'y faire reparoître à tout propos les chimeres les plus contraires aux sentimens naturels, & d'y représenter les hommes comme des espéces d'automates susceptibles d'un Méchanisme contradictoire avec le caractére immuable des mouvemens méchaniques. C'est-là selon les imaginations de notre Auteur, le résultat d'une sorte de *balancement* qu'il voit dans l'Europe entre les Na-

tions * de son midi, & celles de son
Nord. *Les premieres ont toutes sortes de
commodités pour la vie, & peu de besoins. Les secondes ont beaucoup de besoins.
& peu de commodités. L'équilibre se
maintient par la paresse que la nature a
donnée aux Nations du Midi, & par
l'industrie & l'activité qu'elle a donnée
à celles du Nord. Ces dernieres sont obligées de travailler beaucoup, sans quoi elles manqueroient de tout, ou deviendroient
barbares. Or c'est ce qui naturalise la servitude chez les Peuples du Midi. Comme ils
peuvent aisément se passer de richesses,
ils peuvent encore mieux se passer de liberté. Mais les Peuples du Nord, sont
dans un état forcé, s'ils ne sont libres,
ou barbares. Presque tous les Peuples du
Midi sont en quelque sorte dans un état
violent, s'ils ne sont esclaves.* Concevrez-
vous, Monsieur, qu'il y ait dans le
monde une cervelle assez mal saine
pour persévérer dans l'extravagance de
ces idées ?

Voïons-la cheminer sans songer qu'elle se contredit. L'Auteur veut montrer

* Chap. 3.

une principale * différence du commerce des anciens d'avec celui d'aujourd'hui ; c'eſt le monde qui ſe met de tems en tems dans des ſituations qui cauſent ces changemens. Par exemple, aujourd'hui *le commerce de l'Europe ſe fait, principalement du Nord au Midi.* Je crois qu'il veut dire du Midi au Nord. *Les boiſſons du Midi,* dit-il, en effet, *portées au Nord, font une eſpéce de commerce que les anciens n'avoient guéres,* & l'importante réflexion qu'il fait ſur cela ; c'eſt *que la capacité des vaiſſeaux, qui ſe méſuroit autrefois par muids de bled, ſe meſure aujourd'hui par tonneaux de liqueurs.* Mais ce commerce ancien que nous connoiſſons, *ſe faiſant d'un Port de la Méditerranée à l'autre, étoit,* dit-on, *preſque tout dans le midi.* Je demande donc ſi preſque tous les Peuples du Midi étoient alors dans un état violent, ou ſi la ſervitude étoit déja naturaliſée chez eux ? Il me ſemble que cette anecdote étoit auſſi curieuſe à ſçavoir, que celle de la capacité des vaiſſeaux qui ſe meſure aujourd'hui par tonneaux de liqueurs, au lieu qu'elle étoit autrefois meſurée par muids de bled.

* Chap. 4.

111

* *Autres différences*. Le combat ceſſe,
quand il n'y a plus de combattans.
Mais il n'en eſt pas ainſi du commerce.
C'eſt un être méthaphyſique, qui ſub-
ſiſte par lui-même ; ou qui juſques dans
ſon anéantiſſement conſerve des propriétés. C'eſt un demon qui parcourt
la terre, tantôt *détruit par les Conqué-*
rans, tantôt *gêné par les Monarques. Il*
fuit doù il eſt opprimé ; il ſe repoſe où on
le laiſſe reſpirer. Il régne aujourd'hui,
où l'on ne voïoit que des déſerts, des
mers, des rochers ; là où il régnoit,
il n'y a que des déſerts. Ne trouvez-
vous pas ces événemens admirables ;
où il n'y a plus de peuple, on ne commerce plus, mais on commerce où il
y en a. C'eſt une Préface de l'Hiſtoire
du commerce que l'Auteur va faire.
Cette Hiſtoire eſt celle *de la communica-*
tion des peuples. Leurs deſtructions diver-
ſes, & de certains flux & reflux de popula-
tions & de vaſtations en forment les plus
grands événemens. Un détail bizarre, &
plus que bizarre de ces événemens,
compoſera ce long livre, qu'on nomme
les Loix dans leur rapport avec ces révo-

* Chap. 5.

F iiij

lutions; à condition que les Loix feront ce que vous y trouverez le moins, pour ne pas dire que vous ne les y trouverez point du tout. Ce feroit donc vous amufer vainement d'en entreprendre une analyfe ; elle n'auroit de curieux pour vous que les manieres ordinaires de raifonner, ou de déraifonner de l'Hiftorien, qui ne vous font déja que trop connues.

Son Hiftoire du commerce des anciens commence par Sémiramis, & ce début eft un échantillon qui peut vous donner une jufte idée de la valeur de toute la piéce, le voici. *Les tréfors immenfes de Sémiramis, qui ne pouvoient avoir été acquis dans un jour, nous* * *font penfer que les Affyriens avoient eux-mêmes pillé d'autres nations riches, comme les autres nations les pillerent après.* Ces tréfors ne nous offrent donc aucune idée de commerce, & l'Auteur pourfuit néanmoins : *L'effet du commerce font les richeffes, la fuite des richeffes, le luxe, celle du luxe, la perfection des arts, & les arts portés au point où on les trouva du tems de Sémiramis, nous*

* Chap. 6.

marquent un grand commerce établi. La pensée du pillage des Assyriens est donc une pensée hazardée, qui s'évanouit. Les richesses deSémiramis étoient l'effet d'un commerce établi depuis long-tems. C'est ainsi que l'imagination rétablit tout d'un coup l'honneur de cette Reine avec le secours d'une vicieuse *Sorite*. Les richesses avoient produit le luxe, le luxe avoit produit la perfection des arts, & cette perfection nous marque un grand commerce. Mais comment la suite se coud-t'elle à cette premiere conséquence ? C'est à points perdus. La couture est invisible. Il y avoit un grand commerce de luxe dans les Empires d'Asie ; ce seroit donc une belle partie de l'histoire du commerce, que l'histoire du luxe ; comment cela ? *Le luxe des Perses, étoit celui des Medes, celui des Medes étoit celui des Assyriens.* Malheureusement *il est arrivé de grands changemens en Asie*, la partie de la Perse, qui est au Nord-Est, *l'Hyrcanie, la Margiane, la Bastriane, &c. étoient autrefois pleines de Villes florissantes, qui ne sont plus. Le Nord de cet Empire étoit couvert de Villes & de Nations qui ne sont plus encore. C'est sans doute par les Nations*

F v

qui peuploient ces divers païs que les grands Empires des *Assyriens*, des *Medes* & des *Perses* avoient une communication avec les parties de l'Orient, & de l'Occident les plus éloignées. Cette communication n'est plus. Tous ces païs ont été dévastés par les *Tartares*, & cette *Nation* destructrice les habite encore pour les dévaster. Par-la l'histoire du commerce souffre de grandes solutions de continuité. Mais de quelque maniere que l'Auteur la rapsodie, vous n'y verrez sur-tout aucun rapport avec les *Loix*. On vous y montre au contraire des peuples assez sages pour se faire une espece de *Loi*, de ne faire aucun commerce hors de chez eux. Telle étoit l'*Egypte* qui jouissoit d'un terrein fertile, & d'une grande abondance. Tels étoient les *Juifs*, dont *Joseph* dit qu'*uniquement* occupés de l'agriculture, ils connoissoient peu la mer. Vous n'y rencontrerez que *Salomon* qui emploie des *Tyriens* pour conduire des flotes sur la mer rouge, & qui lui ramenoient de l'or & de l'argent. Mais les richesses qui lui revenoient de ce commerce, n'empêcherent pas qu'il n'accablât son peuple par des impôts insupportables.

Cette réflexion vaut bien toute l'emphase avec laquelle notre Auteur vante les richesses, que le commerce amene dans les États. Il est toujours vrai que la suite de ces richesses c'est le luxe, & le luxe la ruine des peuples.

Quel fruit retirerons-nous du récit du commerce * *des Grecs, & de celui de l'Egypte après la conquête d'Alexandre?* L'Auteur le reprend de bien haut, & ne nous y montre pas un vestige de Loix pour établir un commerce juste. C'est au contraire un violement de toutes les Loix de l'équité, qui doit régner entre les hommes, & les Nations. *Les premiers Grecs étoient tous Pirates.* On a dit de Minos *qu'il avoit l'Empire de la mer,* & cela signifie peut-être qu'il avoit de plus grands succès dans ses brigandages. *Les Athéniens obtinrent le véritable Empire de la mer,* parce qu'ils abbatirent les forces maritimes *de la Lycie, de l'Isle de Chypre, & de la Phénicie. Il faut,* ajoute l'Auteur, *que je parle de cet Empire de la mer qu'eut Athènes.* Xenophon dit que si les Athéniens avec cet empire, *habitoient une Isle, ils auroient le pouvoir de nuire aux*

* Chap. 7.

autres sans qu'on pût leur nuire. Vous di-
riez que Xenophon a voulu parler de
l'Angleterre. Honorable réflexion pour
ce Roïaume ; & que fit Athénes ? *Son*
négoce fut presque borné à la Gréce , &
au Pont-Euxin , dont elle tira sa subsis-
tance. Elle ne fit de commerce que
pour ses besoins.

Corinthe au contraire en fit un très-
grand. Dans aucune Ville, on ne porta
si loin tous les ouvrages de l'art. Mais
la Religion acheva de corrompre ce que
son opulence lui avoit laissé de mœurs.
Etrange, mais naïve catastrophe de ce
commerce si fameux !

Quatre grands événemens arrivés sous
Alexandre, firent changer le commerce,
de face. Il conquit l'Egypte, & les Grecs
ne furent plus gênés par les anciennes su-
perstitions du pais. Ils introduisirent là
leurs Fables, & l'Idolatrie de leurs Dieux
Héros que l'Egypte n'avoit point admis jusques là. L'Egypte devint à ce
prix le centre de l'Univers *idolâtre*, au
lieu qu'elle avoit été la source où les Philosophes Grecs étoient allés puiser toute
leur sagesse, & les maximes saines qu'ils
avoient enseignées sur le culte de la
Divinité , que leurs Conquérans dési-

guroient par les imaginations fabuleu-
ses qu'ils leur substituerent jusqu'a faire
adorer aux anciens Egyptiens les poi-
reaux , & les oignons. Ce sont la les
traits les plus saillans de ce Chapitre
en faveur du commerce.

   * *Carthage & Marseille. Carthage ,
maîtresse des côtes, que baigne la Médi-
térannée , s'étendit le long de celles de
l'Océan.* Hannon par ordre du Sénat ré-
pandit trente mille Carthaginois depuis
les Colonnes d'Hercule jusqu'à Cerné.
Depuis Cerné il fit une autre navigation , dont l'objet étoit de faire de nouvelles découvertes vers le Midi. Il fut
obligé de revenir faute de vivres. Il
paroît que les Carthaginois ne firent
aucun usage de cette seconde entrepri-
se. *C'est un beau morceau de l'Antiquité que la Relation d'Hannon. Cette Relation est d'autant plus précieuse , qu'elle
est un monument punique.* Et c'est parce
qu'elle est un monument punique ,
qu'elle est regardée comme fabuleuse.
Car les Romains conserverent leur haine contre les Carthaginois , même
après les avoir détruits. Ces par-
ticularités ne figurent-elles pas mer-

   * Chap. 8.

veilleusement bien dans un Traité de *l'Esprit des Loix?*

Le groupe de Carthage est directement contrasté par celui de Marseille. Il y eut dans les premiers tems *de grandes guerres* entre ces deux Républiques *au sujet de la pêche.* Après la paix elles firent conjointement le commerce toujours mal nommé *d'œconomie. Marseille fut d'autant plus jalouse qu'également rivale en industrie, elle étoit devenue inférieure en puissance. La guerre que les Romains firent contre les Carthaginois en Espagne fut une source de richesses pour Marseille. La ruine de Carthage & de Corinte augmenta encore la gloire de Marseille, & sans les guerres civiles, où il falloit fermer les yeux, & prendre un parti, elle auroit été heureuse sous la protection des Romains, qui n'avoient aucune jalousie de son commerce.* Nouveau jour jetté sur la connoissance des Loix.

Mais de peur que les esprits n'y soient fermés par quelque doute sur cette proposition incidente que les Romains n'avoient aucune jalousie sur le commerce de Marseille, l'Auteur croit devoir la confirmer par trois Chapitres, qui naissent les uns des autres après être tous nés de rien, pour conclure les uns contre les autres. * *Du génie des Romains pour la Marine*, Chapitre préliminaire qui pose de loin le principe. C'est que les Romains ne faisoient cas que des troupes de terre. Ils ne destinoient donc à la Marine que ceux qui n'étoient pas des Citoïens assez considérables pour avoir place dans les Légions, leurs gens de mer étoient ordinairement des affranchis. Ils n'aspiroient donc point à l'empire de la mer, aussi ne leur *a-t'on jamais vu de jalousie sur le commerce.* ** Ce fut comme Nation rivale, & non comme Nation commerçante qu'ils attaquerent Carthage ; ils craignoient tout des barbares & rien d'un Peuple commerçant, *d'ailleurs leur génie, leur gloire, leur éducation militaire, la forme de leur gouvernement, les éloignoit du commerce.* Leur droit des gens n'y répugnoit pas moins. Leur droit civil n'étoit pas moins accablant pour le commerce. Quel fatras, quel pot-pourri ! c'est d'u-

* Chap. 9.
** Chap. 10.

ne Loi de Constantin donnée plus de mille ans après la fondation de Rome qui forme ce droit civil, deshonorant pour le commerce. Elle confond les femmes, qui ont une boutique de Marchandises avec les Esclaves, les Cabaretieres, les femmes de Théatre, & ceci descendoit des anciennes constitutions des Romains. Leur Politique fut de se séparer des Nations qu'ils n'avoient point assujetties. La crainte de leur porter l'art de vaincre leur fit négliger le secret de s'enrichir. Ils firent des Loix pour défendre tout commerce avec les barbares, & quand encore ? * Ce sont *Valens* & Gratien, qui plus d'onze cens ans après Rome bâtie défendent d'envoïer aux Barbares du vin, de l'huile & d'autres liqueurs, même pour en goûter. Qu'on ne leur donne *point de l'or*, ajoute Gratien, Valentinien & Théodose, & que même ce qu'ils en ont, *on le leur ôte avec finesse.* Tout cela prouve que *l'esprit des Romains n'étoit pas de commercer,* Et tout de suite il vient un Chapitre exprès ** de *leur*

* Chap 11.
* Chap. 12

commerce avec l'Arabie & les Indes.

Leur commerce avec les Indes étoit si considérable, qu'ils y emploïoient *cent Navires.* Ils y envoïoient tous les ans *cinquante millions de Sesterces.* Les marchandises qu'on tiroit se vendoient à Rome le centuple. *Le profit des Romains se faisoit donc sur les Romains.* Leur argent sortoit & ne revenoit point. Il n'enrichissoit point l'Empire, il produisoit le luxe, dont l'établissement fut de même date que la chute de leur République ; mais enfin le luxe étoit nécessaire à Rome. Il falloit bien qu'une Ville qui attiroit à elle toutes les richesses de l'Univers, les rendît par son luxe. Ces raisonnemens ne sont-ils pas insensés, quand ils sortent de la même bouche ? Reprenez-en la suite. Rome n'avoit point le génie du commerce ; elle le méprisoit & traitoit tous ceux qui le faisoient, comme indignes de la qualité de Citoïen ; mais le commerce étoit nécessaire à Rome, parce qu'il falloit que le commerce y produisît le luxe, dont l'établissement fut de la même date que sa ruine. Son commerce intérieur étoit le seul sage, & l'Auteur n'en dira qu'un mot. Sa branche principale fut celle des bleds, qu'on faisoit venir pour la subsistance du peuple ; mais c'étoit une matiere de police plutôt qu'un objet de commerce. A cette occasion pourtant *les Nautoniers eurent quelques priviléges, parce que le Salut de l'Empire dépendoit de leur vigilance.* C'étoit bien la peine de veiller au salut d'un Empire, qui devoit nécessairement se détruire par son luxe. C'est ainsi que notre Auteur blâme & loue le commerce. Il loue le ruineux & le fait avilir ; il blâme l'utile & le fait récompenser, que sai-je, on ne peut rapprocher ses pensées sans être étonné du double absurde qui les contraste.

Le commerce * *fut encore bien plus avili après la destruction des Romains en Occident..* Ce Chapitre est une continuation mal assortie de l'histoire du commerce qui n'instruit les Lecteurs que de son entiere suppression. Les Barbares conquérans n'en firent point d'autre que celui de piller les richesses, & de mépriser l'agriculture même &

---

* Chap. 13.

les autres professions du Peuple vaincu.
Ce que ces Barbares appelloient leur
Noblesse, ne se mit point en peine de
négocier. *La Loi des Visigots permettoit
aux particuliers d'occuper la moitié du
lit des grandes rivieres, pourvu que l'autre restât libre pour les filets & pour
les bateaux.* Dans ces tems s'établirent
les droits insensés d'aubaine & de n'au-
frage. Les hommes ou les Barbares pen-
serent que les étrangers ne leur étant unis
par aucune communication du droit civil,
ils ne leur devoient d'un côté aucune sorte
de justice, & de l'autre aucune pitié.
Mais les Romains qui faisoient des Loix
pour tout l'Univers en avoient fait de
très-humaines sur les naufrages. Ils ré-
primerent à cet égard les brigandages de
ceux qui habitoient les côtes, & ce qui
étoit plus encore, la rapacité de leur fisc ;
mais remarquez, Monsieur, que je vous
présente ces pensées sans entreprendre
de les lier, vous voiez bien qu'elles ne
le sont point par les circonstances.

Il n'y avoit, dit-on, *presque plus de
commerce en Europe, & la Loi des Vi-*

e Chap. 14.

figots fit pourtant *une difpofition , qui* lui fut *favorable.* Elle ordonna *que les marchands qui venoient de delà la mer feroient jugés dans les différends qui naî- troient entr'eux par les Loix & par les Juges de leur Pais.* Chofe dont l'Auteur nous avertit qu'il parlera beaucoup dans la fuite, & là le *pot-pourri* recom- mence.

** Du commerce depuis l'affoibliffement des Romains en Orient.* Ce Chapitre eft court , & l'hiftoire des plus abregées. Ceux qui ne la favent point apprendront en trois mots, que les Mahométans paru- rent, conquirent & fe diviferent, & à ceux qui la favent feront étonnés d'y voir confondre les lieux & les tems , rejoin- dre les événemens les plus éloignés & les plus difparates ; repréfenter l'Egypte comme maîtreffe de toutes les richef- fes du païs des Indes , attirer à elle cel- les de tous les autres Païs , tandis que les conquérans de l'Occident mépri- foient tout commerce , & renvoïer les Lecteurs à l'hiftoire pour y voir les Soudans d'Egypte comme les plus puif-

* Chap. 15.

ſans Princes de ce tems là àrrêter l'ar-
deur, la fougue & l'impétuofité des
Croifés. Avec quelle Loi du moins le
commerce eut il quelque rapport dans
ces circonftances ; fi ce ne fut avec la
Loi du plus fort. Combien d'autres
queftions pourrois-je faire fur ce tiffu
de faits bizarrement arrangés ; mais
toutes inutiles ?

On a fait un traité * *de la diverſe for-*
tune d'Ariftote ; mais qui fe feroit ima-
giné qu'elle dût influer dans celle d'un
commerce tel que celui dont on fait
ici l'hiftoire ? L'intérêt modéré que le
prêteur retire de fon argent, a toujours
été fondé fur des raifons, qui le pur-
gent de l'odieux qu'on attache au terme d'ufure. Il eft vrai que les Scholaftiques avoient trop compté fur l'opinion
d'Ariftote, qui paroiffoit le condamner
en lui-même ; mais tout commerce n'eft
pas fondé fur le prêt. Il ne fuivoit donc
de l'opinion des Scholaftiques que le
commerce, qui n'étoit *que la profeſſion*
des gens vils, devînt encore celle des
mal-honnêtes gens. Les honnêtes gens

* Chap. 16,

pouvoient alors commercer fur leur propre fonds, comme plufieurs le font encore aujourd'hui. C'eft donner le change encore de dire que le commerce pafla à une Nation alors couverte d'infâmie. Les Juifs ne furent point les feuls commerçans. Il eft vrai qu'ils exerçoient des ufures exorbitantes en conféquence de leurs principes & des mauvaifes interprétations, qu'ils donnoient à la Loi de Moïfe; ils s'enrichif-foient par leurs exactions, & ils étoient pillés par les Princes. Les Rois qui ne pouvoient fouiller dans la bourfe de leurs Sujets crainte de leurs priviléges, mettoient à la torture les Juifs qu'on ne regardoit pas comme Citoïens Tous ces traits violoient la juftice & l'huma-nité fans nuire à la liberté du com-merce. Ce n'étoit point le commerce, mais la Nation qu'on attaquoit en eux. C'étoit la Religion qu'on deshonno-roit; confifquer leurs biens, quand ils fe faifoient Chrétiens; les brûler quand ils refufoient de l'être. Ce font des hor-reurs, dont on ne lavera jamais ceux qui les exerçoient ou qui les exercent encore. Cependant on ne peut pas dire que ce soit le commerce, qui soit sorti *du sein de la vexation & du désespoir*, quand les Juifs proscrits tour à tour de chaque païs trouverent le moien de sauver leurs effets & rendirent en quelque sorte leurs retraites fixes. Leurs usures étoient intolérables & le seront toujours. Les Lettres de Change, qu'ils inventerent, ne les justifierent point, si les usures n'en étoient pas bannies. Si les Théologiens restregnirent leurs principes, ce ne fut point en faveur du commerce, & ce n'étoient point les usures qui l'avoient détruit. Si les maux qu'elles causent dans les Etats sont indépendans du commerce, & vont plus à la ruine des particuliers qu'à celle des Etats. La réflexion de l'Auteur sur la modération des Princes qui se sont guéris du Machiavélisme, prouve seulement que leur gouvernement en est plus juste & plus conforme à l'équité qui doit être la base de tout gouvernement ; les peuples en sont plus heureux, quand même on ne commerceroit point chez eux. C'est toujours un problême s'il paroît plus utile de commercer ou de ne commercer pas selon l'idée qu'on veut nous don-

ner ici du commerce & fur les prétendues utilités qu'on a rétirées de la découverte de deux nouveaux mondes.

C'eft-là comme la nouvelle aurore
& le point brillant, où l'Auteur fixe la
renaiffance & les progrès éclatans du
commerce. Il les chante en Poëte plu_
tôt qu'il ne les conte en Hiftorien. * *La
bouffole ouvrit pour ainfi dire l'Univers.*
Les Portugais découvrirent la pointe
la plus méridionale de l'Affrique ;
ils virent une vafte mer , qui les porta
aux Indes Orientales. Leurs périls fur
cette mer & la découverte du Mozam-
bique , de Melinde & de Calicut ont
été chantés par le *Camoens* , dont le
Poëme fait fentir *quelque chofe des char-
mes de l'Odiffée & de la magnificeuce
de l'Æneïde.* Ne font-ce pas de grandes avances pour pénétrer l'Efprit des
Loix ? Les Portugais trafiquerent aux
Indes en conquérans, c'eft-à dire en
vrais brigans. Les Hollandois les ont
chaffés, *& les Loix gênantes qu'ils impofent aujourd'hui aux petits Princes Indiens fur le commerce , les Portugais les*

* Chap. 17.

avoient

avoient établies. Ainfi ce malheureux Païs n'eft délivré de fes premiers Tyrans que par d'autres. C'eft ce qu'on nous auroit bien mieux dit dans la fimplicité d'un ftile hiftorique, avec les fages réflexions que les faits fuggerent; mais tout fe fuit dans le récit bigaré qu'on nous en fait, & tout n'offre que des idées fophiftiques. *La fortune de la Maifon d'Autriche fut prodigieufe, & c'eft un prélude, qui nous annonce fa ruine. Charlemagne recueillit la fucceffion de Bourgogne, de Caftille & d'Aragon. Il parvint à l'Empire, & pour lui procurer un nouveau genre de grandeur, l'Univers s'étendit & l'on vit paroître un monde nouveau fous fon obéiffance.* Chriftophe Colomb découvrit l'Amérique & l'Efpagne foumit *deux grands Empires & d'autres grands Etats.* C'eft l'emphafe avec laquelle l'Auteur abrege cet évenement plein d'horreur, qu'il a peint ailleurs fous les traits les plus odieux, qui les caracteriferont à jamais. Il continue du même fang froid à nous conter les faits les plus dignes de la déteftation du genre humain. *Pendant que les Efpagnols découvroient & con-*

quéroient du côté de l'Occident, les Portugais pouſſoient leurs conquêtes & leurs découvertes du côté de l'Orient. Ces deux Nations ſe rencontrerent; elles eurent recours au Pape Alexandre VI. qui fit la célébre ligne de démarquation, & jugea un grand Procès. Quel Juge! & quel jugement! les autres Nations de l'Europe eurent raiſon de n'y point avoir d'égard; mais quel droit avoient-elles d'uſurper ſur les uſurpateurs? Quel droit les Hollandois eurent-ils de chaſſer les Portugais de preſque toutes les Indes Orientales & les diverſes Nations de faire des établiſſemens en Amérique?

Les Eſpagnols regarderent d'abord les terres découvertes comme des objets de conquête, & la conquête étoit des plus injuſtes, & des plus barbares. Des peuples *plus rafinés* trouverent qu'elles étoient des objets de commerce, & d'un commerce qu'*ils feroient à de meilleures conditions, qu'on ne le fait avec des peuples voiſins avec leſquels les avantages ſont réciproques.* C'eſt-à-dire, d'un commerce, dont la baſe ſeroit l'iniquité. Pluſieurs peuples ſe ſont conduits *avec tant de ſageſſe, qu'ils ont* donné l'Empire à des compagnies , qui gouvernent ces Etats éloignés, uniquement pour le négoce, & font une grande puissance accessoire, sans embarasser l'Etat principal. N'est-ce pas en effet , le suprême degré de la sagesse pour des usurpateurs de mettre leurs usurpations en forme, & d'en tirer les profits par des sous-usurpateurs, qui possédent comme en propre les païs usurpés ?

Les Colonies qu'on y a formées sont sous un genre de dépendance dont on ne trouve guéres d'exemples dans les Colonies anciennes. Cela veut dire qu'elles sont esclaves. On a établi que la *Métropole seule pourroit négocier, & cela avec grandes raisons, parce que le but de l'établissement a été l'extension du commerce, & non la fondation d'une Ville, ou d'un nouvel Empire.* On a voulu que les Colonies fussent esclaves ; mais sans intention qu'elles le fussent, & l'intention justifie le mal qu'on fait sans intention de le faire. Voilà l'esprit, & le pur esprit des Loix qu'on nous débite. C'est donc une *Loi fondamentale de l'Europe* que tout commerce avec une

Colonie étrangere eſt regardé comme un pur monopole puniſſable par les Loix du pais, parce que c'eſt un commerce avec des eſclaves, de ſorte qu'*il eſt encore reçu, que le commerce établi entre les Métropoles, n'entraîne point une permiſſion pour les Colonies, qui reſtent toujours en état de prohibition, toujours* eſclaves. Le déſavantage, qu'elles ont de perdre *la liberté du commerce, eſt viſiblement compenſé par la protection de la Métropole*, qui les défend par les armes, ou qui les maintient par ſes Loix; admirable compenſation, d'où n'ait *une troiſiéme Loi de l'Europe*, que quand le commerce étranger eſt défendu avec la Colonie, on ne peut naviger dans ſes mers que dans les cas établis par les traités. Tous ces traits qui recélent le fond de la tyrannie, coulent de la plume de notre Écrivain, comme une eau claire, qui couleroit d'une ſource pure. Il prétend même les juſtifier par les grands principes. *Les Nations qui ſont à l'égard de tout l'Univers, ce que les particuliers ſont dans un Etat, ſe gouvernent comme eux par le droit naturel, & par les Loix qu'elles ſe ſont faites.* Mais le droit na-

turel permet-il qu'une partie des Citoïens soit privée des avantages que la
société procure aux autres sans autre
raison, que la vûe d'un bien public qui
tend plus à la ruine de l'Etat qu'à sa
prospérité ? C'est ce que nous verrons
dans la conséquence générale de tout
ce qu'on nous dit de plus emphatique
du commerce.

C'est ce qu'on nous dit dès à présent au vrai du sort des Colonies. Elles
sont trop éloignées de la Métropole,
pour n'être pas exposées aux invasions
des Nations rivales ; mais si la Métropole est éloignée pour les défendre,
les Nations rivales ne sont pas moins
éloignées pour les conquérir. Il arrive
pourtant qu'elles sont conquises & ra-
vagées par des surprises imprévues. Les
faits nous l'apprennent. *Et de plus,*
ajoute-t'on, cet inconvénient est paré
par un plus désespérant. *De plus, cet*
éloignement fait que ceux qui vont s'éta-
blir dans les Colonies, ne peuvent prendre
la maniere de vivre d'un climat si diffé-
rent ; ils sont obligés de tirer toutes les
commodités de la vie du païs d'où ils sont
venus. Ce *de plus,* n'est-il pas d'un grand

fens ? Pour exagérer le bonheur de nos Colonies, on nous les repréfente comme réduites à l'extrême malheur où la tyrannie des Carthaginois avoit réduit les Peuples de Corfe & de Sardaigne. Il leur étoit défendu de femer & de planter. Tout de même nos *Ifles Antilles font admirables ;* elles ont des objets de commerce, que nous n'avons ni ne pouvons avoir : *elles manquent de ce qui fait l'objet du nôtre ,* elles peuvent s'enrichir à l'extrême, & n'ont à craindre que de mourir de faim , fans compter qu'il en périt la moitié dans le trajet. Ce font des hommes tranfplantés dans une terre ingrate , qui dévorent fes Habitans. Quelle dépopulation dans les Etats , qui s'épuifent fans ceffe pour fuppléer à la ftérilité d'un païs , qui ne fe peuple point ?

Les détails particuliers font évanouir les avantages généraux, qu'on prétend nous peindre de la découverte de l'Amérique. Quel ftile l'Auteur reprend pour nous les exagérer ? *L'effet de cette découverte fut de lier à l'Europe , l'Afie & l'Afrique.* Elle lui fournit la matiere de fon commerce avec cette

vaste partie de l'Asie , qu'on appelle
les Indes Orientales. L'argent, ce métal si utile au commerce comme signe ,
fut encore la base du plus grand commerce de l'Univers comme marchandise. Enfin la navigation de l'Afrique
devint nécessaire , & pourquoi ? *Elle
fournissoit des hommes pour le travail,
des mines & des terres à l'Amérique.*
Concevez-vous, Monsieur , que les objets puissent se présenter à l'esprit du
même homme sous des faces si différentes & si contraires. On a de la
pudeur ; on ne se fait pas un jeu
d'appeller bien ce qu'on avoit appellé
mal. Vous vous souvenez sous quels
traits l'Auteur nous a peint ce commerce des hommes dans le 5e. Chap.
de son 15e. Livre. C'est l'outrage le
plus criant qu'on ait pu faire à l'humanité. Tous les droits les plus sacrés de
la nature ont été violés ; mais ce violement des Loix en a changé l'esprit.
Une injustice a rendu l'injustice *nécessaire.* Les Peuples de l'Europe aïant
exterminé ceux de l'Amérique, ils ont
*dû mettre en esclavage ceux de l'Afri-
que pour s'en servir à défricher tant de*

G iiij

terres. Par-là l'Europe est devenue si puissante dans son iniquité, *que l'Histoire n'a rien à comparer là-dessus.* En quoi cette puissance excelle-t'elle ? Par *l'immensité des dépenses, par la grandeur des engagemens, le nombre des troupes, & la continuité de leur entretien, lors même qu'elles sont plus inutiles, & qu'on ne les a que pour l'ostentation.*

Quelle sorte de puissance ? Attendez encore un moment pour la voir reduite à si juste valeur. L'Auteur s'oppose, le P. D'halde, qui dit *que le commerce intérieur de la Chine est plus grand que celui de toute l'Europe, & cela pourroit s'expliquer si notre commerce extérieur n'augmentoit pas l'intérieur. L'Europe fait le commerce & la navigation des trois autres parties du monde, comme la France, l'Angleterre & la Hollande font à peu près le commerce, & la navigation de l'Europe.* Développez maintenant un peu cette réponse, & vous trouverez que son vrai sens, c'est que nous nous appauvrissons par notre commerce intérieur ; & par notre commerce extérieur nous achevons de nous ruiner. Par l'exportation de nos denrées, & de nos marchandises dans les païs

étrangers nous y mettons la cherté parmi nous, & nous y rapportons une
infinité de marchandises inutiles, que
nous vendons encore plus cheres. Tel est
l'effet le plus réel de notre navigation
dans les trois parties du monde. Tel
est le résultat de cette histoire du commerce qu'on vient de nous détailler en
stile sophistique.

Ne m'en croïez pas, Monsieur, ce
n'est pas moi, qui vous suggére cette
pensée, c'est notre Auteur, qui raisonne sur une expérience particuliere dont
l'application se fait d'elle-même. Ce
raisonnement est fixé dans son esprit
depuis *plus de vingt ans*. Ce fut alors,
dit-il, qu'il le fit paroître *dans un petit
Ouvrage manuscrit*, qu'il *a presque tout
fondu dans celui-ci*. Dès-lors il lui parut
que si l'Europe a trouvé réellement tant
d'avantage dans le commerce de l'Amérique, * il seroit naturel de croire que
l'Espagne en auroit reçû de plus grands ;
cependant *ce qu'on auroit jamais imagi-
né*, la misere la fit échouer *presque par-*

* Chap. 18.

tout. Philippe II. fucceffeur de Charles-Quint, fut obligé de faire *cette célébre banqueroute que tout le monde fçait.* Et depuis ce tems, *la Monarchie d'Efpa-gne déclina fans ceffe.*

Au détail des raifons qu'il allégue de cette décadence, on pourroit répondre à peu près pour toutes les Nations, qui commercent dans les païs étrangers, ce qu'on répond au récit du voïageur de la Lune. *C'eft tout comme ici.* Les pré-tendues richeffes qu'on en rapporte, font des richeffes qui s'aviliffent à pro-portion qu'on les multiplie, & qui ne fervent qu'à faire doubler le prix des ri-cheffes naturelles, qui font la vraie prof-périté des Nations. L'Auteur nous dit, qu'il a plufieurs fois entendu déplorer l'aveuglement du Confeil de François I. qui rebuta Chriftophe Colomb, qui lui propofoit les Indes, & fur ce refus, il fait cette réflexion naïve. *En vérité, on fit peut-être par imprudence une chofe bien fage.* Ce qui paroît le plus avanta-geux, non pas aux Nations; mais à ceux qui les gouvernent dans le commerce étranger, ce font les droits qu'ils éta-bliffent fur l'entrée des marchandifes

dans leurs Etats ; mais ajoute notre politique, *c'est une mauvaise espéce de ri-*
chesse que ce tribut d'accident, & qui
ne dépend pas de l'industrie de la Na-
tion, du nombre de ses habitans ni de la
culture de ses terres. Le Roi d'Espagne
reçoit de *grandes sommes de sa Douane*
de Cadix ; mais le *commerce qui s'y fait*
est indépendant de la bonne & de la mau-
vaise fortune de son Royaume. Si donc
quelques Provinces dans la Castille lui
donnoient une somme pareille à celle de la
Douane de Cadix, sa puissance seroit bien
plus grande, ses richesses ne pourroient
être que l'effet de celles du païs. Ces Pro-
vinces animeroient toutes les autres, &
elles seroient toutes ensemble plus en état
de soûtenir les charges respectives. Au lieu
d'un grand trésor, on auroit un grand
peuple.

Appliquez ces réflexions à ce qui se
passe autour de vous, & sous vos yeux
& vous serez doublement étonné que
celui qui les fait, ait pû continuer si
longuement sa déclamation sophistique
sur le prétendu rapport des Loix avec
commerce considéré dans les ré-

volutions qu'il a eues dans le monde. Ce que vous y trouverez de plus re-marquable, c'est que par rapport au commerce tant ancien que moderne, les Nations se sont portées jusqu'à renver-ser toutes les Loix de la nature, & tous les droits de l'humanité, & que ce violement s'est fait à pure perte, soit en ce que les Nations se sont telle-ment appauvries, en croyant s'enrichir, soit en ce qu'elles se sont privées des ri-chesses naturelles pour en acquérir de vaines & de nuisibles. De-là vous re-viendrez à la maxime seule sage, qu'on ne doit commercer que du superflu de son propre païs pour se procurer les commodités réelles dont on manque au prix de celles qu'on a de trop, & qu'en-fin ce qu'on nomme le commerce du lu-xe est la source de la décadence de tous les Etats.

En conséquence de ce que l'Auteur a dit des trompeurs avantages que l'Es-pagne a retirés de la conquête des In-des, il met en question * s'il ne vau-droit pas mieux pour elle d'en laisser le

* Chap. 24.

commerce libre aux autres Nations ; &
sur des considérations plus solides encore & plus naturelles , ne pourrions-
nous pas aussi mettre en problême ; s'il
ne seroit pas plus convenable , & plus
avantageux que nous renonçassions
nous-mêmes à tout commerce étranger
pour nous renfermer dans notre commerce intérieur ? Un Roïaume riche par
ses propres productions ne gagneroit-il
pas plus d'occuper ses habitans à la culture de ses terres pour les rendre de plus
en plus abondantes , d'y perfectionner
de plus en plus les arts , d'avoir des ouvriers excellens en tous genres, & de se
rendre nécessaire à toutes les Nations
voisines, qui viendroient y chercher les
commodités essentielles qui leur manquent. Ce Roïaume deviendroit comme
le centre de leur commerce , & se con-
tenteroit de prendre d'elles les richesses
utiles qu'elles apporteroient sans permettre l'entrée des superflues & des frivoles ? Il auroit comme notre Auteur le
dit de l'Espagne , au lieu d'un grand trésor, un grand peuple toujours en état de
suppléer aux dépenses publiques sans que
les fortunes particulieres en souffrissent.

Chacun pourroit y vivre heureux *sous sa vigne*, & *sous son figuier*. 3. Reg. 4. v. 45.

XXIII. LETTRE.

Sur le vingt-deuxiéme Livre.

L'Invention de la monnoie sert à tant d'usages différens que la grande attention d'un traité *de l'Esprit des Loix* devoit être de rapporter tous'ces usages à des principes qui décidassent de leur justice ou de leur injustice. La vie de l'homme est une vie de compte ; chacun de nous doit pouvoir se rendre raison de toutes ses actions, & le précepte le plus important de la Philosophie, c'est celui qui défend de faire, quoi que ce soit, dont on doute, s'il est juste ou s'il ne l'est pas. Est-ce donc là le fruit que nous retirerons du Livre où nous entrons; *Des Loix dans le rapport qu'elles ont avec les usages de la monnoie :* Non, Monsieur, je vous ai fait observer plus d'une fois que la Jurisprudence de notre Auteur est toute Historique ; il nous dit ce qui se fait & nous laisse à deviner ce qui se doit ou ce qui ne doit pas se faire. Son Code univerſel , c'eſt ſa vaſte mémoire ; ſa raiſon ne fait là que la fonction d'un Greffier qui delivre des expéditions telles qu'elles ont été dépoſées dans ſon Greffe ; nul ordre même dans la diſpoſition des matiéres.

Il appelle*raiſon de l'uſage de la monnoie ce qu'il devoit nommer raiſon de ſon invention ; mais quand ces deux idées ſeroient remiſes dans leur ordre naturel, les raiſons qu'il en rend ne paroîtroient ni plus juſtes, ni mieux digeſées. La néceſſité de l'invention de la monnoie n'eſt fondée que ſur celle où les hommes ſe ſont trouvés de ſe communiquer mutuellement par deſir ou par beſoin les choſes qui leur étoient propres. La premiere maniere de ſe les communiquer croit l'échange : l'un donnoit de ce qu'il avoit pour obtenir d'un autre ce qu'il n'avoit pas à titre de compenſation; mais ſoit qu'ils ſe demandaſſent beaucoup ou peu, la compenſation ne pouvoit ſe faire avec une exacte égalité ſans avoir auparavant fixé le prix des choſes, de maniere qu'on pût les comparer & conclure de

* Chap. 1.

cette comparaiſon que le prix de ce
qu'on donnoit étoit égal au prix de ce
qu'on recevoit. Il fallut donc déterminer un certain bien dont la valeur fixée
par une eſtimation commune pût ſe
compenſer proportionnément avec les
différentes valeurs de tous les autres.
Telle fut l'origine ou l'invention de ce
qu'on nomme la monnoie, dont nous
voyons l'uſage établi chez les plus anciennes Nations qui nous ſoient connues. On achetoit, on vendoit au prix
d'une certaine partie de métal dont la
valeur étoit devenue la valeur équiva-
lente de toutes les valeurs par la convention d'une Nation particuliére, ou
de toutes les Nations qui vouloient ou
qui pouvoient commercer enſemble,
mais pour rendre la convention plus
ſûre & plus inviolable, elle étoit con-
firmée par l'autorité publique, qui
mettoit le prix à toutes les diviſions &
ſubdiviſions du métal monnoïé, qui
ſe donnoit d'abord au ſimple poids.

Dans ce premier état de la monnoie,
la fraude ne pouvoit s'introduire dans
les ventes & dans les achats qu'à la faveur de la différence du titre. Un métal de même nature peut être d'une

plus grande ou d'une moindre valeur
felon qu'il eft plus ou moins rafiné. Ce
fut donc une nouvelle attention qu'on
dut faire dans la fabrication des monnoies & dans leur évaluation, pour ne
pas leur donner le même prix quand
elles font du même poids fans être du
même titre ; en ce cas il arriveroit que
par la vérification les chofes qu'on vend
ou qu'on achete pourroient fe trouver
beaucoup au-deflus ou au-deflous du
jufte prix auquel l'eftimation commune
les a mifes ; l'injuftice alors retombe-
roit fur ceux qui fixent le prix de chaque piéce de monnoie.

C'eft donc une fauffe penfée dans
notre Auteur de dire que * *chaque Etat
y met fon empreinte afin que la forme ré-
ponde du titre & du poids, & que l'on
connoiffe l'un & l'autre par la feule inf-
pection.* L'empreinte ne répond ni de
l'un ni de l'autre, & lui-même va nous
l'apprendre par un long détail : l'effet
de l'empreinte n'eft que d'autorifer à
donner cours aux piéces de monnoie,
comme monnoie fans égard à leur valeur intrinfeque. C'eft un figne men-

---

* Chap. 2.

teur qui ne repréſente pas au vrai ce qu'on lui fait repréſenter. Le métal monnoïé ne repréſente exactement la valeur des choſes qui ſe commercent que quand il eſt du titre & du poids dont on eſt convenu ; mais qu'arrive-t'il ? *Bientôt la mauvaiſe foi ou les beſoins font qu'on retranche une partie de chaque piéce à laquelle on laiſſe le même nom*, & cela peut aller *au point qu'on appellera livre ce qui ne ſera plus qu'une très-petite portion de la livre.*

Contre cet abus * *où pour en ôter la ſource, ce ſera*, dit notre Auteur, *une très-bonne Loi dans tous les païs où l'on voudra faire fleurir le commerce, que celle, qui ordonnera qu'on emploie des monnoies réelles & qu'on n'en change jamais le titre ni la valeur.* Cette Loi ſera bonne indépendamment du commerce. *Rien ne doit être ſi exempt de variation que ce qui eſt la meſure commune de tout.* Sans cette condition, la convention par laquelle on a compenſé la valeur de tous les autres biens avec celle d'un métal, eſt toujours trompeuſe ; celui qui vend ſes denrées, ſes terres & ſes

---

* Chap. 3.

maiſons , fait un échange , où la l'Son qu'il ſouffre eſt énorme. On lui donne, par exemple, pour une l'vre d'argent ce qui n'en eſt pas quelquefois la centiéme partie. Sa valeur alor n'eſt qu'une valeur ſans réalité, dont celui qui l'apprétie doit être ſeul reſponſable; & que de riſques à courir ſur la bonne ſoi.

C'eſt bien pis , quand le ſigne qui repréſente les valeurs eſt lui-même ſans valeur. Tel eſt le papier , quand il repréſente l'argent ; & lorſqu'il eſt *bon*, dit notre Auteur , *il le repréſente telle-ment que quant à l'effet il n'y a point de différence*. Mais quand l papier eſt-il bon ? Si c'eſt par l'autorité publique qu'il eſt mis dans le commerce , ſa valeur peut d'un moment à l'autre baiſſer du tout au rien ; c'eſt alors entre les mains des porteurs une monnoie plus qu'idéale ; ſi le papier eſt ſous le nom d'un particulier, que de différences il y a de la valeur à celle de l'argent *quant à l'effet*. Que de conditions il faut pour le faire recevoir en comptant ? Que de riſques à s'en charger ; qu l eſt celui dont le crédit eſt aſſez généralement établi pour n'y pas perdre ! Billets, Obligations, Contrats, Reſcriptions,

Délégations, Lettres de Change, tout est sujet a des inconvéniens : combien de sortes de Loix pour assurer au papier le même effet qu'à l'argent ? C'est tenter l'impossible de prétendre le mettre à l'égalité qui fait l'essentiel des échanges entre les Marchandises & la monnoie, de quelque nature qu'on l'imagine, quand elle n'a pas en elle-même sa valeur, & qu'elle ne la représente que comme signe sans valeur.

L'inconvénient est irrémédiable, à moins qu'on ne fasse une fixation réciproque du prix des choses & de celui de l'argent ; c'est ce que notre Auteur suppose quand il dit que de *même que l'argent est un signe d'une chose & la représente, chaque chose est un signe de l'argent & le représente. En ce cas*, dit-il, *l'Etat est dans la prospérité* ; mais cela *n'arrive que dans un Gouvernement modéré*, c'est-à-dire impartial ; au contraire, si les Loix favorisent un débiteur injuste, les choses qui lui appartiennent ne représentent point l'argent, & n'en sont point un signe; ce débiteur est considéré comme insolvable avec plus de bien qu'il n'en faut pour payer le créancier ; l'injustice est criante, & n'eft pourtant pas fans exemple. Les affronteurs empruntent & font fûrs de ne pouvoir êtie forcés à payer.

A cet abus l'Auteur oppofe en *concetti*, je veux dire, en penfées vraiment puériles, les fages précautions que les Légiflateurs ont pris pour affurer ou pour faciliter le payement des dettes. *Quelque fois*, dit-il, *ils ont emploié un tel art que non - feulement les chofes repréfentoient l'argent par leur nature ; mais qu'elles devenoient monnoie comme l'argent même.* C'eft ainfi que Céfar, Dictateur, permit aux Débiteurs de donner *en payement à leurs créanciers des fonds de terre au prix qu'ils valoient avant la Guerre Civile.* C'étoit fuppléer au défaut de la Loi que l'Auteur voudroit qui fût établie dans tous les Etats de n'employer que des monnoies réelles, dont on ne changeroit jamais le poids ni le titre ; ou c'étoit rétablir l'ufage de l'échange, par lequel on compenfe le prix de deux chofes également évaluées. La Loi de Céfar étoit jufte à la confidérer dans fon efprit, & par rapport aux circonftances. Il n'étoit point vrai que par-là les chofes devinfsent monnoie dans toutes positions, à moins que ce ne fût par des conventions volontaires. Il n'y avoit dans les dispositions d'une telle Loi aucun art ; mais seulement de l'équité naturelle.

L'Ordonnance de Tibere ne rendit pas plus les fonds une monnoie commune, ce n'étoit qu'un emprunt sur *gages*, qu'il permettoit de faire du trésor public ; cet emprunt étoit juste en lui-même, il étoit favorable à l'emprunteur, parce qu'il lui procuroit l'usage présent d'un revenu qu'un besoin pressant ne lui permettoit pas d'attendre ; mais il étoit onéreux parce qu'il l'exposoit à la nécessité d'aliéner à quelque prix que ce fût la moitié de son fonds pour dégager l'autre, ou de perdre le tout pour la moitié du prix qu'il en avoit reçu, faute d'avoir rendu cette moitié dans le temps marqué ; c'est une des considérations qui font défendre ces sortes de prêts en certaines circonstances.

Le Statut de la grande Charte d'Angleterre ressembloit à la Loi de César. Il n'y a point d'injustice à prendre d'un débiteur des biens réels équivalens, à ce qu'il doit, lors surtout qu'il offre de les donner, & c'est encore une puéri-

lité de dire qu'alors tous les biens d'un
Anglois repréfentoient l'argent. Les
biens & l'argent fe compenfoient par
échange ; mais l'imagination de l'Auteur eft fi charmée de fes *concetti* qu'il
ne peut s'empêcher de continuer fa lé-
gende. Les Loix *des Germains appréci-*
rent en argent les fatisfactions pour les
torts & pour les peines des crimes ; mais
comme il y avoit peu d'argent dans le
païs, elles réapprécièrent l'argent en
denrées & en bétail. Rien n'étoit fi fimple ; mais il eft joli de dire à cette
occafion que chez ces Peuples la monnoie devint bétail, marchandife, ou denrée, & que ces chofes devenoient monnoie. Ne lui reprochons point ces gen-
tilefles. Au lieu d'un livre *utile* que nous
penfons qu'il auroit dû faire, il n'a
penfé lui qu'à faire un livre agréable.

A cela près, peut-on lui pardonner
de traiter des Loix dans leur rapport
avec l'ufage de la monnoie, fans infinuer que leur efprit n'a jamais été d'autorifer les abus qu'on en pouvoit faire?
ces abus font infinis. Il n'eft rien d'injufte & d'expreffément prohibé que la
foif de l'argent ne faffe tenter aux
cœurs dépravés, à la faveur de la fa-

cilité

cilité de donner du prix à ce qui n'en doit jamais avoir. A *Rome* , dit un Poëte , tout se faisoit dès qu'on le payoit ; les crimes les plus énormes , les actions les plus sacrées & les plus gratuites par leur nature , & les Jurisconsultes n'ont pas oublié ces détails ; mais le nôtre se fait un capital de ne pas omettre entre les usages de la monnoye , que non-seulement l'argent est un signe des choses, mais qu'il est encore un signe de l'argent , & le représente , comme il nous le fera voir dans le chapitre du Change ; car la méthode favorite est toujours de nous conter ce qui se fait , plutôt que ce qui se doit faire.

Aussi ses remarques sont-elles si minces à ce sujet , qu'il n'en revient presque aux Lecteurs que la peine ou l'ennui de les lire. Quel est l'esprit assez vuide de pensées pour aimer à réfléchir, s'il est vrai * que *lorsque les Nations policées sont les maîtresses du monde , l'or & l'argent augmentent tous les jours, & s'il diminuë quand les Nations Barbares prennent le dessus ?* & que lui

* Chap. 4.

H

reviendroit-il de l'avoir vérifié ? S'il trouve dans le chapitre fuivant, que *
l'argent tiré des mines de l'Amérique eft une marchandife, de plus qu'elle donne en troc à l'Europe, & que l'Europe envoie en troc aux Indes, que dira-t'il ? Tant mieux & tant pis. *Tant mieux,* parce que la grande quantité d'or & d'argent eft un avantage, lorfqu'on regarde ces métaux comme marchandife ; *tant pis,* parce que quand on les regarde comme *figne,* leur abondance choque leur qualité de figne qui eft beaucoup fondée fur leur rareté. Balançons après cela ce *tant mieux & tant pis,* & nous ferons forcés d'avoüer que le *tant mieux* eft le *tant pis.*

Suivons notre Auteur, c'eft à cette conféquence qu'il nous méne par fes raifonnemens contradictoires. ** *Lynga Garcilaffo* dit qu'en Efpagne, après la conquête des Indes, les rentes tomberent *du denier dix au denier vingt,* & *cela devoit être ainfi,* continuë notre Auteur ; pourquoi ? Beaucoup moins de perfonnes eurent befoin d'argent, *tant*

* Chap. 5.
** Chap. 6.

mieux ; mais il fe trompe, & c'eſt *tant
pis, parce que le prix de toutes choſes
augmenta & celui de l'argent diminua.*
La proportion fut rompuë : ceux qui
n'avoient d'argent que pour vivre n'en
eurent plus aſſez : bien pis *encore, toutes les anciennes rentes furent éteintes ;*
ceux qui n'avoient que ces ſortes de
biens furent rembourſés d'un argent
haut par un argent bas qui ne rappor-
toit plus que la moitié. L'exemple du
ſyſtême de Law, que l'Auteur nous cite,
eſt très-propre à découvrir l'illuſion de
ſes faux raiſonnemens. *Toutes les choſes avoient une grande valeur excepté
l'argent :* cet argent qui n'avoit qu'une
valeur idéale, ſe compenſoit pour tout
avec des valeurs réelles & doublées :
l'argent donc qui ſuffiſoit auparavant
aux beſoins de toute une année, ſe
conſumoit avant que ces mêmes beſoins fuſſent à demi remplis. La diſette
étoit la ſuite néceſſaire de l'abondance
prétenduë de l'argent ; & comme après
la conquête des Indes, ceux qui avoient
de l'argent ou qui n'eurent que de l'argent conſidéré comme ſigne, furent
obligés d'en diminuer le prix conſidéré
comme marchandiſe, c'eſt-à-dire, d'en

H ij

retirer un moindre intérêt, & réduits à
ne pouvoir subsister, parce qu'ils n'a-
voient point de part au profit de la
conquête; c'est tant pis, & cela devoit
être ainsi : *d'ailleurs les fonds publics de
quelques états fondés sur les richesses que
le commerce leur a procurées, donnant un
intérêt très-modique, il a fallu que les
contrats particuliers se reglassent là-dessus*, & c'est tant pis encore. Quand les
revenus diminuent sans que les fonds
augmentent, il est clair que ceux qui
n'avoient que des revenus suffisans
pour vivre, manquent infailliblement
du nécessaire: or c'est le cas où les propriétaires des biens réels se trouvent
quand l'augmentation des richesses
idéales fait baisser le produit des contrats ou des autres biens immobiles ou
fixes.

C'est un très-mauvais raisonnement
de dire que *le Change donnant aux hommes une facilité singuliere de transporter
l'argent d'un pays à un autre, l'argent
n'a pû être rare dans un lieu, qu'il n'en
vînt de tous côtés de ceux où il étoit
commun.* Ce raisonnement ne conclud
que dans la supposition d'une communauté de biens entre les Nations; l'une

ne porte point d'argent à l'autre fans qu'elle y foit obligée par un devoir de juſtice. Les pays où l'argent fera devenu rare demeureront dans leur indigence, comme les particuliers de chaque Etat y reſtent, quand les uns s'enrichiſſent, tandis que les autres font forcés à réduire leurs revenus au deſſous de ce qu'ils étoient, fans que leurs fonds s'augmentent, & cela doit être ainſi, comme nous l'avons vû dans l'effet du ſyſtême.

Quel reméde a cet inconvénient? * Ou *comment le prix des choſes ſe fixe-t'il dans la variation des richeſſes de ſigne?* C'eſt ce que l'Auteur entreprend de nous expliquer, mais par un double tiſſu de ſophiſmes. Il ſuppoſe que nous *comparions la maſſe entiere de l'or & de l'argent qui eſt dans le monde avec la ſomme des marchandiſes qui y ſont;* il eſt certain, dit-il, que chaque denrée ou *marchandiſe en particulier pourra être comparée avec une certaine portion de la maſſe entiere de l'or & de l'argent;* oui, mais s'enſuivra-t'il de-là que la portion d'argent que j'aurai, ſoit égale à

* Chap. 7.

la portion de marchandise dont j'ai besoin ? Je n'aurai que deux sols pour avoir une livre de pain, mais le pain vaudra quatre sols. Qu'importe que *ce qui forme la propriété parmi les hommes* soit ou ne soit pas tout à la fois dans le commerce, que les monnoies qui en sont les signes y soient ou n'y soient pas aussi, l'établissement du prix des choses dépend toujours fondamentalement de la raison de leur total au total des signes ; c'est la supposition. Si donc le prix du pain reste toujours à quatre sols, tandis que je n'en aurai que deux, je serai réduit à n'en manger point ou à n'en manger que la moitié de ce qu'il m'en faut, par le défaut de proportion dans l'évaluation des signes & des choses. Par qui donc cette proportion s'établira-t'elle ? Sera ce par ceux qui ont beaucoup d'argent, & qui par là même croiront avoir droit de réduire les autres à n'en avoir que moins qu'il ne leur en faut pour vivre ?

L'Auteur sent l'injustice ou l'absurdité de cette imagination. *Le Prince ou le Magistrat ne peuvent pas plus, dit-il, taxer la valeur des marchandises, qu'établir par une Ordonnance, que le rapport*

d'un à dix est égal à celui d'un à vingt,
non; mais s'ensuit-il de-là qu'ils ne
puissent taxer les marchandises ? Point
du tout ; il seroit seulement absurde
qu'ils les taxassent, par rapport à l'augmentation de l'argent dans leurs Etats,
parce que, selon la diversité des constitutions, il n'arrive ou ne peut jamais
arriver que cette augmentation s'y fasse
avec une égale proportion pour tous
les Sujets. Les vraies richesses des Etats
ce sont les marchandises ou les denrées
de leur propre produit, & leur vrai
prix c'est toujours celui qui se tire de
l'abondance ou de la rareté qui leur est
particuliere : quand leur prix augmente
pour raison de leur rareté, l'attention
du Prince ou du Magistrat doit être
d'empêcher ou de punir les monopoles & les autres artifices qui les rendent encore plus rares & plus cheres :
mais le Prince ou le Magistrat doivent-
ils, peuvent-ils les taxer alors ? Oui,
pourvu que ce ne soit pas au-dessous
du prix que la disette & les besoins
pressans du public doivent naturellement leur donner. Dans une année stérile, il est juste que les cultivateurs
soient en quelque sorte dédommagés

de leurs pertes ; ils ne font pas condamnés à porter feuls le poids des fléaux qui font tombés fur le pays. Les forcer à donner à bas prix ce qui leur refte des fruits de leurs travaux, c'eft leur apprendre à ne pas les expofer dans les Marchés : c'eft une imprudence au Gouvernement ; & ce fut celle *de Julien, qui ayant baiffé le prix des denrées à Antioche, y caufa*, dit notre Auteur, *une affreufe famine.*

Ces fortes de taxes ne doivent jamais fe faire, par rapport à la quantité prétenduë d'or & d'argent qu'il y a dans un Etat ; mais toujours par rapport à la quantité de fes productions naturelles confidérées proportionnellement avec les befoins actuels : quand ces productions font abondantes, leur valeur baiffe d'elle-même ; & ceux qui les poffédent, aiment mieux les vendre à bas prix, que de ne les point vendre ; c'eft l'allure commune, & ce n'eft jamais que par de fourdes & d'injuftes manœuvres qu'on voit quelquefois régner enfemble la famine & l'abondance.

Le nouvel expédient que notre Auteur imagine pour nous expliquer comment le prix des chofes fe fixe dans la variation des richesses de signe , est un expédient inepte en lui-même & dont l'application ne se fait qu'en changeant la thèse. * *Les Noirs de la côte d'Afrique ont*, dit-il, *un signe des valeurs sans monnoie : c'est un certain degré d'estime qu'ils mettent dans leur esprit à chaque marchandise à proportion du besoin qu'ils en ont*; ils nomment ce degré *macute* ; de sorte qu'en comparant toutes les marchandises entr'elles, ils disent de l'une, elle vaut trois macutes; de l'autre, elle en vaut six , & d'une troisième, elle en vaut dix : par là les marchandises s'échangent les unes pour les autres selon le nombre des *macutes* ou des degrés d'estime qu'elles sont évaluées : on donne deux marchandises de trois *macutes* pour une de six ; la supposition n'est pas fort intelligible : il est mal-aisé de concevoir qu'une certaine marchandise soit également nécessaire à tous, & que quoique de même nature, elle ne soit pas susceptible de différens degrés d'estime, soit pour sa quantité, soit par ses qualités : tout ce qui sert d'aliment n'est pas du même

______

* Chap. 8.

H v

goût ; un fruit eſt meilleur qu'un autre de la même groſſeur : il en eſt de même des oiſeaux & des animaux ; la même diverſité caractériſe tout ce qui peut ſervir d'habillement. Il y a des différences enfin dans les ouvrages de l'art comme dans les productions de la nature ; mais admettons enfin les *macutes* ſans les comprendre ; *tranſportons pour un moment parmi nous cette maniere d'é-valuer les choſes, & joignons-la*, dit notre Auteur, *avec la nôtre* ; ſoit : qu'en réſultera-t'il ? Des abſurdités, des impoſſibilités ; *toutes les marchandiſes & denrées du monde ou d'un Etat* vaudront *un certain nombre de macutes*. Qui ſçaura ce nombre ? Les citoyens les mieux inſtruits d'un Etat particulier peuvent ſçavoir combien de ſortes de denrées cet Etat produit ; mais en ſçauront-ils le nombre ? La ſuppoſition n'eſt-elle pas plus qu'abſurde ? Qui ſçaura de plus la quantité préciſe de l'argent qui ſe trouve dans cet Etat, pour le diviſer en autant de parties qu'il y aura de macutes ? Et ſuppoſé que cette opération ſoit poſſible, ne faudra t'il pas ſuppoſer de plu qu'il y ait dans cet Etat communauté de biens, ou qu'il s'y fait perpétuellemeut une égale diſtribution de l'argent à tous les citoyens, de ſorte que le nombre de leurs portions ſoit toujours égal à celui des macutes, auſquelles ils ont tous évalué les marchandiſes néceſſaires à leurs beſoins? Ne pouſſons pas plus loin ces abſurdités; l'Auteur ne fait que les rendre de plus en plus inintelligibles par le doublement des parties de l'argent & des macutes qu'il imagine pour conſerver entr'elles la proportion.

En vain ſe jette-t'il de ſophiſme en ſophiſme pour achever de nous éclaircir ſon ſyſtême. *Si depuis la découverte des Indes, l'or & l'argent ont augmenté*, dit-il, *en Europe en raiſon d'un à vingt, le prix des denrées & des marchandiſes auroit dû monter d'un à vingt :* mais ſi d'un autre côté, le nombre des marchandiſes *a augmenté, comme un à deux, il faudra que le prix de ces marchandiſes & denrées ait hauſſé d'un côté en raiſon d'un à vingt, & qu'il ait baiſſé d'un à deux, & qu'il ne ſoit par conſéquent qu'en raiſon d'un à dix :* ce ſera donc un premier déſavantage pour le plus grand nombre des Sujets d'un Etat, qui n'ont communément point de part à l'augmentation de l'argent ; au lieu d'un écu qu'il leur coûtoit pour subsister, ils seront obligés d'en dépenser deux : ils souffriront un second désavantage de l'augmentation des marchandises & des denrées qui proviendra du commerce : on aura fait monter les productions du pays, dont ils vivoient par les exportations qu'on en aura faites, & on ne leur apportera que des marchandises inutiles, superflues, nuisibles & propres seulement au luxe ; le prix des marchandises ne se fixera donc qu'à double perte pour eux ; ils payeront également cher ce qui leur est nécessaire & ce qui leur est plus nuisible qu'utile.

Nous entrons dans un chapitre important aux vûes de l'Auteur, mais très-indifférent en lui-même ; c'est un fait dont il fait une régle. * *L'or est commun quand l'argent est rare, & l'or est rare quand l'argent est commun* : il s'échaffaude pour en trouver la raison qui se tire d'elle-même de la nature des choses. La monnoie n'est destinée qu'à faciliter le commerce des choses néces-

* Chap. 9.

faires aux besoins journaliers de la vie : ces besoins sont bornés ; il est donc naturel qu'on n'emploie pour se les procurer que les monnoies des moindres valeurs, telles que celles des métaux d'un prix inférieur à celles de l'or & de l'argent : quand ces petites monnoies manquent on y supplée par celles d'argent, & les monnoies d'or ne sont employées que quand on manque de celles d'argent ; on change un loüis pour avoir des écus, & des écus pour de plus petites piéces ; par cela seul l'argent est toujours plus commun que l'or dans le commerce ordinaire : il n'en est pas moins vrai qu'à d'autres égards & pour d'autres raisons, l'or est plus commun que l'argent. Ceux qui peuvent faire de grandes dépenses, ou qui sont dans ce goût-la, préférent l'or à l'argent : ils le font rechercher ; ils l'achetent même, & ce n'est souvent rien moins que l'avarice qui *veut* le garder ; c'est leur vanité qui va jusqu'à craindre de se deshonorer en jouant de l'argent. *Quoi qu'il en soit, l'Auteur avoit besoin des raisons qu'il allégue pour faire sentir la différence de l'abondance de la rareté relative, d'avec l'abondance de la rareté*

*réelle de l'or & de l'argent ; chofe, dit-il,
dont il va beaucoup parler.*

Ce font les myſtéres de ce qu'on
nomme le Change qu'il va nous expliquer : myſtéres où l'Eſprit des Loix
n'eſt d'aucun fecours, parce que dans
l'état préſent des chofes, aucune Loi
ne peut le régler : la feule qui le pourroit, ce feroit une Loi genérale qui
ſtatueroit que les monnoies de tous les
Etats feroient toujours du même poids
& fur-tout du même titre : il ne s'agiroit alors que de compenfer les poids ;
on donneroit trois piéces d'une once
pour une de trois : mais chaque Etat
ou chaque Prince fixe arbitrairement
le titre, le poids & la valeur des eſpé-
ces qu'il veut avoir cours parmi fes Sujets, & cette fixation n'a rien d'injuſte
en foi, tandis qu'elle ne varie point ;
elle fait la fûreté du commerce intérieur, ou de celui que les Sujets font
entr'eux : ils donnent chaque eſpéce
pour la valeur que le Prince a fixée ;
mais la Loi du Prince ne s'étend pas
plus que fes Etats ; & pour commercer
avec les étrangers, il s'agit de fixer les
valeurs de différentes monnoies inégales, de maniére qu'on puiffe les don-

ner avec équité les unes pour les autres. * *Cette valeur dépend beaucoup,*
dit notre Auteur, *de la valeur positive,*
ou de la valeur qu'on nomme intrinse-
que, & ce feroit la feule régle fûre ;
mais elle eft fujette à tant de difficultés,
qu'on peut la confidérer comme impoffible à bien des égards : *elle eft donc*
fixée, continue-t'il, *par l'eftime la plus*
générale des Négocians, & ne peut l'être
par l'Ordonnance du Prince, parce qu'aucun Prince n'a droit d'établir une valeur égale entre des monnoies qui reftent inégales ; cette valeur relative eft
donc *fujette à varier fans ceffe, & dé-*
pend de mille circonftances.

Pour la fixer, les diverfes Nations fe
regleront beaucoup fur celle qui a le plus
d'argent : ce fera proprement la Loi du
plus fort, ou de toutes les Loix, la
moins jufte. *Si cette Nation a plus d'ar-*
gent que toutes les autres enfemble, il
faudra bien que chacune aille fe mefurer
avec elle, ce qui fera qu'elles fe régle-
ront *à peu-près* entr'elles, comme elles
fe feront mefurées avec *la Nation prin-*
cipale : ce fera donc *à peu-près,* & ja-

* Chap. 10.

mais avec une exacte proportion qu'elles feront le change, dont l'égalité doit être la base. Tel est l'inconvénient inévitable du change entre des Nations dont les monnoies ne sont pas du même titre & du même poids : il faut nécessairement que l'une perde ou gagne avec l'autre ; c'est ce qui résulte de la longue dissertation de notre Auteur : il insinue sur cela quelques remedes, dont le plus avantageux est que le Négociant de la Nation qui gagne, veuille bien partager son profit avec le Négociant de celle qui perd ; mais il en résulte toujours une perte réelle : perte plus ou moins grande, selon les circonstances ou les personnes. Un Prince dont la monnoie perd sur le change, fait la perte entiére, quand il est obligé de remettre dans le pays étranger, qui gagne une somme fixe qui n'en revient point ; il en est de même des sommes que ses Sujets sont obligés de payer a ceux d'un Etat dont la monnoie gagne sur le change indépendamment du commerce. À l'égard des Commerçans, on imagine des expédiens pour sauver ou diminuer leur perte ; mais dont aucun ne la sauve en-

tiérement, & dont plusieurs ne sont
pas même en leur pouvoir.

Les Lecteurs intéressés ou curieux
veulent-ils vérifier ce que j'avance,
qu'ils suivent l'Auteur dans tous les
événemens qui font varier le change,
ils remarqueront qu'il s'exprime de
maniére à faire entendre que ces Sujets de l'Etat pour qui le change baisse,
n'y perdent rien. Tantôt il dit que l'*ab-
baissement du change n'aura pas tous les
inconvéniens qu'on devoit craindre : il en
aura, mais moins qu'on ne craignoit.
Tantôt, qu'on aura, à peu de chose près,
autant qu'on avoit avant que le change
fût baissé.* Tantôt enfin, que *le profit
de la fin indemnise* en grande partie de
la perte du .commencement, en conséquence de certaines manœuvres.

Ces manœuvres font celles qu'on
imagine pour diminuer les pertes qu'on
fait sur le Change. *On sent*, dit l'Auteur, *que pendant toute cette opération,
l'Etat doit souffrir une violente crise...il
est dangereux de la faire avec lenteur ;
il est dangereux de la faire avec promptitude :* mais est-il conforme à l'Esprit
des Loix de jetter un Etat dans des
crises si violentes, & de l'exposer à de

ſi criantes pertes ? C'eſt ce qu'il n'oſe dire. Il nomme ces altérations * *des coups d'autorité ſur les monnoies*, & le ſens de cette expreſſion n'eſt point équivoque ; mais quoiqu'on ait fait en France de ces coups, *les Romains en firent de plus grands :* on ſait qu'il ſe croit fort quand il a pour lui les Romains ; mais quoique ſa haute eſtime pour eux le faſſe pencher trop légerement à croire qu'ils ne firent rien que de légitime dans ces grands coups d'autorité qu'ils firent ſur les monnoies, *il eſt bien aiſé d'approfondir un peu cette matiere, afin qu'on ne faſſe pas un exemple de ce qui n'en eſt pas un* pour nous : comment le prouve-t'il ? *Il ne nous reſte point de monumens de la maniere dont les Romains firent leur opération dans la premiere guerre punique ;* mais ce qu'ils firent dans la ſeconde, nous marque une ſageſſe admirable. *La République gagna la moitié ſur ſes créanciers : cette opération donna une grande ſecouſſe à l'Etat.... Il falloit la donner la moindre qu'il étoit poſſible ; elle contenoit une injuſtice : il falloit qu'elle fût la moindre*

* Chap. 11.

qu'il étoit possible ; elle avoit pour objet la *libération de la République envers ses citoyens* ; il ne falloit donc pas qu'elle eût celui de la libération des citoyens entr' eux : elle fit donc une seconde opération, dont il résulta *que pendant que les créanciers de la République perdoient la moitié, ceux des particuliers ne perdoient qu'un cinquiéme.*

Tout ce raisonnement n'est-il pas en effet admirable ? N'y voit-on pas le pur Esprit des Loix ? L'opération de la République sur les monnoies *contenoit une injustice ;* mais cette injustice étoit plus énorme à l'égard de ses propres créanciers qu'à l'égard de ceux des particuliers. Ne demanderoit-on pas volontiers si la garantie de tout un Etat ne doit pas être plus inviolable que celle des particuliers ? Ne demanderoit-on pas s'il est d'un bon Gouvernement de se mettre dans la nécessité de commettre de si grandes injustices par des guerres de jalousie & d'ambition, telles que les guerres des Romains contre les Carthaginois, qu'on nous représente ici comme des fruits de *la sagesse & du courage* de cette République. Il est clair

par ce langage que rien n’anime moins
notre Auteur que l’Esprit des Loix :
n’importe, il conclud que les Romains
se conduisirent mieux que nous, qui
dans nos opérations avons enveloppé
& *les fortunes publiques & les particulieres.* Je n’examine point cette façon
de parler ; le plus ou le moins ne changent point l’espéce ; & tout l’avantage
qu’on donne à la conduite des Romains, c’est qu’elle fut moins injuste
en partie que la nôtre.

Inutilement insiste-t’on pour montrer que ces opérations se firent dans
des circonstances plus favorables pour
la République ; * elle gagna, dit-on,
cinq sixiémes sur *la réduction de toute la
monnoie de cuivre ; mais elle ne fit que
ce que demandoit la nature des choses.*
Ce que la nature des choses demandoit, c’est que la réduction se fît sans
que les citoyens y perdissent rien : ce
n’étoit point leur faute si la proportion
manquoit entre les métaux qui ser-
voient de monnoies ; la perte qu’on
leur faisoit souffrir pour la rétablir,

* Chap. 12.

étoit une espéce de vol ou d'exac-
tion contraire à la constitution , dont
l'équité devoit conserver à chacun ses
biens francs de toutes autres charges
que celles de contribuer proportionnément aux vrais besoins de l'Etat. Il faut
juger de même de l'affoiblissement des
monnoies que les Empereurs faisoient
par l'alliage ; * c'étoient des larcins ca-
chés , & toujours les fruits d'un mauvais Gouvernement.

On *sent*, ajoûte l'Auteur , *que ces*
opérations violentes ne sçauroient avoir
lieu dans ces tems-ci ; il veut dire qu'elles ne sçauroient-être ignorées : *un*
Prince se tromperoit lui-même & ne trom-
peroit personne. Le titre des monnoies ne
peut plus être un secret ; mais il n'est point
vrai que ce soit le change qui ait appris
au Banquier à le connoître : c'est seulement sur cette connoissance acquise
d'ailleurs , qu'on a sçû régler le change ;
& malgré cette connoissance , il n'est
point vrai non-plus que le change ait
empêché le succes *des grands coups d'au-*
torité. L'Auteur oublie ce qu'il vient de

---

* Chap. 13.

nous dire fur la crife que l'Etat fouffre durant l'opération des manœuvres que l'altération des monnoies oblige de faire. Il y a plus ; cette crife dure tant que les monnoies reftent altérées ; les fonds reftent diminués & les dépenfes augmentées : ce font des pertes dont les citoyens ne peuvent efpérer de dé_dommagement que par d'autres pertes, à moins que le Gouvernement qui les a caufées , n'en porte à la fin le poids.

Outre les pertes continuelles que le change fait faire alors, il a d'autres inconvéniens , felon notre Auteur ; * *il gêne les Etats defpotiques :* c'eft ce qu'il prouve par l'exemple de la Mofcovie ; mais par un principe faux. *L'établiffement du commerce demande,* dit-il , *celui du change* ; le commerce a fubfifté long-tems fans le fecours du change ; les Romains envoïoient leur argent aux Indes orientales ; les autres Nations en ufoient de même. Le change facilite le commerce , mais il en augmente les frais ; c'eft tout le fruit de fon établiffement : mais enfin , cette facilité de

* Chap. 14.

transporter l'argent dans les pays étrangers, *contredit les Loix de Moscovie, qui défendent à tous les Sujets de l'Empire d'en sortir & d'en faire sortir leurs biens sans permission.* Supposé que cette défense ne soit point à la rigueur un acte de despotisme; ce fut par une précaution très-sage que la Czarine chassa les Juifs de ses Etats en 1745. elle ne devoit pas souffrir des étrangers qui fournissoient à ses Sujets un moyen d'éluder ses défenses au préjudice de son Etat. *Que le commerce même contredise ses Loix,* c'est une exagération: le commerce y peut être renfermé dans l'utile & n'en être que plus avantageux pour l'Etat & pour ses Sujets.

Vous serez surpris, Monsieur, que celui qui fait profession *de ne point écrire pour censurer ce qui est établi dans quelque pays que ce soit,* blâme pourtant *certains pays d'Italie * d'avoir-fait des Loix pour empêcher les Sujets de vendre leurs fonds de terre & de transporter leur argent dans les pays étrangers;* mais vous vous en étonnerez moins si vous réflé-

* Chap. 15.

chiſſez qu'il doit blâmer par penchant tout ce qui n'eſt pas conforme à ſes imaginations chéries. Il s'eſt mis en tête qu'en vertu du commerce, tel qu'il le conçoit, les richeſſes de divers Etats ne leur appartiennent proprement plus, & qu'elles ſont devenuës communes à toutes les Nations. Par là chaque Etat particulier doit avoir perdu le droit d'ordonner de l'uſage de ce qui fait le fonds de ſon Domaine. *Ces Loix, dit-il, pouvoient être bonnes, lorſque les richeſ-ſes de chaque Etat étoient tellement à lui, qu'il y avoit beaucoup de difficulté à les faire paſſer aux autres : mais depuis que par l'uſage du change, les richeſſes ne ſont en quelque façon à aucun Etat par-ticulier, & qu'il y a tant de facilité à les tranſporter d'un pays à un autre ; c'eſt une mauvaiſe Loi que celle qui ne per-met pas de diſpoſer pour ſes affaires de ſes fonds de terre, lorſqu'on peut diſpoſer de ſon argent.* Ces penſées ont-elles be-ſoin de commentaire ? Ne tendent-el-les pas manifeſtement à l'abolition de tout droit civil & politique ? Comment eſt-il vrai d'ailleurs qu'une Loi qui dé-fend de vendre les fonds de terre eſt mauvaiſe,

mauvaiſe, en ce qu'elle donne *un avantage* ſur ces fonds *aux effets mobiliers ?*
Je vois ſeulement que l'Auteur, après
avoir rendu ces effets communs à toutes les Nations en vertu du commerce,
leur rend enſuite les terres également
communes. Que ces idées doivent paroître chimériques aux Nations aſſez
ſages pour ſe défendre de l'enſorcelle-
ment d'un commerce tel qu'on paroît
aujourd'hui ſe le diſputer avec tant de
chaleur !

Ecoutez en paſſant, Monſieur, deux
oracles qui vous donneront de grandes
lumiéres ſur l'Eſprit des Loix, dans leur
rapport avec l'uſage de la monnoie.
* *Quand le Prince ne ſe ſert des Ban-
quiers que pour changer ſon argent,* s'ils
lui demandent *de gros profits, il peut
être ſûr que c'eſt un défaut de l'adminiſ-
tration :* quand au contraire, les Ban-
quiers ſont emploïés *à lui faire des
avances, leur art conſiſte à ſe procurer de
gros profits, ſans qu'on puiſſe les accuſer
d'uſure.* Dans l'un & l'autre cas, les
Princes prudens feront donc très-bien

* Chap 16.

I

d'envoïer confulter celui qui leur donne ces avis, ou de le prier de leur laiſſer des mémoires fecrets pour l'interprétation de ſes oracles.

La queſtion, * *s'il eſt bon qu'un Etat ſe doive à lui-même*, me paroît plus que problématique ; l'Auteur en *voit les inconvéniens & n'en connoît point les avantages*. La dette que l'Etat contraĉte eſt une charge réelle ; les profits qu'il s'en promet ſont toujours incertains & ne ſont jamais communs à tous les Sujets : on leur fait porter long-tems le poids d'un impôt infruĉtueux pour continuer de païer les intérêts des ſommes à rembourſer ou déja rembourſées, juſqu'à ce qu'elles le ſoient toutes. Ce rembourſement ne ſe fait communément d'ailleurs que par une manœuvre peu digne de la foi publique ; on impoſe aux rentiers la Loi de reprendre leurs fonds, ou de ſe contenter d'un moindre intérêt que celui qu'on leur avoit promis ; & cette Loi n'eſt pas au moins ſans quelque ombre d'injuſtice.

Il n'y en a point dans l'intérêt qu'on

* Chap. 17. à 18.

reçoit * du prix de l'argent, à le conſidérer en général : ceux qui l'ont regardé comme illégitime dans tous les cas, ne ſe ſont fondés que ſur des principes faux ou mal entendus. Le prêt qu'on fait aux pauvres n'eſt qu'une eſpéce d'aumône qu'on ne doit faire que de ſon ſuperflu : ce ſeroit donner un ſecours onéreux, d'exiger un intérêt de ceux qui ſont dans l'impuiſſance de rendre même le principal ; mais il ſeroit contre le droit naturel de ne rien païer à ceux qui prêtent de leur néceſſaire ; il faut que chacun vive de l'eſpéce de biens qui lui ſont propres, & ceux qui n'ont que de l'argent, ont droit d'en tirer leur ſubſiſtance. L'intérêt qu'on reçoit du prêt pour le commerce eſt d'autant moins ſuſpect, qu'il ſe réduit à partager le profit entre le prêteur & l'emprunteur. C'eſt ſe faire une fauſſe idée de l'argent, de le conſidérer comme ſtérile en lui-même ; il ne l'eſt pas plus que les inſtrumens qu'on loüe pour s'en ſervir & dont on païe l'uſage.

* Chap. 19.

La pensée, que pour légitimer l'in;
térêt de ce qu'on prête, il faut l'aliéner,
n'est point une pensée raisonnée ; souvent ce qu'on prête en cette maniere
ne fait que tirer l'emprunteur d'une
mauvaise affaire, sans rendre sa situation meilleure. N'est-il pas dur de le
charger d'une rente perpétuelle, pour
une somme qui ne l'a point enrichi ? Si
cette somme lui reste, le produit qu'il
en retire n'est-il pas égal, soit qu'il la
posséde en propre, soit qu'il ne la re-
tienne qu'en simple prêt ? Il est donc
également juste qu'une partie de ce
produit revienne au prêteur, & les
Loix peuvent autoriser l'un & l'autre
usage au moins avec la même équité.

A l'égard de ce qu'on nomme * les
usures maritimes, il me semble que toute la difficulté consiste dans l'évaluation
des choses, qui ne peut ou ne doit
avoir de mesures communes à toutes
les Nations. Le prix des Marchandises
dépend de l'envie de ceux qui les achetent de les avoir, ou du degré du besoin qu'ils en ont : il peut donc arri-

* Chap. 20.

ver que celles qu'on tranfporte dans un païs étranger y foient cent fois plus eftimées que dans le païs d'où les Commerçans les aménent : ceux-ci peuvent donc gagner cent pour cent fur les achats qu'ils en ont faits dans leur pays ; leurs achats ont été juftes ; il n'y a point d'injuftice dans leurs reventes ; on n'en commet point à l'égard de ceux qui ne païent les marchandifes qu'au prix qu'ils les ont euxmêmes mifes. La difproportion de ce prix avec celui qu'elles ont coûté, doit être comptée pour rien , parce que cette difproportion ne fe trouve point entre leurs befoins & leurs moïens ; l'argent chez eux peut être d'un très-bas prix à caufe de fon abondance : il en eft de même des marchandifes qu'ils donnent en échange & qu'ils évaluent fur le prix que l'argent a chez eux : fi cette valeur augmente au centuple pour les Commerçans qui les rapportent , c'eft le fruit de leur induftrie, de leurs avances hazardeufes , de leurs travaux & des rifques de la navigation qu'ils ont courus. Il ne feroit donc pas jufte que leurs Loix nationales vouluffent appré-

cier leurs gains, dont les caufes ne font
pas en elles-mêmes appréciables. On
pourroit avec plus de raifon profcrire
abfolument cette forte de commerce,
qui peut avoir pour les Etats plus d'inconvéniens que d'avantages.

XXIV. LETTRE.

Sur le vingt-troisiéme Livre.

AUriez-vous, Monſieur, quelque curioſité de lire le Poëme de Lucrece *de la Nature des choſes?* vous y verriez un Philoſophe Athée, qui ne ſe fie pas encore aſſez à ſes opinions pour les annoncer à pleine bouche. Il débute par invoquer une Divinité qu'il ne croit point, & fait ſemblant de la reconnoître comme le principe de tout ce qui ſe produit ſur la terre, dans l'air & dans les eaux, afin d'inſinuer enſuite avec un peu plus de confiance, que toutes ces productions n'ont point d'autre cauſe que le concours fortuit de certains atômes éternels qu'il imagine. C'eſt ainſi que la force de la nature rappelle les vaines penſées des hommes à leurs vrais ſentimens, & que l'eſprit ne dément jamais le cœur ſans ſe contredire.

Mais, vous dirai-je, où devinerez-vous par quel caprice d'imagination notre Auteur emprunte ce même début

pour entrer dans son Livre * des *Loix*
dans leur rapport, avec le nombre des
habitans ? Je le vois en effet copier
avec complaisance quelques vers de
la traduction du sieur d'Hesnaut : à
l'aspect de la feinte Venus de Lucrece, il fait *ou bondir les fiers taureaux*
dans la plaine, ou traverser les eaux pour
la belle genisse ; les habitans des bois &
des montagnes, des fleuves & des mers, &
des vertes campagnes, brûlans d'amour
& de desir, s'engagent à peupler par l'at-
trait du plaisir, tant on aime à suivre la
Déesse chimérique, *& ce charmant em-*
pire que donne la beauté sur tout ce qui
respire : or, quelle application s'est-il
proposé de faire de cette description
frivole ? A-t'il prétendu du moins faire
un parallele exact de la propagation
des autres êtres vivans avec celle des
hommes ? non ; son imitation n'aura
pas plus de justesse que son modéle, où
sous le nom d'une Déesse, on ne représente que des atômes insensibles.
Les femelles des animaux ont, dit-il, *à*
peu près une fécondité constante ; mais dans
l'espéce humaine, la maniére de penser, le

* Chap. 1.

caractere, *les paſſions*, *les fantaiſies*, *les caprices*, *l'idée de conserver ſa béauté*, *l'embarras de la groſſeſſe*, *celui d'une famille trop nombreuſe*, cent autres raiſons morales, moins libres ou plus raiſonnables qu'il pouvoit ajoûter, *troublent la propagation de mille maniéres.*

Et de tout cela, que réſulte-t'il enfin ? Quelles conſéquences en tire-t'il ? aucune qui ſuive de ce qui précede comme de ſon principe; c'eſt un ramas confus de penſées preſque toutes auſſi bizarres que fauſſes, & dont le moindre défaut eſt d'être étrangeres, ou du moins indifférentes au ſujet qu'il paroît vouloir traiter, & qui ne peut en effet avoir que très-peu de rapport aux Loix.

Où a-t'il pris, par exemple, que * *l'obligation naturelle qu'a le pere de nourrir les enfans, a fait établir le mariage ?* Le mariage eſt la ſuite naturelle du penchant que les deux ſexes ont l'un pour l'autre : le but de leur union, c'eſt la génération des enfans, d'où réſulte l'obligation de les nourrir & de les élever. Le lait qui fait leur pre-

* Chap. 2.

mier aliment, ſe forme dans les mam-
melles des meres, qui par-là ſont en
premier les nourrices de ceux qu'elles
mettent au monde ; les peres y doivent concourir en vertu de la ſociété
qu'ils contractent avec elles : l'obligation de leur donner des forces néceſſaires leur eſt commune, parce qu'ils
ſont leurs productions communes.
*Cette obligation, chez les animaux, eſt
telle*, dit lui-même notre Auteur, *que
la mere peut ordinairement y ſuffire : elle
a beaucoup plus d'étendue chez les hommes ; leurs enfans ont de la raiſon, mais
elle ne leur vient que par degrés ; il ne
ſuffit pas de les nourrir, il faut encore les
conduire.* C'eſt donc une penſée priſe
à rebours, de dire que cette obligation naturelle a fait établir le mariage ;
il falloit dire qu'elle étoit une ſuite
naturelle du mariage établi ; mais une
obligation plus immédiate encore pour
les meres que pour les peres, à qui
les Loix Civiles ne l'impoſent que
quand ils la méconnoiſſent. Il eſt vrai
que les Loix Romaines la leur impoſé-
rent en vertu de la cérémonie du mariage ; mais c'étoit une régle ſuſpecte,
trop favorable à l'infidélité des fem-

mes, & manifeſtement fauſſe, quand l'abſence des maris eſt conſtatée par des preuves inconteſtables.

Les conjonctions illicites contribuent peu à la propagation de l'eſpéce. Ce qui ſuit principalement de-là, c'eſt que les Loix devroient être plus réſervées à multiplier les obſtacles qu'elles mettent aux conjonctions qui n'ont rien de contraire aux Loix de la nature; il faudroit que les meres ſéduites fuſſent punies avec moins de légéreté de la perfidie des peres : il en eſt qu'on doit conſidérer comme moins coupables que malheureuſes ; ce ſont des établiſſemens ſages que ceux qui leur épargnent la honte & les inconvéniens de pourvoir par elles-mêmes à la conſervation de leurs fruits ; c'eſt leur épargner la tentation de les défaire, dont on leur fait d'ailleurs juſtement porter la peine, quand le déſeſpoir les a conduites à cette inhumanité. *La continence publique* eſt donc juſtement ordonnée, parce qu'elle eſt de droit naturel ; mais il n'eſt pas juſte que ce droit ſoit ſi reſtreint par les diſpoſitions civiles, qui favoriſent trop l'infidélité des promeſſes. C'eſt cette infidélité trop écoutée qui fait manquer une infinité de mariages à qui rien ne manqueroit pour être légitimes, & qui donneroient à beaucoup de malheureux enfans un état certain.

Au reste, * ce n'est point *la raison qui dicte que quand il y a un mariage, les enfans suivent la condition du pere.* Ce que la raison dicte en ce cas, c'est que le sort des enfans dépend des meres aussi-bien que des peres, parce que, ainsi que nous l'avons dit, l'obligation de les nourrir, de les élever, de les gouverner, leur est commune; de sorte qu'elle retombe toute entiére sur celui des époux qui survit à l'autre. *Quand il n'y a point de mariage*, le sort des enfans est réglé par les Loix ou par les différentes Coûtumes des Nations : à l'égard des bâtards, il reste à discuter quels sont les plus sages & les plus justes de ces Coûtumes.

Ce sont de très-minces réflexions que celles que notre Auteur fait sur les *familles:* ** il est très-indifférent, selon lui-même, que le mari passe dans

* Chap. 3.
** Chap. 4.

celle de sa femme, ou qu'il l'introduise dans sa propre famille : l'usage le plus conforme à la nature & le plus convenable à la disposition présente du monde, c'est celui que ces paroles de Moyse expriment. * *L'homme quittera son pere & sa mere pour s'attacher à sa femme.* Il est plus ordinaire que les nouveaux époux aillent former une famille, que de rester dans la famille de l'un ou de l'autre.

L'Auteur parle ensuite des pays où la pluralité des femmes est permise, & sa réflexion sur cet usage est sensée. *Il seroit, dit-il, contre la raison que la Loi flétrît dans les enfans, ce qu'elle a approuvé dans le pere.* Tous les enfans y doivent succéder, *à moins que quelque raison particuliere ne s'y oppose :* c'est une exception qu'il fait en faveur du Japon, *où les seuls enfans de la femme donnée par l'Empereur succédent.* Mais il falloit ajouter que cette exception n'étoit pas juste ; c'est une mauvaise politique que celle qui contredit la raison ; ou la Loi doit interdire la pluralité des femmes, ou la Loi doit

* Genes. 2. v. 24.

ind'fféremment accorder le droit de fuc-
céder à tous les enfans qui naiffent
d'elles.

En général il y a toujours eu plus
de bizarrerie que d'équité dans les Loix
qui concernent les bâtards. La premiére penfée de notre Auteur fur ce fujet
n'eft fondée que fur la chimére diffipée
de fes anciens principes. Dans les Républiques où il eft néceffaire que les
mœurs foient pures, *les bâtards doivent être plus flétris que dans les Monarchies.* La méprife eft double. Les
bâtards ne doivent être flétris dans aucune forte de Gouvernement pour le
vice de leur naiffance, dont ils ne font
pas coupables : ils font conçus fans
eux-mêmes ; ils naiffent felon les Loix
de la nature & ne doivent pas être plus
punis du crime de leurs parens que de
ceux que leurs parens commettent fans
leur participation, quand ils font déja
nés & capables d'en commettre eux-
mêmes. Les peres & les meres ne font
pas moins obligés de les nourrir que
ceux qu'on nomme leurs enfans légitimes. L'Auteur reconnoît qu'on fit à
Rome *des difpofitions trop dures contre
eux* & ne les excufe point, par cette

raiſon qu'il n'y avoit alors *qu'une très-grande corruption de mœurs qui pût porter au concubinage.* Cette raiſon n'affoibliſſoit point celles que je viens d'oppoſer à toute idée de flétriſſure & de dégradation perſonnelle des bâtards, que leur naiſſance civilement illégitime ne devoit point empêcher de conſidérer comme les enfans & les membres de la ſociété dans laquelle ils naiſſoient. C'eſt une vaine allégation de prétendre qu'ils ne devoient point avoir la qualité de citoïens dans les démocraties, parce que cette qualité emportoit avec elle *la puiſſance ſouveraine.* Ce n'eſt pas le défaut de naiſſance, mais le défaut de mérite qui doit exclure des dignités. On comptoit à Rome deux Rois, dont l'un n'avoit point de pere & l'autre n'avoit point de mere ; & pour tout dire en un mot, l'Auteur reconnoît qu'il ſe faiſoit ſouvent ſur les bâtards des Loix qui n'avoient point de rapport *avec l'honnêteté du mariage.* Tantôt le peuple les reconnoiſſoit pour citoïens, afin d'augmenter ſa puiſſance contre les grands ; tantôt il les excluoit de ce nombre pour avoir une plus grande portion dans les gratifications

qu'on lui faifoit ; dans plufieurs ils fuccédoient quand il n'y avoit pas affez de
citoïens , ou ne fuccédoient point
quand il y en avoit affez. Dans tous
ces cas on n'avoit aucun égard à ce que
le droit naturel prefcrivoit ou ne prefcrivoit pas ; du refte l'injuftice la plus
criante pour ces enfans nés de conjonctions civilement prohibées , c'eft celle
qu'ils fouffrent de la part de leurs vrais
peres , quand ils les méconnoiffent &
leur refufent les fecours qui leur font
néceffaires , jufqu'à ce qu'ils foient
hommes faits , capables de fubfifter &
de fe conduire par eux-mêmes.

En conféquence du befoin de ces fecours, leurs enfans reconnus pour légitimes font fous leur puiffance & dépendent de leur tutelle; c'eft ce que
notre Auteur appelle * *leur droit de propriété*, qui défend aux enfans de fe marier fans leur confentement ; mais ce
droit n'eft pas un droit perpétuel & ne
dure qu'autant que l'âge retient les enfans dans l'ignorance & dans l'incapa-
cité de fe conduire. Les Loix humaines
ont fixé un âge en certains lieux , &

* Chap. 7.

ces Loix font fages, fur-tout à l'égard des mariages à faire ; mais à l'égard des mariages faits, elles font fujettes à des inconvéniens inévitables ; la confcience réclame quelquefois contre leurs difpofitions, & la confcience eft une Loi qui doit toujours être écoutée ; malheur à ceux qui fe couvrent du prétexte des Loix pour n'y pas être fidéles.

On nous parle en cet endroit de quelques petites Républiques où les Magiftrars régloient les mariages ; c'étoit porter trop loin leur puiffance ; mais il eft bon qu'ils aient l'autorité de borner celle des peres, quand ceux-ci veulent l'étendre au-delà des limites que les Loix civiles y mettent. Il eft jufte que les enfans foient affranchis de leur tutelle quand le caprice, la mauvaife humeur ou le défaut de naturel s'y mêle : ils ne peuvent ni forcer leurs enfans au mariage ni les empêcher de le contracter, quand l'âge les a comme émancipés par lui-même. Telle eft la difpofition des Loix modérées ; elles doivent craindre de trop reculer l'âge auquel elles laiffent aux enfans la liberté de fe marier : la tutelle des peres qui n'eft fondée que fur un principe d'affection, ne doit pas dégénérer en tyrannie.

Ce que l'Auteur nous rapporte sur la relation de Thomas Gage est plus que tyrannique. Pour augmenter, dit-il, le nombre des gens qui paient le tribut, les Espagnols veulent qu'aux Indes tous les garçons soient mariés à quatorze ans & toutes les filles à treize. Là donc c'est l'avarice qui donne des Loix à la nature; mais ici c'est la vanité qui veut la rendre féconde avant son tems : on voit les peres se hâter d'abuser de leur autorité dans l'impatience de voir leurs fils peres de famille avant qu'ils soient sortis des foiblesses de l'enfance. Ce seroit donc à de tels peres qu'il faudroit défendre de marier ainsi leurs enfans, au lieu de défendre aux enfans de se marier sans leur consentement.

On dit * *qu'en Angleterre les filles abusent souvent de la Loi pour se marier à leur fantaisie sans consulter leurs parens; & je ne sais pas, dit notre Auteur, si cet usage ne pourroit pas y être plus toléré qu'ailleurs, par la raison que les Loix n'y*

* Chap. 8.

aïant point établi un célibat Monaſtique, les filles n'y ont d'état à prendre que celui du mariage & ne peuvent s'y refuſer.

Raillerie fade, où les Lecteurs ſenſés ne trouveront pas aſſurément le mot pour rire. Quelle raiſon ! diſons quel déraiſonnement ! Le célibat Monaſtique eſt-il quelque part établi par les Loix ? N'eſt-il pas de ſon eſſence de n'avoir jamais été que l'objet d'un conſeil ? N'eſt-ce pas même le ſujet d'un doute raiſonnable, ſi c'eſt un mérite de promettre à Dieu de ne pas ſe conformer à ſes vûës primitives dans la diſtinction des deux ſexes ; il eſt donc inſipide d'inſinuer qu'il reſte un état à prendre aux filles, quand on leur défend de ſe marier ſans conſulter leurs parens. **La** Loi qui les oblige d'attendre leur conſentement, n'eſt pas plus *convenable* en France qu'ailleurs, à moins qu'elle ne ſoit modifiée, comme je l'ai dit ; le célibat n'eſt nulle part une vraie reſſource ; on ôte tout choix aux perſonnes libres, quand on ne leur laiſſe que celui de la priſon.

Eſt-ce encore une penſée ſérieuſe de dire que * *les filles ſont aſſez portées au*

* Chap. 9.

mariage, & que ce font les garçons qu'il
y faut encourager? C'est pourtant le vuide
d'un Chapitre entier ; tous ceux qui fuivent font à peu-près remplis de pareils
hors-d'œuvre, où l'efprit de l'Auteur
femble s'égaïer à ne nous rien dire d'in-
téreffant, ou fouvent à fe contredire.
Le détail en feroit auffi long que
defagréable ; jugez-en par quelques ef-
fais. * *Par tout où il fe trouve une place
où deux perfonnes peuvent vivre commo-
dément, il fe fait un mariage.* Le mariage eft l'effet du penchant des deux
fexes l'un pour l'autre : *la nature porte
affez au mariage quand elle n'eft point
arrêtée par la difficulté de fubfifter ; &*
nous verrons tout-à-l'heure que cette
difficulté n'arrête point, & que ceux
qui *n'ont abfolument rien, font beaucoup
d'enfans. Les peuples naiffans fe multiplient & croiffent beaucoup:* c'eft que communément ils ne font point engagés
dans les guerres & dans les diffenfions
qui font périr les hommes à mefure
qu'ils naiffent. Ce feroit chez ces peuples naiffans une grande incommodité
de vivre dans le célibat ; mais ils n'y

* Chap. 10.

penſent même pas : ce n'eſt point pour
eux *une incommodité d'avoir beaucoup
d'enfans* ; c'eſt au contraire l'objet de
leurs ſouhaits de pouvoir ſe multiplier ;
plus il ſe multiplient, plus ils s'enrichiſſent quand ils ont des terres à défricher. * *Le contraire arrive quand la
Nation eſt formée, & ſur-tout quand le
Gouvernement y devient dur.*

C'eſt alors dans le langage de l'Auteur *que ceux qui n'ont abſolument rien,
comme les mendians, ſont ceux qui font
le plus d'enfans* ; langage outré, qui dit
certainement plus qu'il n'a dû vouloir
ou pouvoir dire : auſſi la raiſon qu'il en
rend n'eſt-elle point juſte ; c'eſt que
ceux dont il parle *ſont dans le cas des
peuples naiſſans* ; raiſon démentie par
l'idée que nous nous en formons. Nous
nous les figurons comme devenans de
jour en jour plus riches, à proportion
que nous les ſuppoſons plus laborieux.
La ſuite du diſcours ne ſe lie pas mieux
avec le commencement. Concevra-
t'on qu'il s'agit encore des mendians,
quand on dit qu'il *n'en coûte rien au pere
pour donner ſon art à ſes enfans, qui même*

* Chap. 11.

font en naiffant des inftrumens de cet art ?
Nous repréfenterons-nous ces peres qui
dreffent en effet leurs enfans à mendier, à
tendre la main pour recevoir ? Croirons-
nous bonnement que ces gens dans un
païs riche ou fuperftitieux fe multiplient
parce qu'ils *n'ont pas les charges de la fo-*
ciété, mais font eux-mêmes les charges
de la fociété ? Cela fuppofé, nous béni-
rions la fuperftition, que nous regardons avec raifon comme une cangrene
ruineufe pour les peuples qui s'y laiffent furprendre, & nous nous écri-
rions : Heureux l'Etat où le plus grand
nombre des Sujets eft réduit à la men-
dicité, parce que ce font ceux qui font
le plus d'enfans. Rabattons donc un
peu des hyperboles de l'Auteur.

Mais fi le gouvernement eft dur,
tous les Sujets ont, felon lui, le même
fort ; ils font pauvres, parce *qu'ils re-*
gardent leur champ moins comme le fon-
dement de leur fubfiftance que comme un
prétexte à la vexation : ils font peu d'en-
fans ; ils n'ont pas même leur nourriture ;
comment fongeroient-ils à la partager ? Ils
ne peuvent pas fe foigner eux-mêmes dans
leurs maladies, comment pourroient-ils
élever des créatures qui font dans une ma-

ladie continuelle, qui eſt celle de l'en-
fance?

Si ce ſont là les ſuites de la dureté du gouvernement, rendons juſtice à celui qui nous les peint; il la blâme ouvertement : *c'eſt*, dit-il, *la facilité de parler & l'impuiſſance d'examiner qui ont fait dire que plus les ſujets ſont pauvres, plus les familles ſont nombreuſes; & que plus on étoit chargé d'impôts, plus on ſe mettoit en état de les païer; deux ſophiſmes qui ont toujours perdu & qui perdroient à jamais les Monarchies.* Il obſerve enfin que la dureté du gouvernement peut aller juſqu'à détruire les ſentimens naturels par les ſentimens naturels même. C'eſt ainſi que *les femmes de l'Amérique* nouvellement conquiſe ſe faiſoient avorter pour que leurs enfans n'euſſent pas des maîtres ſi cruels.

Que des réflexions ſi judicieuſes & ſi capables d'inſtruire ne ſont-elles du moins un peu mieux ſoûtenues : on regrette de voir celui qui les fait retomber tout d'un coup comme par penchant dans le ſuperficiel : on le voit perdre de vûë l'Eſprit des Loix & ſe borner à rapporter les plus injuſtes,

ſans dire un mot de leur injuſtice. Il revient au nombre inégal des filles &
des garçons qu'on dit naître en différens pays, pour en conclure que *
toutes choſes égales, il y aura plus de femmes fécondes au Jappon qu'en Europe,
& que ſuppoſé ce qu'on dit de Ban-
tam, les familles ſeront plus nombreuſes; mais qu'il y a peu de gens aſſez
aiſés pour entretenir une ſi grande famille, comme ſi le privilége de faire
beaucoup d'enfans n'étoit réſervé qu'à
ceux qui n'ont abſolument rien, comme il nous le diſoit tout à l'heure.

On pourroit douter ſi ces obſervations, ſur les Ports de mer, ſont plus
inſipides que réjoüiſſantes; vous en ri-
rez, Monſieur, ſi l'envie vous en prend:
les voici. ** *Dans les Ports de mer il y
a moins d'hommes que de femmes; cependant on y voit plus d'enfans qu'ailleurs.*
N'en ſoyez point ſurpris, cela vient de
la facilité de la ſubſiſtance; mais cette
facilité pourroit bien ne pas conclure
en faveur de tous les Ports de mer:
d'où viendroit donc enfin ce grand

* Chap. 12.
** Chap. 13.

nombre

nombre d'enfans qu'on y voit? écoutez :
peut-être que les parties huileuses du poisson font plus propres à fournir cette matiere qui sert à la génération : question curieuse à proposer aux Médecins ; heureuse conjecture du moins ! Ce seroit une des causes de ce *nombre infini de peuple qui est au Japon & à la Chine,* où l'on ne vit presque *que de poisson.* Mais l'imagination lâchée s'arrêtera-t'elle en si beau chemin? Si la conjecture étoit fondée, *de certaines régles Monastiques qui obligent de vivre de poisson, seroient contraires à l'esprit du Législateur, qui prescrit la continence à laquelle sa Loi même met un obstacle naturel.* A ce prix là nous pourrions aussi trouver plus de sagesse dans les anciens instituteurs que dans les modernes : ceux-ci défendent leurs disciples de manger de la volaille & des petits pieds ; au lieu que ceux-là leur ôtoient l'usage des viandes trop nourrissantes, telles que le bœuf & le mouton. Mais n'apprenons point de notre Auteur à nous écarter à propos de rien de notre sujet.

A suivre l'ordre qu'il met entre les matieres, on ne voit point que ce

ſoient les Loix qui influent ſur le nombre des habitans : il nous diſtingue ſeulement les productions de la terre qui
demandent le plus ou le moins d'hommes ; par là * *les pays de pâturages ſont
peu peuplés, parce que peu de gens y trouvent de l'occupation.* Les terres à blé *en
occupent plus, & les vignobles infiniment
davantage. Les pays où les mines de
charbon fourniſſent des matieres propres à
brûler, ont cet avantage ſur les autres,
qu'il n'y faut point de forêts, & que toutes les terres peuvent être cultivées.* Dans
*les lieux où croît le ritz, il faut de grands
travaux pour ménager les eaux.... La
culture des terres devient pour les hommes une immenſe manufacture.* Que ſignifie tout cela ? Pour en tirer quelques conſéquences juſtes, ne faudroit-
il pas d'abord qu'il y eût des pays tous
de pâturages, tous de terres à blé, tous
de vignobles, tous de lieux propres à
faire croître le ritz ? Si toutes ces productions ſe trouvent dans un même
Etat, s'enſuit-il de-là qu'il ſoit en général plus ou moins peuplé ? Si peu de
gens trouvent de l'occupation dans une

* Chap. 14.

Province, une autre en donnera beaucoup plus. Les fruits des travaux se
transportent de l'un à l'autre, & tout
subsiste par ce commerce que les besoins différens font naturellement établir. Tout subsiste en un mot, & tout
peut être peuplé dans sa totalité.

Considérez-le ensuite dans ses parties, & vous verrez que le grand nombre des habitans que l'une demande,
n'empêche pas que ce grand nombre
lui manque par des causes étrangeres,
& que le tout ne se dépeuple. *Qu'on
observe en France que la grande quantité
de vignobles y est une des grandes causes
de la multitude des hommes ; & qu'il
survienne une longue & sanglante guerre, ne verra-t'on pas les vignobles même manquer d'ouvriers pour les travailler ?* C'est à de pareilles causes que
l'Auteur attribuera bientôt la dépopulation de l'univers, qu'une multitude de
Loix ne réussit pas à rétablir.

En Angleterre on s'est souvent plaint,
dit-il, *que l'augmentation des pâturages
diminuoit les habitans ;* c'est mal exposer le fait : on se plaignoit que cette
augmentation ôtoit la substance à plusieurs habitans. *La plûpart des proprié-*

taires des fonds de terres trouvant , dit Burnet, *plus de profit dans la vente de leur laine que de leur blé , enfermeren leurs poffeffions ;* les Communes qui mouroient de faim fe fouleverent : on fit des proclamations contre ceux qui avoient enfermé leurs terres. Le reméde étoit facile ; une Loi de Police répara le dommage.

Les Loix agraires de certaines anciennes Républiques, * *qui vouloient que les terres fuffent également partagées ,* avoient leur avantage ; mais ce n'étoit point comme on le dit, *en ce que chaque citoïen trouvoit dans le travail de fes terres précifément de quoi fe nourrir, & que tous les citoïens enfemble confommoient les fruits du pays.* Ils pouvoient fe multiplier jufqu'à ne pouvoir fubfifter tous de ces mêmes fruits ; c'étoit ce qui forçoit ces Républiques à faire fouvent fortir de chez elles des Colonies : mais c'eft raifonner bien moins jufte encore de dire que *les fonds de terre étant inégalement diftribués parmi nous , ils produifent plus de fruits* que ceux qui les cultivent n'en peuvent

* Chap. 15.

consommer. Les gelées, les pluies, les inondations, les sécheresses & cent autres fléaux n'y causent-ils pas de tems-en-tems des stérilités & des famines ? Comment est-il vrai que ceux *qui cultivent ou font cultiver, aïant des fruits de reste, rien ne les engage à travailler l'année d'après ?* Une prudente économie ne veut-elle pas qu'ils tiennent leurs greniers & leurs celliers pleins pour les années moins abondantes qu'ils ne peuvent prévoir & qu'ils doivent prévenir par ces sages précautions? Comment, dit-on, que si on néglige les Arts pour ne s'attacher qu'à l'Agriculture, *le pays ne peut être peuplé ?* L'Agriculture elle-même n'a-t'elle pas besoin du secours de beaucoup d'autres Arts qu'il faut supposer dans le pays? Comment les fruits ne seroient-ils pas consommés par les gens oisifs ? *parce que les gens oisifs n'auroient pas de quoi les acheter :* les gens les plus oisifs d'un Etat ne sont-ils pas communément les plus riches ? Ne sont-ce pas ceux qui font cultiver leurs terres par d'autres qui leur en païent les revenus ? *En un mot,* conclut-on très-gauchement, *ces Etats ont besoin de gens qui cultivent au-*

delà de ce qui leur eſt néceſſaire Pour
cela il faut leur donner l'envie d'avoir le
ſuperflu, & il n'y a que les Artiſans qui
le donnent. Ne faut-il pas être poſſédé
de la manie de déraiſonner pour ourdir
un ſi long tiſſu de déraiſonnemens qui
renverſent toutes les idées les plus
communes ?

J'admire encore ici l'accès de mauvaiſe humeur de notre Politique contre
les moulins à eau : *s'ils n'étoient pas par-
tout établis, il ne les croiroit pas, dit-il,
auſſi utiles qu'on le dit.... Ils ont fait re-
poſer une infinité de bras ; ils ont privé
bien des gens de l'uſage des eaux & ont
fait perdre la fécondité à beaucoup de
terres.* Ne ſoupçonnerez - vous pas,
Monſieur, que c'eſt la crainte d'un
certain parallele qui l'empêche d'achever de décharger ſon courroux ſur les
moulins à vent.

Un ſang-froid apparent ne le fait
pas raiſonner plus juſte que les impé-
tueuſes ſaillies qui le jettent dans des
écarts bizarres juſqu'au ridicule. Il
examine maintenant * *quelles doivent
être les vûes du Légiſlateur ſur la propa-*

* Chap. 16.

gation de l'espéce ; c'est la nature seule qui doit le diriger. *Les réglemens* sur le nombre des citoïens ne doivent avoir pour but que d'empêcher les gens mariés de s'écarter des Loix qu'elle leur prescrit, que de les obliger à remplir tous les devoirs qu'elle leur impose à l'égard de ceux qui naissent de leur union, à les nourrir, à les élever, à les former pour eux-mêmes & pour les services qu'ils feront obligés de rendre à la société, dont ils sont membres. Il n'est point vrai que ces réglemens *dépendent beaucoup des circonstances* ; ce sont des devoirs absolus, qui tiennent inséparablement à l'essence des mariages. *Quelquefois*, observe l'Auteur, *le climat est plus favorable que le terrein* ; *le peuple s'y multiplie & les famines le détruisent*. Eh bien ! quelle doit être alors l'attention du Législateur ? il est dans le *cas de n'avoir rien à faire* ; au moins l'Auteur le suppose-t'il. La Chine est, dit-il, dans ce cas, où les famines détruisent le peuple ; *aussi un pere vend-il ses filles & expose-t'il ses enfans* , & le Législateur se tait sur des abus si crians; tel est là l'Esprit des Loix. *Les mêmes causes opérent au Tonquin les mêmes ef-*

fets.... *Les mêmes raisons font que dans l'Isle Formose la Religion ne permet pas aux femmes de mettre des enfans au monde qu'elles n'aient trente-cinq ans ; avant cet âge la Prêtresse leur foule le ventre & les fait avorter :* & notre Politique *qui n'écrit point pour censurer ce qui est établi dans quelque pays que ce soit*, ne trouve point mauvais que le Législateur se taise, ou se tait lui-même sur les horreurs que la dépravation des mœurs, ou qu'une Réligion dénaturée fait commettre. Il raconte.

* *Cet effet*, poursuit-il, que des causes physiques font naître dans certains pays de l'Orient, la nature du gouvernement le produisoit dans la Grece ; c'est-à-dire, que les sentimens naturels étouffés dans les peres, le sentiment de la Réligion porté jusqu'à l'inhumanité, ne sont à ses yeux que l'effet des causes physiques. Achevons, & voïons jusqu'où va le parallele avec la nature du gouvernement des Grecs, qui produisoit le même effet. *Dans Chaque République le Législateur avoit eu pour objet le bonheur des citoïens au dedans & une puissance au dehors, qui*

* Chap. 17.

ne fut pas inférieure a celle des Villes voifines. Ce double objet étoit fage ; qu'en
arrivoit-il ? *Avec un petit territoire &*
une grande félicité il étoit facile que le
nombre des citoïens augmentât & leur
devînt à charge. Suppofons-le : *auſſi fi-*
rent-ils fans ceſſe des Colonies. Ce remede
étoit plus innocent que de vendre leurs
filles & d'expofer leurs enfans ; mais ils
fe *vendirent pour la guerre comme les*
Suiſſes font aujourd'hui. Cette reſſource
pouvoit paroître au moins tolérable à
certaines conditions qui ne violaſſent
en rien la liberté de ceux qui prenoient
les armes. Mais il eſt choquant de dire
que rien *ne fut négligé de ce qui pou-*
voit empêcher la trop grande multiplica-
tion des enfans. Rien ne pouvoit fe faire
dans une telle vûe , qui ne fût un outrage fait à la nature : mais notre Politique indulgent n'eſt pas fcrupuleux.
Ce chapitre ne contient plus que des
Loix ou des ufages contraires à fes propres principes ; & fon allure eſt de nous
les détailler fans le moindre indice de
défapprobation.

Ce n'étoient felon lui que des *conf-*
titutions fingulieres de quelques Républiques. *Des Peuples foumis etoient obli-*

gés de fournir la subsistance aux citoïens.
Les Lacédémoniens étoient nourris par les
Elotes, les Crétois par les Perieciens, les
Thessaliens par les Penestes. L'Auteur a
décidé très-fortement que l'esclavage
est contraire à la nature ; & dit froidement que dans les Républiques, il *ne
devoit y avoir qu'un certain nombre d'hommes libres pour que les Esclaves fussent en
état de leur fournir la subsistance.* Nous
disons aujourd'hui qu'il faut borner le
nombre des Troupes réglées; tout de même il falloit entretenir celui des Lacédémoniens, qui n'étoient qu'une armée
*entretenue par des paysans ; sans cela les
hommes libres, qui avoient tous les avantages de la société, se seroient multipliés
sans nombre, & les laboureurs auroient
été accablés.* Il falloit donc qu'on re-
gardât comme un mal ce qui n'eût été
qu'un fruit du désordre, afin de laisser
subsister le désordre même.

Ce désordre une fois établi par la
constitution vicieuse de la République,
*Les politiques Grecs s'attacherent prin-
cipalement à régler le nombre des citoïens.*
En conséquence d'une premiére injustice, il fallut que toutes les Loix civiles fussent injustes. Platon fixa à *cinq*

mille quarante le nombre des citoïens de la République; il veut même qu'on régle le nombre des mariages de maniére que le peuple se répare sans que la Republique soit surchargée. Si la Loi du païs défend d'exposer les enfans, dit Aristote, il faudra borner le nombre de ceux que chacun doit engendrer. Si l'on a des enfans au-delà du nombre défini par la Loi, il conseille de faire avorter les femmes avant que le fœtus ait vie. Tiendrons-nous pourtant quelque compte à notre Auteur de dire qu'il a senti la pudeur effraïée, quand il a voulu rapporter le moien infâme que les Crétois emploient pour prévenir le trop grand nombre des enfans?

Lui pardonnerons-nous après cela ce qu'il dit, la maniére dont il reléve ce qu'on lit dans les calculs du Chevalier Petty, *qu'un homme vaut en Angleterre ce qu'on le vendroit à Alger? Cela,* dit-il, *ne peut être bon qu'en Angleterre; il y a des païs où un homme ne vaut rien; il y en a où il vaut moins que rien.* L'Esprit des Loix bien approfondi donne-t'il droit d'apprécier ou de déprécier ainsi les hommes? Ils n'ont point de prix; c'est ce qui fait que personne ne peut ni les vendre ni les acheter fans violer le droit de la nature. L'humanité qui leur eft commune leur donne à tous des prétentions égales à leur eftime réciproque; il ne leur eft point permis de fe méprifer perfonnellement, moins encore de fe nuire & de s'exterminer; ce font les crimes de ceux qu'on nomme Conquérans; ils font les tyrans de ceux qu'ils rendent efclaves; ils font les homicides de ceux qu'ils font maffacrer dans des guerres injuftes. C'eft fous ces idées que le véritable Efprit des Loix doit nous les faire confidérer; c'eft celle que l'Auteur devoit nous donner des Romains, tels qu'il va nous les dépeindre dans les chapitres fuivans comme les dépopulateurs de l'univers.

Avant eux, * dit-il, *l'Italie, la Sicile, l'Afie mineure, l'Efpagne, la Gaule, la Germanie, étoient pleines de petits peuples & regorgeoient d'habitans....* ** *Toutes ces petites Républiques furent englouies dans une grande, & l'on vit infenfiblement l'univers fe dépeupler.* Que s'en-

* Chap. 18.
** Chap. 19.

suivit-il de-là ? * *Les Romains furent dans la néceffité de faire des Loix pour la propagation de l'efpece.* L'Auteur dira donc * * *ce qu'ils firent*, non pas pour réparer les citoiens, mais pour réparer les hommes. Il ne les blâme point du mal ; il ne penfe qu'à les loüer fur le remede ; & comme à fon avis *ce fut le peuple du monde qui fçut le mieux accorder fes Loix avec fes projets*, il ne croit pas qu'il *foit indifférent d'examiner ce qu'il fit à cet égard.*

Ce qu'il avoit à faire, c'étoit de renoncer à fes projets ambitieux, d'abandonner fa domination tyrannique, de rendre aux reftes malheureux des peuples qu'il avoit opprimés, la liberté de rentrer dans leurs anc'ennes poffeffions, de rétablir leurs Villes & leurs habitations défertes ; mais les Romains n'avoient en vûe que *la perpétuité de leur République*, qui fe détruifoit elle-même en détruifant les autres. Leurs fuccès les avoient enivrés, & la corruption des mœurs que ces pernicieux fuccès avoient introduite, achevoit de

* Chap. 20.
* * Chap. 21.

diminuer le nombre de leurs citoïens. *Ils firent donc des Loix pour la propagation de l'espece*, comme si la multiplication de l'espece humaine pouvoit être un effet de nos soins, *au lieu que ce nombre croît & décroît selon l'ordre de la Providence*, qui tend à faire vivre les hommes dans la concorde, à leur faire suivre avec simplicité les Loix qu'elle leur a données par les penchans de la nature. Toutes les Loix Romaines étoient donc impuissantes par elles-mêmes, & je vous épargne avec raison l'ennuïeuse discussion que l'Auteur en fait.

Je vous y ferai seulement remarquer des pensées singulieres qui méritent quelque attention par leur défaut d'exactitude & par les fausses idées qu'elles peuvent donner de la nature des choses. Il dit, par exemple, que les *principes de la Réligion* ont extrêmement influé sur la propagation *de l'espece humaine* ; que tantôt ils l'ont encouragée, comme *chez les Juifs, les Mahométans, les Guebres, les Chinois* ; *& que tantôt ils l'ont choquée, comme ils firent chez les Romains* devenus Chrétiens. Ce dernier trait n'est-il pas inju-

rieux au Chriftianifme ? Ceux qui con-
damnerent le mariage n'y furent-ils pas
eux-mêmes condamnés ? Mais *on ne
cefla de prêcher par-tout la continence ;
c'eft-à-dire, cette vertu qui eft plus parfaite, parce que par fa nature, elle doit
être pratiquée par peu de gens*. Eft-ce là
l'idée que Saint Paul, qu'on peut regarder comme le premier Prédicateur
de la continence, nous en a donnée ?
ne confeille-t'il pas le mariage à ceux
qui ne peuvent fe contenir ? Tout l'a-
vantage qu'il donne à ceux qui le peuvent, n'eft-ce pas de conferver une liberté plus entiere de s'appliquer à leur
propre perfection, fans être partagés
par d'autres foins ? En dire plus, n'eft-
ce pas traveftir fes penfées pour lui
faire choquer fans fujet la propagation
de l'efpéce humaine ?

On ajoûte que le Chriftianifme donna fon caractere à la Jurifprudence :
car, dit l'Auteur, *l'Empire a toujours
du rapport avec le Sacerdoce*. C'eft une
répétition de la fauffe penfée que j'ai
relevée dans la troifiéme Lettre, où
j'ai fait voir que l'Auteur admettoit un
monftre de doctrine, en reconnoiffant
deux pouvoirs indépendans l'un de

l'autre dans un même Etat, où le pouvoir ne peut être qu'unique. Mais il se contredit ici très-nettement, en disant que les Loix de Constantin en faveur du Christianisme, *donnerent une telle autorité* aux Evêques, qu'*elles ont été le fondement de la Jurisprudence Ecclésiastique*. Les Evêques n'avoient donc point d'autorité dans l'Etat qui vînt du fond de leur Ministere ; & la Jurisdiction qu'on leur laisse encore aujourd'hui, n'est qu'une Jurisdiction précaire uniquement fondée sur les Loix des Princes.

Enfin l'Auteur revient encore aux réglemens sur la propagation de l'espece ; il convient que *par les Loix anciennes, la faculté naturelle que chacun a de se marier & d'avoir des enfans, ne pouvoit être ôtée* ; mais il prononce ensuite sans détour que *la même raison de spiritualité, qui avoit fait permettre le célibat, imposa bien tôt la nécessité du célibat même*. C'est ce que j'appelle calomnier une seconde fois le Christianisme, dont l'esprit n'a jamais été de forcer au célibat par des Loix directes ; mais une saillie presque dévote lui fait adoucir au moins un peu ses expresfions. *A Dieu ne plaife*, s'écrie-t-il, que je parle ici contre le célibat, qu'a, non pas ordonné, mais *adopté la Réligion*. Les Loix civiles l'ont quelquefois adopté de la même maniére, ou même commandé, fans pourtant faire violence à qui que ce foit : elles ont jugé que certains emplois pouvoient être mieux exercés par des hommes fans femmes & fans enfans, que par des hommes engagés dans les foins indifpenfables du mariage ; mais c'étoit à condition que ces hommes libres pourroient fe contenir & ne donneroient point dans le libertinage, fous prétexte du célibat qu'on exigeoit d'eux.

C'eft ce célibat contre lequel notre Auteur infinue qu'il n'eft pas poffible de fe taire. Il eft beau de le voir caractérifer le tems auquel il écrit par cet accès de zéle contre un libertinage, où *les deux fexes fe corrompant par les fentimens naturels même, fuient une union qui doit les rendre meilleurs, pour vivre dans celle qui les rend toujours pires.* Je pourrois ajoûter des confidérations qui rendroient ces nouveaux ennemis du mariage plus odieux que les anciens. Ceux-là n'euffent point blâmé le nœud qui lioit les fexes l'un à l'autre, fi le libertinage en eût été banni ; ceux-ci voudroient au contraire qu'on en abolit le nœud pour n'en réferver que le libertinage ; ils veulent dans la vie des plaifirs & point de devoirs, des délices & point de mœurs. Ils ne haïffent dans le mariage que le joug & les obligations qu'il impofe. Mais laiffons à notre Auteur la gloire d'avoir combattu leur fyftême par une raifon politique, affez preffante, pour engager le Gouvernement à réprimer avec févérité la licence des difcours & des écrits qu'ils répandent pour l'établir. *C'eft, dit-il, une régle tirée de la nature, que plus on diminue le nombre des mariages qui pourroient fe faire, plus on corrompt ceux qui font faits ... plus il y a de voleurs, plus il fe fait de vols.*

Mais après s'être exprimé fi fortement fur la fidélité que les époux fe doivent, ne doit-on pas être étonné de l'entendre fe démentir fi groffierement fur leurs autres devoirs ? * *Les premiers Romains eurent, dit-il, une bonne police fur l'expofition des enfans.*

* Chap. 22.

La police dont il parle étoit abominable ; & sans discuter quelle fut la Loi de Romulus à ce sujet, comment il la modifia ; s'il y eut d'autres Loix contraires, ou si ce ne fut qu'un abus qui s'introduisit dans les tems les plus corrompus de la République, disons avec le Digeste recueilli dans de meilleurs tems, que l'usage d'exposer les enfans ou de tuer ceux qu'on appelloit monstrueux, étoit contraire aux sentimens de l'humanité, contraire à tous les principes de la justice naturelle. * *On tue son fruit, non-seulement quand on l'étouffe ; mais lorsqu'on l'abandonne, lorsqu'on lui refuse la nourriture, lorsqu'on l'expose dans un lieu public, afin qu'il y trouve dans les autres une pitié, dont on n'a pas été touché pour lui ; c'est ainsi qu'on parle quand on prétend au suffrage de débiter* * une morale pure & des principes justes ; de détruire les opinions pernicieuses & d'encourager les bonnes.*

Mais quand on s'est nourri dans des principes sophistiques sur la justice &

---

* *Digest. l.* 23. *tit.* 3. *cap.* 4. *de Agnosc. &* *Alend. Liber.*

* * *Défense de l'Auteur, pag.* 68.

l'injuſtice des actions des hommes , on loüe ce qu'il y a de plus blâmable ; on donne aux vices les noms de vertus : c'eſt ainſi qu'on nous dit que les * *ré-glemens que firent les Romains pour aug-menter le nombre de leurs citoiens eurent leur effet , pendant que leur République, dans la force de ſon inſtitution, n'eut à ré-parer que les pertes qu'elle faiſoit par ſon courage , par ſon audace, par ſa fermeté, par ſon amour pour la gloire , & par ſa vertu même.* L'Auteur habile en calculs a donc ſçu réduire la longue durée de cette République à deux points Mathé-matiques ; dans l'un deſquels il ne voit que les vertus qui la firent proſpérer, & dans l'autre que les vices qui la conduiſirent à ſa chute. Il eſt vrai que nous n'avons ici que ſon imagination pour garant de la préciſion qu'il en fait ; mais, quoi qu'il en ſoit, à pren-dre cette durée dans ſon tout , nous voïons que ces fameux Romains *n'a-voient conquis le monde que pour l'affoi-blir , & que pour le livrer* enfin *ſans dé-fenſes aux Barbares, qui les accablérent tour à tour.*

* Chap. 23.

L'Auteur recherche enfuite comment, après la deftruction de ces deftructeurs, le monde ne refta pas defert? La queftion n'étoit pas difficile à réfoudre; des peuples nombreux qui leur étoient inconnus innonderent les parties, dont ils les chafferent. * *Dans l'état, dit-il, où étoit l'Europe, on n'eût pas cru qu'elle pût fe rétablir, & ce fut au contraire la partie du monde qui fe trouva la plus furchargée d'habitans; de forte que malgré les irrégularités du gouvernement, le grand nombre des guerres & des querelles qui s'éleverent fans ceffe il y eut dans la plûpart des Contrées plus de peuple qu'il n'y en a aujourd'hui.* L'Auteur n'a pas eu le tems de traiter à fond cette matiere; mais avec fa méthode de compter pour rien les intervalles de plufieurs fiécles, *il citera les prodigieufes armées des Croifés* dans l'onziéme & le douziéme fiécle; & par une nouvelle fuppreffion de plufieurs autres, il nous dira que felon M. de Puffendorf, *il y avoit fous Charles IX. vingt millions d'hommes en France.* En pofant fous ce nombre les caufes connuës de fa diminution, il en auroit rendu raifon

* Chap. 24.

par une régle de souftraction facile à faire ; mais il lui plaît, je ne sçai pourquoi, de chercher midi à quatorze heures, & d'attribuer cette diminution * *aux perpétuelles réunions de plufieurs petits Etats.* Ces réunions ne donnerent plus à l'Etat que la Capitale pour centre unique, & ce centre eft un gouffre où les Sujets viennent s'abforber par leur affluence, ce qui les rend moins nombreux. Après ce *raifonnement plus qu'inconféquent*, il allégue encore comme hors-d'œuvre, que * * depuis deux fiécles l'Europe a beaucoup augmenté *fa navigation* qui lui procure des habitans, mais qui lui en *fait perdre* ; de forte qu'après tout ce qu'il vient de dire, *l'Europe eft encore aujourd'hui dans le cas d'avoir befoin de Loix qui favorifent la propagation de l'efpece.* En 1666. *** Louis XIV. en fit une ; mais cette Loi ne récompenfoit que *des prodiges :* il falloit comme chez les Romains des récompenfes générales, qui ne furent pas moins inefficaces.

Voici donc comment **** *on peut fe-*

* Chap. 25.
** Chap. 26.
*** Chap. 27.
**** Chap. 28.

lon lui *remédier à la dépopulation.* Si l'Etat *se trouve dépeuplé par des accidens particuliers, des guerres, des pestes, des famines, il y a dés ressources :* les hommes qui restent *peuvent conserver l'esprit de travailler d'industrie & devenir plus industrieux par leur calamité même;* mais *le mal est presque inévitable lorsque la dépopulation vient par un vice intérieur & un mauvais gouvernement.* Tel est l'état des païs désolés *par le despotisme ou par les avantages excessifs du Clergé sur les Laïques.* Nous désigne-t'on par-là quelques païs qui nous soit connu ? L'Auteur s'entend & prononce sur la thése générale, que pour *rétablir un Etat ainsi dépeuplé, on attendroit en vain des secours des enfans qui pourroient naître ; il n'est plus tems.*

Que faut-il donc faire ? *Distribuer des terres à toutes les familles qui n'ont rien, leur procurer les moiens de les défricher & de les cultiver.* Ces avis font fages, & l'Auteur fait voir que cette ressource feroit plus avantageufe que l'établiffement des Hôpitaux. Ces établiffemens font pourtant *néceffaires,* dit-il,* *dans les Etats même riches pour*

* Chap. 29.

pourvoir aux besoins des vieillards , des malades & des orphelins; mais quand la Nation est actuellement pauvre, tous *les Hôpitaux* du monde ne sçauroient guérir la pauvreté des particuliers, qui dérive de la pauvreté générale. Les Hôpitaux au contraire ne font qu'augmenter la pauvreté générale par l'esprit de paresse qu'ils inspirent ; c'est l'effet., dit-on , des Hôpitaux de Rome, *où tout le monde est à son aise* , excepté ceux qui travaillent , excepté ceux qui ont de l'industrie , excepté ceux qui cultivent les Arts , &c. Ce tour est hyperbolique & signifie seulement que la ressource assurée des Hôpitaux entretient la paresse & dégoûte du travail. C'est en effet l'excuse des ouvriers fainéans ou prodigues. Quand on leur reproche ces vices ; *l'Hôpital* , disent-ils , *n'est pas fait pour les chiens.*

Au reste, c'est vouloir nous donner le change de nous faire entendre que l'intention d'Henri VIII. fut d'ôter tout prétexte à cette mauvaise excuse, quand il réforma l'Eglise d'Angleterre. *Il détruisit , nous, dit-on , les Moines , nation paresseuse elle-même & qui entretenoit la paresse des autres par l'hospitalité*

lité qu'ils exerçoient : il ôta encore *les Hôpitaux* ; & depuis ces changemens *l'esprit de commerce & d'industrie s'établit en Angleterre.* Il est notoire qu'Henri VIII. eut de toutes autres vûes dans la réforme qu'il fit ; il jugea qu'il étoit du bon gouvernement d'ôter à des gens plus nuisibles qu'utiles à l'Etat, les biens immenses qu'ils y possédoient ; & si ces biens eussent été rendus au peuple, rien n'eût été plus digne de la sagesse d'un Prince attentif au bien commun de ses Sujets.

Quant à ce qu'on ajoûte, que dans un Etat riche *il est impossible que dans un aussi grand nombre de branches de commerce il n'y en ait toujours quelqu'une qui souffre & dont par conséquent les ouvriers ne soient dans une nécessité momentanée*, l'Auteur doit penser que sa remarque bien réfléchie n'est qu'un avertissement qu'il donne contre les inconvéniens incontestables d'un commerce plus nuisible qu'utile. Au lieu donc de conclure que c'est pour lors que l'Etat a besoin d'apporter un prompt secours, soit pour empêcher que le peuple ne souffre, soit pour éviter qu'il ne se révolte, il falloit dire que c'est dans ce cas que la prudence de l'Etat doit s'appliquer à retrancher ces branches onéreuſes de commerce, aug-menter, s'il ſe peut, & favoriſer les ouvriers, dont le travail entretient le commerce intérieur ; ſe prémunir de plus en plus contre les principes cap_tieux de la fable des abeilles, & réflé-chir que ſelon les maximes qu'on y dé-bite, il eſt plus aiſé d'ôter des objets au luxe, que de guérir le peuple des il-luſions qu'il lui fait, & que notre Au-teur lui-même n'a pas deſavoüées.

XXV. LETTRE,

Sur le vingt-quatriéme Livre.

M.

JE vous ai dit par occasion dans ma treiziéme Lettre, qu'en général notre auteur auroit dû ne point parler Religion dans son livre. Mais n'en point parler, c'eût été bâtir en l'air. La Religion sert de base à toutes les loix, elle seule en assure l'observation par un motif assez déterminant pour agir sur tous les esprits les plus dépravés. Ce motif c'est la notion d'un Etre Suprême qu'on en regarde comme le rémunérateur ou le vengeur. Ceux qui ne le croient point, ne connoissent ni mœurs ni loix, & moins encore l'obligation de s'y soumettre. Une telle obligation ne se tire que de la volonté de celui qui nous a donné l'être, & qui ne nous l'a pas donné pour vivre au gré de nos passions ou de nos caprices. Nous avons des régles à suivre, & nous ne pouvons être heureux dans cette vie même, si nous nous en écartons. Les loix civiles sont faites pour nous en empêcher ; mais cette digue est trop foible sans l'appui de la Religion.

Notre Auteur s'égare donc dans ses pensées, quand il se forme un plan *de rechercher* * *entre les Religions fausses, celles qui, quoiqu'elles n'aient pas l'effet de mener les hommes aux félicités de l'autre vie, peuvent le plus contribuer à leur bonheur dans celle-ci.* Toute Religion qui ne propose pas du moins les récompenses ou les peines futures, ne peut contribuer au bonheur présent des sociétés ; c'est ce que nous conclurons peut-être assez directement de toutes ses remarques, sans beaucoup leur faire de violence.

Il s'excuse sur ce que dans son ouvrage *il n'est pas Théologien*, mais *Ecrivain politique*. Les anciens Législateurs qui donnoient les récompenses & les châtimens de l'autre vie comme le motif le plus déterminant de l'observation de leurs Loix, étoient-ils donc ce que nous appellons des Théologiens ? Le

* Chap. 1.

Dogme d'un Etre Suprême, rémunérateur ou vengeur des bonnes ou des
mauvaises actions des hommes, est-il
un Dogme Théologique? Nos plus habiles Théologiens n'enseignent-ils pas
que cet article n'est point un article de
foi? C'est la raison qui le démontre;
& s'il y a dans l'ouvrage de l'*Esprit
des Loix*, *des choses qui ne seroient entie-
rement vraies que dans une façon de penser humaine, n'ayant pas été considérées
dans le rapport avec des vérités plus sublimes*, ne sont-ce pas des pensées vaines, frivoles, illusoires; en un mot
déraisonnables?

A ce prix là pourtant l'Auteur se promet qu'il *ne faudra que peu d'équité pour
voir qu'il n'a jamais prétendu faire céder
les intérêts de la Religion aux intérêts politiques.* Il sent donc qu'il faudra du
moins un peu d'équité: si nous pres-
sions néanmoins de près quelques-uns
de ses Chapitres, nous trouverions qu'il
faudroit beaucoup d'indulgence pour
ne pas l'accuser de mettre en effet les
intérêts politiques les plus légers, au-
dessus des intérêts de la Religion les
plus graves. Mais au fond la méprise
vient de ce qu'il appelle Religion ce

L iij

qui n'en eſt tout au plus que l'ombre. Il déclare au reſte qu'il ne veut qu'unir les intéêts politiques aux intérêts religieux ; *& pour les unir*, dit-il, *il faut les connoître.* C'eſt donc un nouvel engagement qu'il prend, & que ſûrement il ne tiendroit pas. A ce ſujet il s'égare à l'inſtant, & croit dire quelque choſe en ne diſant rien. Le voici. *La Religion Chrétienne qui ordonne aux hommes de s'aimer, veut ſans doute que chaque peuple ait les meilleures loix politiques & les meilleures loix civiles, parce qu'elles ſont après elle le plus grand bien que les hommes puiſſent donner & recevoir.* Or n'étoit-ce pas dans la même vue que les bons & ſages Légiſlateurs ne formoient point de ſociétés civiles, ſans les rendre en même tems religieuſes ? Ce n'étoit pas après les Loix, mais avec les Loix, qu'ils regardoient la Religion comme le plus grand bien qu'ils puſſent donner aux hommes. Ne vous ai-je pas fait obſerver par tout avec quelle attention ils preſcrivoient à leurs citoïens un extrême reſpect pour la Divinité.

Sans ce reſpect les Loix ſont impuiſſantes ; & c'eſt en conſéquence de ce principe que M. Bayle * avançoit un vrai paradoxe, en hazardant qu'une société civile compofée toute d'Athées, pourroit fe foûtenir. La société ne peut-fubfifter fans les Loix, & les Loix ne fe tirent que de la différence entre le bien & le mal moral, dont on ne peut fuppofer la connoiffance dans les Athées. M. Bayle a difputé pendant plus de vingt ans fans pouvoir alléguer aucune raifon qui prouvât qu'ils puffent reconnoître cette diff. rence, dont il fentoit la néceffité pour étayer fon paradoxe. Notre Auteur lui fait dire, *qu'il aimeroit mieux qu'on dît de lui qu'il n'éxifte pas, que fi l'on difoit qu'il eft un méchant homme. Ce n'eft*, ajoute-t-il, *qu'un fophifme fondé fur ce qu'il n'eft d'aucune utilité au genre humain que l'on croie qu'un certain homme éxifte, au lieu qu'il eft très-utile que l'on croie que Dieu eft.* Ainfi, quoiqu'au fond il barbouille tout, il revient au point précis, que pour former les fociétés humaines, les Loix font néceffaires; & que pour donner de la vigueur aux Loix, il eft non-feulement utile, mais néceffaire de croire l'éxiftence d'un Etre

* Chap. 2.

Suprême, comme premier auteur & vengeur des Loix, *parce que de l'idée qu'il n'existe pas, suit l'idée de notre indépendance* de toute Loi que les hommes voudroient nous impoſer ; *ou ſi nous ne pouvons pas, dit-il, avoir cette idée ; celle de notre révolte.* C'eſt un alternative que je n'entends pas ; mais il ſuffit que l'Auteur ait reconnu nettement que l'Athéiſme n'admet point de Loix pour démontrer l'abſurdité d'une ſociété compoſée d'Athées.

Il eſt d'ailleurs ſi convaincu des grands biens que la perſuaſion d'une Divinité cauſe dans les Etats, que dans une ſuppoſition de ſon goût, il nous inſinue que quand il *ſeroit inutile* que les ſujets euſſent de la Religion, il ne le ſeroit pas que les Princes en euſſent, *& qu'ils blanchiſſent d'écume le ſeul frein, que ceux qui ne craignent pas les Loix humaines puiſſent avoir.* Conſtant donc dans le vrai principe, il ſoutient que les Loix ſont ſans force, à moins qu'elles ne ſoient au moins ſoûtenues par un fantôme ſans réalité, qui faſſe craindre aux hommes des peines ultérieures à celles dont elles menacent. Là ſe réduit tout ce qu'il nous dit des Religions en général, &

ce qui fonde un vrai rapport des Loix avec toutes.

Voyons maintenant ce qu'il nous dit des Religions en particulier. Ce que vous y remarquerez de plus frappant, c'est que contre la condition qu'il s'est imposée dans son premier chapitre, il parle de ces Religions sans les connoître, & leur attribue ce qui ne leur convient point. * *Le gouvernement modéré convient*, dit-il, *mieux à la Religion Chrétienne, & le gouvernement despotique à la Mahométane :* & quelles raisons en donne-t'il ? C'est 1°. que *la Religion Chrétienne est éloignée du pur Despotisme.* Fort bien : mais quelle est la Religion qui n'en soit pas éloignée ? Quelle est la Religion qui l'enseigne ou qui l'approuve ? Toutes les nations où ce gouvernement inhumain s'est introduit, ne le détestent-elles pas comme une oppression, dont la crainte seule empêche de secouer le joug , & dont la tyrannie finit souvent par des révolutions subites ? 2°. *La Religion Chrétienne défendant la pluralité des femmes , les Princes y sont moins renfermés.* Quelle chimere d'ima-

* Chap. 3.

L v

giner que ce soit la Religion qui dicte aux Princes de se tenir renfermés dans leur serrail, ou que cet usage soit né de la pluralité des femmes! David en avoit un grand nombre, & n'étoit pas toujours dans son Palais. Les grands Seigneurs sont ils toujours restés dans le leur ainsi qu'ils font maintenant à Constantinople? Les Rois de Perse & les autres Souverains despotiques en usent-ils de même?

3°. *Pendant que les Princes Mahométans donnent sans cesse la mort ou la reçoivent, la Religion chez les Chrétiens rend les Princes moins timides, & par conséquent moins cruels.* Si les Princes Mahométans sont timides & cruels, ce n'est point la Religion, mais le despotisme établi contre l'esprit de leur Religion, qui produit ces effets. *Qu'on se mette devant les yeux les massacres continuels des Rois & des Chefs Grecs & Romains .... Et moi* je dis: qu'on relise le chap. 28. du 18. Livre de notre Auteur, dans lequel il traite de l'esprit sanguinaire des Rois Francs, on verra que ceux dont il parle sont des Rois Chrétiens. C'est Clovis qui forma le dessein d'exterminer toute sa maison, & qui y réussit. Ses enfans

& ſes ſucceſſeurs ſuivirent cette pratique autant qu'ils purent. On vit ſans
ceſſe le frere, l'oncle, le neveu ... Ce
ſont en un mot des Rois Chrétiens qui
donnent au Mahométiſme le premier
exemple de faire enfermer les enfans
du Roi de *Sennar*, & de les faire égor-
ger après ſa mort *en faveur de celui qui
monte ſur le Trône :* mais l'Auteur ſe
trompe : ce n'eſt point le Mahométiſme, c'eſt le *Conſeil* qui fait donner cet
ordre, comme ce ne fut point le Chriſtianiſme qui rendit Clovis & ſes ſucceſſeurs ſi ſanguinaires. La Religion n'a
point de part aux différens déſordres du
Gouvernement, qui naiſſent des paſſions des hommes, que la Religion ne
détruit point. N'eſt-ce pas après tout
mettre les effets du Chriſtianiſme bien
au rabais, de conclure *que les Peuples de
l'Europe ne ſont pas aujourd'hui plus dé-
ſunis qu'ils ne l'étoient dans l'Empire Romain, devenu deſpotique & militaire.*

L'Auteur qui prend toujours ſes imaginations pour des réalités, décide néanmoins après cela que *ſur le caractere de
la Religion Chrétienne & de la Mahométane, on doit ſans autre examen embraſſer
l'une & rejetter l'autre :* & remarquez

bien fur-tout ce qui paroît le décider lui-même; *c'eft qu'il nous eft bien plus évident qu'une Religion doit adoucir les mœurs des hommes, qu'il ne l'eft qu'une Religion foit vraie.* Sur ce principe qu'auroit-il fallu penfer de la Religion Chrétienne, tandis que fes premiers Rois en France avoient l'efprit fi fanguinaire, & commettoient contre leur propre famille les plus horrib'es inhumanités? Ce n'eft ponc pas ce qui fe fait, mais ce qui s'enfeigne dans les différentes Religions, qu'il faut examiner pour décider entre elles; & c'eft fur ce fujet que notre Auteur prend ici groffierement le change, ou le donne mal à propos à fes lecteurs.

Rien ne doit être fi cher que la vérité dans les faits hiftoriques. Nul intérêt ne permet de les altérer. * *C'eft un grand malheur*, nous dit-on, *pour la nature humaine, lorfque la Religion eft donnée par un Conquérant.* Nous ne contefterons point cette maxime. La liberté de la Religion fut confidérée de tout tems comme un droit naturel qu'aucune Puiffance ne peut violer. Mais dire

* Chap. 4.

que la *Religion Mahométane qui ne parle
que de glaive, agit encore sur les hommes
avec cet esprit destructeur qui l'a fondée*;
Je ne sçais si ce seroit qualifier trop
durement cette pensée de la traiter à
peu près de calomnieuse: rien ne fut si
précis que les défenses que Mahomet
fit à ses sectateurs de faire violence à
qui que ce fût pour embrasser sa réforme. Ces défenses furent observées
après la conquête des Arabes Musulmans. Ils laissoient aux Chrétiens leurs
sujets, le libre exercice de la Religion*,
dit M. Fleury. *Charlemagne entretint toujours alliance & amitié avec le Calife
Aaron, qui lui envoya la clef du Saint
Sépulcre en signe de la liberté du péleri-
nage de Jérusalem.* Aujourd'hui même
les Chrétiens qui résident dans les Etats
du Grand-Seigneur, n'y sont soumis
qu'à des tributs, sans être inquiétés
dans leur Christianisme. Les voyageurs
Chrétiens y sont traités humainement:
les Musulmans exercent à leur égard
tous les offices de l'hospitalité, & font
séverement punir les injustices qu'on
leur fait. Les traitemens durs qu'on y

---

* Discours sur l'Hist. Eccl.

fait aux efclaves, ne font en quelque
forte que des repréfailles. Dans les premiers démêlés qu'ils eurent avec les
les Princes Chrétiens, on fçait que ces
derniers ne traitoient pas ceux qu'ils
prenoient en guerre comme de fimples
ennemis. L'Empereur Bafyle, Macédo-
nien, les faifoit écorcher: les Papes
Léon IV. Jean VII. & Benoît VIII. en
firent mourir plufieurs par des fupplices
cruels. Ces traitemens doivent donc
être confidérés comme de purs effets
d'une haine de Religion, que l'efprit
de la Religion réprouve, & n'empê-
chent pas que ce ne foit un fait hazardé
que la Religion Mahométane fût fondée
fur cet efprit deftructeur. C'eft donc
faire grace à notre Auteur de prendre
le parallele qu'il fait ici de la Religion
Chrétienne & Mahométane, comme un
franc hors-d'œuvre fans conféquence.

L'Hiftoire de Sabbacon, l'un des Rois
Pafteurs, conclut généralement contre
toutes les Religions meurtrieres. Ce
Roi fe retire en Ethyopie pour ne pas
exécuter l'ordre qu'il avoit reçu du Dieu
de Thebes de faire mourir tous les Prêtres d'Egypte. Il jugea, dit-on, que les
Dieux n'avoient plus pour agréable qu'il

regnât, puisqu'ils lui ordonnoient des choses si contraires à leur volonté ordinaire. Le raisonnement étoit justè, mais la supposition fausse. Il devoit juger que l'ordre prétendu qu'il croyoit avoir reçu dans un songe, étoit une illusion pure. Nous disons que Dieu ne veut point la mort du pécheur, & quiconque fait mourir les hommes dans la vue de lui plaire, se convainc lui-même d'agir contre la volonté de ce Dieu souverainement bon, qui ne demande que le changement du méchant.

* Je vous avois déclaré dans ma troisiéme Lettre que je ne concevois ni le sens des paroles de notre Auteur, ni ce qu'il pouvoit avoir dans l'esprit, quand il nous disoit que *le pouvoir du Clergé est aussi convenable dans une Monarchie, qu'il est dangereux dans une République.* Il s'explique maintenant, & je le conçois d'autant moins, que son raisonnement n'est fondé que sur le principe chimérique du climat & sur des faits étrangement-travestis. Tout est frivole ; en un mot tout est faux, tout est plein de travers dans ce qu'il nous barbouille

---

* Chap. 5.

du partage qui se fit il y a deux cens ans de la Religion Chrétienne en Catholique & Protestante : tout y dément ce qu'on vit arriver à l'occasion des réformes proposées par Luther & Calvin, & que nous avons encore aujourd'hui sous nos yeux. Luther n'eut-il pour lui que *de Grands Princes*? Calvin n'eut-il pour lui que des peuples qui vivoient dans les Républiques, ou des *Bourgeois obscurcis* dans les Monarchies? Y a-t'il de l'ingénuité dans de pareilles allégations? Mais ce qui mérite qu'on fasse à l'Auteur des questions plus intéressantes, c'est ce qu'il dit en finissant son galimathias, *que chacune de ces deux Religions*, la Luthérienne & la Calviniste, *pouvoit se croire la plus parfaite ; la Calviniste se jugeant plus conforme à ce que J. C. avoit dit, & la Luthérienne à ce que les Apôtres avoient fait.* Y eut-il dans la conduite des Apôtres quelque chose d'assez peu conforme à ce que Jesus-Christ avoit dit pour fonder des prétentions différentes. L'Auteur ne pourroi-il pas être supplié de dire ce qu'il a sur cela dans l'esprit, pour nous le faire entendre ? Mettons encore ce cinquiéme Chapitre au rang de ceux où l'on ne nous a rien dit. Inftruire mal ou ne point inftruire, ce font à peu près deux équiva'ens.

Autre paradoxe de M. Bayle. Il ofe avancer que *de véritables Chrétiens ne formeroient pas un Etat qui pût fubfifter.* On fçait que ce qu'on appelle les paradoxes de ce célebre Ecrivain, n'étoient le plus fouvent que des jeux d'efprit, qu'il affectoit, & qui n'avoient pour lui rien de férieux. Mais pour réfuter celui-ci, je vois notre Auteur pouffer plaifamment le férieux jufqu'au rifible. *Les principes du Chriftianifme bien gravés, dit-il, dans le cœur, feroient infiment plus forts que ce faux honneur des Monarchies, ces vertus humaines des Républiques, & cette crainte fervile des Etats defpotiques* Ne fait-il pas, je vous prie, beaucoup d'honneur aux maximes de l'Evangile, de les mettre au-deffus de fon *Rebus*, qui n'a, felon lui-même, aucune réalité pour les effets. Il eft vrai que ces maximes font quelquefois propofées d'une maniere hyperbolique & paradoxe, felon le génie de la langue dans laquelle Jefus-Chrift s'exprimoit.

---

* Chap. 6.

Telles font celles d'arracher l'œil & de couper la main qui fcandalife, d'abandonner fon manteau à celui qui nous enleve notre tunique ; de préfenter la joue gauche à celui qui nous frappe fur la droite.

Par-la Jefus-Chrift n'interdit pas à fes Difciples toute défenfe naturelle ou civile. Il eft encore vrai que les premiers Chrétiens s'interdifoient par précaution des chofes qui ne tendoient pas au mal par elles-mêmes. *Je ne plaide point de caufes, je ne prononce point de jugemens, je ne porte point les armes, ni n'afpire point aux dignités*, difoit Tertulien : *la vie retirée nous convient mieux que la vie publique. Celui qui meurt pour lui-même, n'eft pas né pour les autres : c'eft une vieille erreur....* & ce n'étoit qu'en fuppofant que toutes ces façons de parler fuffent prifes à la rigueur, que M. Bayle prétendoit que les Chrétiens ne formeroient pas un Etat qui pût fubfifter. C'eft trop dire, ou ne rien prouver, de lui reprocher *de n'avoir pas fçu diftinguer les ordres pour l'établiffement du Chriftianifme d'avec le Chriftianifme même.* Les ordres pour établir le Chriftianifme, n'ont point été différens du Christianisme ; ils n'avoient pour objet que d apprendre à ceux qui le recevroient à mener une vie plus sobre, plus juste & plus pieuse que celle de autres Juifs ou des Payens, parmi lesquels ils devoient demeurer. Jesus-Christ d'ailleurs a donné ses conseils dans des termes aussi affirmatifs, que s'il eût donné des préceptes. La distinction s'en est faite comme d'elle-même par la différence des circonstances & des situations. Le bons sens naturel faisoit supposer que Jesus-Christ n'avoit pas prétendu rendre la pratique de ses maximes incompatible avec la vie sociale & civile, qui donne à chacun le droit de défendre sa personne, sa liberté, ses biens par la protection des Loix, & que quand il exhorte à souffrir des insultes ou des pertes, il suppose qu'elles sont tolérables, selon l'état où l'on se trouve. Il parloit enfin à des hommes raisonnables, & c'étoit à leur raison de discerner si les maximes qu'il leur débitoit étoient des préceptes ou des conseils, & sur cela notre Auteur hazarde une pensée très-fausse, quand il dit *Que la perfection ne regarde

* Chap. 7.

pas la généralité des hommes. C'est un précepte très exprès que J. C. donne à ses Disciples par ces paroles : *Soyez parfaits comme votre Pere céleste est parfait.* C'étoit la fin que les Philosophes donnoient à la Philosophie : *de sorte*, disoit Séneque, que vous vous rendiez semblable à Dieu même, autant qu'il est possible. * *Ut qua fas est Deum effingas.* On sçait bien que l'homme n'atteindra jamais à la ressemblance parfaite avec Dieu, mais il doit y tendre ; c'est le culte qu'il lui doit. ** *Satis illos coluit quisquis imitatus est.* C'est-là, disoit Platon, l'abregé de la Religion. Saint Augustin le disoit après lui. *Religionis summa imitari quem colis.* Notre Auteur qui décide le contraire, n'est donc pas Théologien, comme il en convient ; mais il n'est pas même Philosophe.

Il raisonne un peu mieux non pas contre la Religion, mais contre ceux qui prétendirent faire une Loi de la pratique de ce qu'elle n'a donné que comme un conseil. Il s'explique clairement sur ce que j'avois nommé dans son Li-

* Senec. de vita beat. c. 16.
** Idem. Epist. 95.

vre précédent une espéce de calomnie
contre le Christianisme. Il convient,
dis je, expressément que le *célibat n'en
fut qu'un conseil.* Qu'arriva-t'il donc,
lorsque contre le silence de J. C. &
contre la déclaration précise de S. Paul,
on fit une Loi du célibat *pour un certain
ordre de gens*, il en fallut chaque jour de
*nouvelles pour réduire les hommes à l'ob-
servation de celle-ci. Le Législateur se fatigua, il fatigua la société, pour faire
exécuter aux hommes par précepte, ce
que ceux qui aiment la perfection auroient
exécuté comme conseil.* Ce ne fut donc
point la Religion, mais une autorité
privée qui fit imprudemment ordonner
ce que les Loix civiles ont quelquefois
ordonné; mais avec les sages & justes
précautions que j'ai marquées dans mes
Lettres précédentes, & qui préviennent
tous les inconvéniens d'une Loi trop
absolue.

Après la profession que l'Auteur a
faite de n'être point Théologien dans
son ouvrage, n'est-ce pas une espece de
trahison que plusieurs de ses raisonnemens ne soient fondés que sur un certain Théologisme, qui les rend inintelligibles à ceux qui n'en sont point im-

bus. * *Dans un pays*, dit-il, *où l'on a le malheur d'avoir une Religion que Dieu n'a point donnée, il est toujours nécessaire qu'elle s'accorde avec la morale.* Une Religion qui s'accorde avec la morale, n'a-t'elle pas le caractere le plus essentiel à la Religion vraie. Comment reconnoît-on donc qu'avec ce caractere elle est fausse, ou que ce n'est point Dieu qui l'a donnée ? La raison qui découvre les principes de la morale, n'est-elle pas un don de Dieu ? N'est-ce pas Dieu qui, selon S. Paul, se manifeste à tous ceux qui le connoissent & qui le considerent comme l'Auteur de tout, & comme l'objet de leur culte, & celui qui demande qu'ils l'honorent par de bonnes mœurs ? & pour me servir du principe même de notre Auteur, ne nous est-il pas plus évident qu'une Religion doit adoucir les mœurs des hommes, qu'il ne l'est qu'une Religion soit vraie ? Comment donc nous dit-il que *les points principaux de la Religion de ceux du Pegu sont de ne point tuer, de ne point voler, d'éviter l'impudicité, de ne faire aucun déplaisir à son prochain, de lui faire*

* Chap. 8.

au contraire tout le bien qu'on peut ; & qu'en conséquence *ces peuples ont de la douceur & de la compaſſion pour les mal-heureux.* Nous donner après cela cette Religion pour exemple d'une Religion fauſſe, ne faut-il pas être Théologien pour le décider ainſi ?

Il ne s'exprime point ſur la nature de celle des *Eſſéens* ou Eſſéniens, dont il expoſe la morale. * *Ils faiſoient vœu d'obſerver la juſtice envers les hommes ; de ne faire de mal à perſonne, même pour obéir ; de haïr les injuſtices, de garder la foi à tout le monde, de commander avec modeſtie, de prendre toujours le parti de la vérité, de fuir tout gain illicite.* Avec cela prétend-il inſinuer que leur Religion fut fauſſe ? N'avoient-ils pas *un ſouvirain reſpect pour Moyſe,* & voudroit-il nier que ſa Religion n'ait pas été donnée de Dieu ? Dans quelle Théologie l'auroit-il pris ? Ici j'admire, parce que j'ignore : je ne condamne point, & je ne me plains que d'un laconiſme, qui me laiſſe dans mon ignorance. Quelques erreurs de l'eſprit qu'on pourroit reprocher aux Eſſéens, n'ôteroient point dans

* Chap. 9.

le mien le prix aux sentimens qui ren-
doient leurs cœurs si droits.

Il paroît au reste que notre Auteur
n'a pas un penchant trop décidé pour
le Théologisme sévére. Il reconnoît *
que les *diverses sectes de Philosophie chez
les anciens, étoient des espéces de Religion. Il n'y en a jamais eu, dit-il, dont
les principes fussent plus dignes de l'homme, & plus propres à former des gens de
bien, que celle des Stoïciens : & quel sentiment cet aveu produit-il dans son
ame? S'il pouvoit cesser un moment de
penser qu'il est Chrétien, il ne pourroit
s'empêcher de mettre la destruction de la
Secte de Zenon au nombre des malheurs
du genre humain.* J'aimerois mieux que
vivant dans le Christianisme, il se fût
félicité des monumens qui nous restent
de cette Secte. Ce sont en quelque sorte
les témoignages les moins suspects, &
les plus capables de nous rassurer contre le soupçon de la nouveauté des maximes de l'Evangile. Nous y voyons que
tout ce qu'il enseigne de la vanité des
richesses & des grandeurs humaines,
du mépris, de la douleur, des chagrins,

* Chap 10.

des

des pertes, des devoirs, de la douceur, de la clémence, de l'humanité, de l'amour, enfin des hommes & de la bienfaisance qu'on leur doit, étoit enseigné par la nature même, longtems avant que J. C. parût, & pratiqué par ceux qu'on a regardés comme les plus grands & comme les plus sages d'entre les citoïens, & les plus utiles au bonheur des sociétés. La Religion Chrétienne ne fait donc que rappeller les hommes à leurs sentimens naturels, que leur enseigner à vivre d'une maniére conforme aux principes gravés dans tous les cœurs, qu'à devenir ce qu'ils doivent être dans les premieres vues de celui qui les a créés pour la justice, ainsi que tous les Philosophes le reconnoissent. Nous ne devons pas douter qu'en ce point elle ne soit l'ouvrage de Dieu même. Voilà le sujet de la grande confiance que nous y devons mettre, & qui peut nous empêcher de regretter la destruction de la Secte des Stoïciens comme un malheur. Il est plus doux & plus glorieux pour nous de nous considérer comme les Disciples de Dieu que comme les Disciples de Zénon.

Mais cette façon de penser ne ren-

M

dra-t'elle point les hommes trop con-
templatifs ? Ne feront-ils point trop
occupés de Dieu, fous les yeux duquel
ils vivent, comme obligés de lui rendre
compte de toutes leurs actions & de
toutes leurs penfées ? C'eft cette regle
de perfection que notre Auteur regarde
comme un vice dans la Religion des
Mahométans. *Ils deviennent, dit-il, fpé-
culatifs par habitude ; * ils prient cinq fois
le jour, & chaque fois il faut qu'ils faffent
un acte par lequel ils jettent derriere leur dos
tout ce qui appartient au monde.* Que vous
dirai-je ici, Monfieur ; n'eft-ce pas un
reproche indirect qu'on fait aux Chrétiens, dont la difcipline eft de prier fept
fois le jour ? Veut-on leur infinuer au
moins qu'il faut prier avec un efprit
plein des affaires du monde, en conféquence de cette confidération *que les
hommes font faits pour fe conferver, pour
fe nourrir, pour fe vêtir & faire toutes les
actions de la fociété ?* Vaudroit-il 'mieux
enfin ne point prier du tout 'ou n'avoir
point de Religion'? Car c'eft une maxime de Mahomet, qu'où il n'y a point
de priere, il n'y a point de Religion;
& cette maxime eft une des plus fai-

*Chap. 11.

nes qu'il ait débitées. *Il faut prier toujours & ne jamais se lasser,* disoit JESUS-CHRIST, & la priere même continuelle n'est point incompatible avec les soins de la vie, parce que cette priere continuelle n'est que desir continuel, qui peut subsister au milieu même des actions ordinaires, qui nous appliquent aux objets de nos besoins exterieurs. Je m'arrête trop sur des pensées aussi bizarres que frivoles.

Une seconde raison qui pourroit rendre les Mahométans non plus trop spéculatifs, mais trop *indifférens* pour tout, c'est le dogme d'un *destin rigide,* auquel l'Auteur doit bientôt revenir encore. Il ajoute que si *d'autres causes concourent à leur inspirer le détachement, tout est perdu.* Que dit-il de plus ? La *Religion des Guebres rendit autrefois le Roïaume de Perse florissant, la Religion Mahométane détruit aujourd'hui ce même Empire.* D'où vient cette différence ? Il ne le dit pas. Il devroit nous dire au moins pourquoi cette même Religion ne détruit pas aussi l'Empire de Turquie. Le dénouement en eût été curieux.

Qu'entend - il par les * *pénitences ?*

* Chap. 12.

Avec quelles Loix civiles ont-elles quelque rapport ? Sont-elles de l'essence de la Religion ? Quoi qu'il en pense , on voit bien que ce qu'il en dit ne peut être autorisé ni par la Religion , ni par la police. Ni l'une , ni l'autre , n'approuvera que les pénitences sont jointes avec l'idée d'*oisiveté* , avec l'idée de l'*extraordinaire* , avec l'idée d'avarice , il ne faut être pour le penser ainsi , ni Grand Théologien , ni Grand Politique.

Mais sur les crimes * *inexpiables* , l'Auteur qui ne fait que le personnage de Théologien, ne nous fait qu'un pot-pourri de Théologisme mêlé de pensées disparates , qu'il compare ensemble , & dont il conclud tout le contraire de ce qu'il auroit dû , pour répondre , soit au récit de l'Historien Zozime , soit à la raillerie de l'Empereur Julien sur la conversion de Constantin. Il paroît dit-il par les Livres *des Pontifes qu'il y avoit chez les Romains des crimes inexpiables* ; mais qu'étoit-ce qu'on nommoit chez eux des expiations ? Quelques cérémonies vaines , quelques opérations purement physiques par lesquelles on purifioit la terre qu'on regar-

* Chap. 13.

doit comme profanée , pour en ôter le mauvais air & les mauvaifes odeurs. C'étoient des fatisfactions ou des réparations publiques qu'on faifoit faire aux coupables convaincus de crimes , telles que ce que nous appellons des amendes honorables. Ces expiations n'ôtoient donc point les taches dont les crimes avoient fouillé l'ame , & c'étoit fur ce préjugé qu'on faifoit répondre à Conftantin que les Chrétiens feuls avoient des moïens ou des cérémonies capables d'expier toutes fortes de crimes. L'Auteur allégue néanmoins que quoique la Religion Chrétienne ne reconnoiffe point de crime, qui par fa nature foit inexpiable , elle fait affez fentir que toute une vie peut l'être. Il change donc l'état de la queftion. La raillerie de Julien rouloit fur ce que Conftantin s'étoit perfuadé que les Chrétiens lui donneroient un moïen fûr d'expier efficacement toutes les fortes de crimes qu'il pouvoit avoir commis dans la vie; de forte que fur cette affurance il remit jufqu'à fes derniers momens d'ufer de ce remede. Il devoit au contraire felon la Théologie de l'Auteur, *craindre de combler la*

M iij

mesure & d'aller jusqu'au terme où la bonté paternelle finit. Cette Théologie ne détruit donc point la raillerie de Julien, du reste c'est un préjugé bien suspect d'illusion d'attacher la purification des ames à des moïens exterieurs qui ne peuvent agir physiquement sur elles; ce qui les justifie, ce sont leurs propres dispositions. On devient juste quand on aime la justice.

Plusieurs célébres Ecrivains sont tombés dans cette méprise de notre Auteur : que *la Religion & les Loix civiles doivent tendre principalement à rendre les hommes bons citoïens.* Il est vrai que les mœurs reglées des Citoïens sont le but immédiat des Loix Civiles ; mais les grands Législateurs ont compris qu'ils ne pouvoient parvenir à ce but sans le secours de la Religion qui donne de la force à leurs sanctions par la vûe des récompenses & des peines futures. Vainement donc nous dit-on que *moins la Religion sera réprimante , plus les Loix Civiles doivent réprimer.* Par-là l'Auteur s'engage dans deux contradictions grossieres. 1°. Son but dans ce Livre étoit de chercher entre les Religions fausses, *celles qui sont les plus conformes au* bien de la société, celles qui quoiqu'elles n'aient pas l'effet de mener les hommes aux félicités de l'autre vie , peuvent le plus contribuer au bonheur de celle-ci , & nous donne pour exemple celle du Japon * qui ne propose *ni Paradis ni Enfer.* Il a donc fallu que les Loix y fussent faites avec sévérité & exécutées avec une ponctualité extraordinaire, qui fait le malheur du Peuple. 2°. Il avoit justement blâmé ces Loix au quinziéme Chapitre de son quatorziéme Livre, & les loüe maintenant, quoiqu'elles ne fassent qu'une infinité de malheureux, sans faire un bon citoïen ; quoique ce soit à ce but qu'elles doivent tendre principalement.

Il revient au Dogme *d'un destin rigide* , ou de la *nécessité des actions humaines.* Avec ce Dogme, dit-il, *les peines des Loix doivent être plus séveres & la police plus vigilante.* Ce Dogme ne peut donc servir qu'à rendre les hommes plus malheureux en ce monde , & cet inconvénient vient de ce qu'il est contradictoire au dogme des châtimens & des récompenses futures. Les actions humaines ne sont

* Chap. 14.

fufceptibles de mérite & de démérite, que quand ce font des actions libres ; mais il y a bien de l'apparence que l'invincible fentiment de liberté, que rien ne détruit dans les hommes empêche le dogme contraire de faire fur leurs efprits une impreffion déterminante capable de leur ôter toute attente de récompenfe & de châtiment pour le bien ou le mal qu'ils font. Le mot de deftin ne fe prend quelquefois que pour la difpofition conftante de la Providence qui dirige toutes chofes à des fins ; mais de maniere qu'elle n'ôte point l'activité des caufes libres, qu'elle fuppofe au contraire. On croit que c'eft Dieu qui fait croître & mûrir les moiffons, & cependant on ne s'attend pas à moiffonner, fans avoir jetté des femences dans la terre. On ne fe convainc point intimement qu'on vivra, foit qu'on mange ou qu'on ne mange pas ; mais enfin qu'on fuppofe la foi d'un deftin rigide, & qu'en conféquence il faille que les Loix foient plus feveres, il eft certain que ce faux dogme ne peut fervir qu'à rendre les hommes plus malheureux.

On tire la même conféquence des

Religions qui attachent des peines à ce qui n'en mérite point, & qui n'en attachent point à ce qui les mérite. Telle étoit celle des Tartares de Gengiskan, qui faisoit des crimes *de mettre le couteau dans le feu, de s'appüier contre un foüet, &c.* & qui ne trouvoit point de crime *à violer la foi, à ravir le bien d'autrui, à faire injure à un homme, à le tuer.* Une société civile ne peut être que malheureuse quand les Citoïens n'y trouvent point de sureté contre les infidélités des autres, contre leurs vols, contre leurs insultes, contre leurs assassinats. L'unique but & l'unique usage des Loix est de les protéger contre tous ces attentats.

Attacher du mérite à ce qui n'en a point, à ce qui n'en peut avoir, c'est l'illusion commune à la superstition, qui peut s'introduire dans toutes les Religions. Si les Loix les adoptent ou les autorisent, ce ne peut être qu'au détriment des bonnes mœurs. Le bien & le mal moral ont des objets fixes qu'il faut fuir ou rechercher, & toute leur valeur réside dans les affections de l'ame ; mais quand on met l'un & l'autre dans des objets extérieurs,

ou des actions stériles on se couvre
de ce prétexte pour s'en permettre de
mauvaises, dont ce faux mérite fait
perdre de vue l'injustice, ou paroît
la compenser. Telle est le portrait qu'on
nous fait de la Religion de l'Isle Formose, & ce portrait ressemble beaucoup à d'autres, où les superstitions
prennent le dessus sur les vrais dogmes & font céder les vraies vertus aux
vices des Pharisiens. On substitue des
inventions humaines aux vrais principes de la morale. De quel bonheur
peut-on jouir dans les lieux *où l'i-
vrognerie, le déreglement avec les femmes & les débauches de la jeunesse seront
comme canonisées* ? N'est-il pas égal
pour le malheur des Citoïens de n'a-
voir point de Loix, ou de n'en avoir
que de celles qui tolerent le ma au
lieu de le réprimer ?

L'auteur pense juste quand il dit *qu'un
lieu de récompense emporte nécessairement
un lieu de peines.* Il just'fie donc ce que
j'ai dit des anciens Législateurs, qui
faisoient venir à l'appui de leurs Loix
les récompenses & les peines futures.
On ne pardonne qu'aux peuples, dont
les mœurs sont innocentes de ne se re-

préfenter l'arbitre fouverain de la derniere deftinée des hommes que comme
le Rémunerateur des peines qu'ils ont
fouffertes en cette vie. Plufieurs Phi-
lofophes ont foutenu qu'il n'étoit point
fujet à la colere. Ils avoient raifon parce que la colere eft un mouvement
de trouble, dont la fouveraine raifon
n'eft point fufceptible ; mais l'idée d'un
Etre pacifique & bon n'eft point incompatible avec celle d'un Etre jufte qui
rend à chacun felon fes œuvres. Les
Légiflateurs n'ont donc pas eu tort
de le repréfenter comme le vengeur
des Loix, dont en derniere analyfe,
ils le confidéroient comme le premier
auteur.

C'eft encore une réflexion judicieu-
fe de remarquer * *comment les Loix
Civiles corrigent* ou doivent *corriger.
les fauffes Religions*, ou les abus qui
fe gliffent dans celles même qu'on regarde comme vraies. Il n'eft que trop
avéré que le refpect mal entendu pour
les chofes anciennes, l'ignorante *fimplicité* ou la *fuperftition* toujours fanatique *ont* quelquefois *établi des* myfte-
res ou des cérémonies qui *pouvoient*

* Chap. 15.

choquer la pudeur, causer des scandales, ou favoriser la corruption des mœurs, *& que de cela les exemples n'ont pas été rares dans le monde.* Lors donc que les Loix civiles n'ont pas influé dans ces établissemens populaires & qu'elles ne peuvent les abolir tout d'un coup sans troubler l'Etat, il est de leur sagesse d'en écarter du moins les inconvéniens. C'est ainsi qu'Aristote dit que la Loi permettoit que les Peres de famille seulement allassent au Temple *célébrer certains mysteres pour leurs femmes, pour leurs enfans.* C'est ainsi qu'Auguste défendit *aux jeunes gens de l'un & de l'autre sexe d'assister à aucune cérémonie nocturne, s'ils n'étoient accompagnés d'un parent plus âgé :* c'est ainsi qu'il ne voulut pas que les jeunes gens *sans* barbe *se mêlassent dans les courses des fêtes lupercales.* C'est ainsi que notre police devroit réprimer la pompe & le faste de certaines cérémonies publiques, qui deviennent parmi nous des sujets de spectacle & d'une dissipation plus scandaleuse qu'édifiante ; c'est ainsi qu'en outrant les dogmes, on les met en contraste avec les mœurs ; c'est ainsi qu'en affectant trop de déhors, on fait per-

dre le véritable efprit de la Religion.
Ces réflexions ne font point déplacées,
& je ne les fuggere au refte qu'à ceux
que je crois avoir befoin de les faire.

Notre Auteur veut enfuite montrer
comment * *les Loix de la Religion
corrigent à leur tour les inconveniens de
la conftitution politique* ; mais fes preuves font peu directes & peu concluan-
tes. Chez les Grecs les *Eléens comme
Prêtres d'Apollon jouiffoient d'une paix
éternelle* ; mais c'étoit en vertu de la
Loi politique en faveur des Miniftres
de la Religion, qui ne rectifioient point
ce qu'il pouvoit y avoir de défectueux
dans la conftitution de l'Etat. Au Japon, on laiffe toujours en paix *la Ville
de Méaco qui eft une Ville fainte.* La
Religion, dit-on, maintient ce reglement ; mais la Religion fauffe d'ailleurs
en ce qu'elle ne fait point craindre de
châtiment pour l'autre vie, n'en rend
pas les Citoïens moins malheureux en
celle-ci par l'atrocité des peines que
les Loix impofent. *Pendant quatre mois
toute hoftilité ceffoit entre les Tribus Arabes* ; mais on ne dit pas en vertu de
quelle Loi. Quand chacun faifoit en

* Chap. 16.

France la guerre ou la paix, on établissoit des *Tréves qui devoient avoir lieu dans certaines saisons.* Ces Tréves devinrent une Loi de l'Etat, & n'eurent de rapport avec la Religion qu'en ce qu'elles furent suggérées par ses ministres, & n'étoient au fond que des reglemens de police humaine.

On nous donne *pour * continuation du même sujet,* premierement une Loi vraiment religieuse, & c'est de Mahomet qu'on l'emprunte, & secondement une coutume purement populaire des Germains. Les Arabes, nous dit-on, se faisoient souvent des injures & des injustices, & Mahomet fit cette Loi. Si quelqu'un pardonne le sang de son frere, il pourra poursuivre le malfaicteur pour des dommages & intérêts : c'est-à dire que la Religion qui veut qu'on étouffe le ressentiment des injures, n'oblige point à souffrir impunément les torts réels qu'on en reçoit. *Mais celui qui fera tort au méchant après avoir reçu la satisfaction de lui, souffrira au jour du jugement des traitemens douloureux,* Mahomet donc a l'exemple des anciens Législateurs appuioit

* Chap. 17.

les ſanctions de ſes Loix du motif des peines de l'autre vie, & dans ce point ſa Religion n'étoit point fauſſe. Chez les Germains au contraire *on héritoit des haines & des inimitiés de ſes proches ; mais elles n'étoient pas éternelles.* La coutûme étoit d'expier ou de ſatisfaire pour un homicide en donnant *une certaine quantité de bétail, & toute la famille recevoit la ſatisfaction.* La Religion n'entroit pour rien dans cet uſage ; mais il plaît à notre Auteur *de croire bien* que ſes Miniſtres qui avoient tant de crédit parmi les Germains, entroient dans ces réconciliations. Il conjecture, il devine, quand les preuves manquent à ce qu'il imagine. Avouons pourtant que c'eſt par un trait plein de magnificence qu'il nous repréſente comment *** *les Loix de la Religion ont l'effet des Loix Civiles.* Dabord les belles actions de Hercule & de Theſée font voir l'état où ſe trouvoient les peuples naiſſans de la Grece, *petits peuples ſouvent diſperſés, pirates ſur la Mer, injuſtes ſur la terre, ſans police & ſans loix.* Quelle en étoit la Religion ? La choſe n'eſt

* Chap. 18.

pas facile à dire ; n'importe, *que pou-voit faire cette Religion que ce quelle fit pour donner de l'horreur du meurtre?* Retenez le bien, si vous pouvez, car la raison ne vous le fera pas comprendre.

Elle établit qu'un homme tué par violence étoit d'abord en colere contre le meurtrier, qui lui inspiroit du trouble & de la terreur. Il craignoit qu'il ne le tuât une seconde fois tout mort qu'il étoit. *Il vouloit qu'il lui cédât les lieux qu'il avoit fréquentés.* Belle & noble idée qu'on se formoit de l'état & des affections d'une ame immortelle. Les vivans se croïoient obligés d'être frapés des mêmes sentimens. *On ne pouvoit toucher le criminel ni converser avec lui, sans être souillé ou intestable ; la présence du meurtrier devoit être épargnée à la Ville, & il falloit l'expier ;* Loi purement civile & mal imaginée pour rassurer les Citoïens contre les horreurs de la mort, que l'humanité donne en conséquence même du pressentiment d'une autre vie, dont on se faisoit d'absurdes idées. C'est ainsi, dit-on, que *les Loix de la Religion ont l'effet des Loix Civiles,* admirables Loix de Religion qui n'en indiquent pas même un veſtige.

Il s'agit maintenant de dogmes de Religion plus précis, & ſur ceux-là notre Auteur veut nous faire obſerver que les *plus * vrais & les plus ſaints peuvent avoir de très-mauvaiſes conſéquences, lorſqu'on ne les lie pas avec les principes de la ſociété, & qu'au contraire les dogmes les plus faux peuvent en avoir d'admirables, lorſqu'on fait qu'ils ſe rapportent aux mêmes principes.* Ces deux propoſitions ont beſoin d'être miſes dans un grand jour pour ne point laiſſer de doutes aux Lecteurs. Voïons comment l'Auteur y procéde. *La Religion de Confucius nie,* dit il, *l'Immortalité de l'ame, & la Secte de Zenon ne la croïoit pas.* Qui *le diroit ? ces deux Sectes ont tiré de leurs mauvais principes des conſéquences, non pas juſtes ; mais admirables pour la ſociété.* Sur cette double aſſertion, ce ſont les preuves qui manquent. Si l'Auteur ne ſe fût pas épargné la peine de les alléguer, il les eût trouvées au moins très-ſuſpectes. Les ſeules Maximes de Confucius, & celles des Stoïciens qu'il nous a rapportées, bien réfléchies,

* Chap. 19.

ſuffiroient pour lui perſuader qu'elles ne ſont pas compatibles avec l'opinion de la mortalité de l'ame. Ce n'eſt que par des chicannes , & de vaines ſubtilités qu'on réduit là le ſyſtême de l'école de Zenon. On ne doit pas exiger tant de clarté , & de préciſion dans des queſtions naturellement obſcures. Les vérités qu'on ſent ſe démontrent par la force même du ſentiment & des actions qu'il produit.

On dit enſuite que les *dogmes les plus ſaints peuvent avoir de très-mauvaiſes conſéquences, lorſqu'on ne lie pas avec les principes de la ſociété.* C'eſt ainſi, pourſuit-on, que *preſque par tout le monde, & dans tous les tems, l'immortalité de l'ame mal priſe a engagé les femmes, les eſclaves, les ſujets, les amis à ſe tuer, pour aller ſervir dans l'autre monde l'objet de leur reſpect, & de leur amour.* C'eſt une exagération, dont on ſe rétracte à l'inſtant ; mais avec aſſez peu de ſens. Ces Coutûmes, dont on parle, *émanoient moins directement du Dogme de l'Immortalité de l'ame que de celui de la réſurrection des corps.* Y penſe-t'on ? Le Dogme de la réſurrection des corps a-t'il été cru preſque par tout

le monde, & dans tous les tems. Dans
quel païs en a-t'on tiré cette conféquence, qu'après la mort un *même individu*
auroit les mêmes befoins, les mêmes fenti-
mens, les mêmes paffions ? Ne tient-il
qu'à le fuppofer pour dire que *l'idée*
d'un fimple changement de demeure eft
plus à la portée de notre efprit, & flate
plus notre cœur, que l'idée d'une modifi-
cation nouvelle ? On avoue que *ce n'eft*
pas affez pour une Religion d'établir un
Dogme, qu'il faut encore qu'elle le dirige
de maniere qu'il n'autorife rien de contraire aux fentimens de la Nature, &
qu'il ne nuife point aux devoirs de la
fociété. Auffi les Loix les plus fenfées
ont-elles puni les homicides volontaires que l'idée de l'immortalité de l'ame
fait commettre. Et fi la Religion Chrétienne nous fait efpérer après la réfur-
rection des corps *un état que nous*
croions, non pas un état que nous fentions,
& que nous connoiffions ; c'eft en ce point
qu'elle eft parfaitement fage. Dire qu'a-
lors nous ferons affis à table avec Abraham, Ifaac & Jacob, que nous ferons
conviés à des noces, ce font des expreffions, qu'il ne faut pas prendre à
la lettre, parce qu'elles ne nous me-

neroient pas à des idées assez spirituelles.

* *Les Livres sacrés des anciens Perses disoient: Si vous voulez être saints instruisez vos enfans, parce que toutes les bonnes actions qu'ils feront, vous seront imputées. Ils conseilloient, &c. Ces Dogmes étoient faux.*, dit notre Auteur, *mais ils étoient utiles.* Ces Dogmes étoient utiles, parce qu'ils étoient vrais pour le fonds; c'est pour les parens un devoir essentiel de bien élever leurs enfans; mais ce devoir a ses bornes, que la raison peut & doit fixer. Quand on permet à l'imagination de s'y trop appliquer, elle le pousse jusqu'au fanatisme, & c'est-là, comme je l'ai dit ailleurs, la cause des différences qu'on remarque chez les diverses Nations sur les maximes morales. Ces abus doivent être réformés, non pas tant par les Loix, que par le raisonnement, & par l'instruction. C'est l'affaire des bons maîtres & des Ministres de la Religion, que la police doit avoir soin d'établir pour diriger les Peuples dans la pratique des mœurs. C'est un grand défaut dans le Gouvernement de donner aux sujets des guides plus ignorans qu'eux. Les

* Chap. 20.

hommes ont befoin d'être inftruits par les hommes, & quand ils font mal inftruits, c'eft par la négligence de ceux qui les gouvernent.

L'opinion de la Métempfycofe a, dit-on, produit aux Indes de bons & de mauvais effets. L'Auteur le dit, & ne le prouve point. On voit là, dit-il, * *peu de meurtres* ; mais on en voit encore moins chez des Peuples humains, & qui croient ce qu'il appelle *l'Immortalité pure* de l'Ame. Tels font les Peuples que nous appellons du nouveau monde. Le mauvais effet que la Métempfycofe a produit aux Indes ; *c'eft que les femmes s'y brûlent à la mort de leurs maris* ; mais cet ufage ne fe concilie point avec l'opinion de la Métempfycofe qui ne laiffe point d'efpérance aux femmes d'être réunies avec leu rsmaris. C'eft comme je l'ai dit ailleurs un faux préjugé fur la force de l'amour ou du lien conjugal, qui leur perfuade que la mort même ne doit pas le rompre, & qu'elles ne peuvent furvivre à leurs époux fans le deshonorer. L'Auteur nous annonce enfuite qu'il eft dangereux que * *la Religion*

* Chap. 21.

inspire de l'horreur pour des choses indif-
férentes. Tel est par exemple une certaine *horreur de préjugé,* qui fait qu'aux
Indes les différentes castes s'abhorrent
mutuellement ; mais c'est mal à propos
que l'Auteur traite cette horreur de
préjugé particulier à la Religion des
Indes. Il n'est que trop commun dans
des Religions plus pures de voir les as-
sociations qui s'y forment, porter jusqu'à l'aversion le mépris qu'elles con-
çoivent pour d'autres. La maxime est
donc générale que la *Religion doit évi-*
ter d'inspirer d'autre mépris que celui
du vice, & sur-tout d'éloigner les hom-
mes de l'amour & de la pitié pour les
hommes. Toute Religion doit donner
pour devise : *homo sum, humani nihil à*
me alienum puto. Je suis homme, &
je ne considere rien de tout ce qui peut
intéresser les hommes, comme étranger pour moi. Tout sentiment d'indif-
férence ou d'aliénation d'un homme
pour un autre, est une dépravation de
la nature. Telle est encore la haine réciproque des Indiens & des Mahométans. Les uns n'en sont pas moins hommes pour manger de la vache, ni les

* Chap. 22.

autres pour manger du cochon. Ce n'eſt religion ni d'un côté ni d'un autre qui leur inſpire ces diſpoſitions.

L'Inſtitution des fêtes n'eſt proprement qu'un reglement de Police. Leſſentiel de la Religion c'eſt de former les mœurs par les ſentimens. C'eſt par les diſpoſitions du cœur qu'on honore l'Etre ſuprême ; c'eſt ce que nous appellons *l'adorer en eſprit* & cette adoration n'a beſoin de démonſtrations extérieures qu'autant que ces démonſtrations peuvent réveiller les affections de l'ame & les entretenir par l'émulation ; la bonne vie eſt une fête continuelle ; c'eſt comme je l'ai dit au commencement par ſa mépriſe à ce ſujet, que notre Auteur paroît faire céder les intérêts, qu'il appelle de *Religion* aux intérêts politiques: c'eſt par-là* qu'il dit que c'étoit *à Athenes un grand inconvénient que le trop grand nombre des fêtes.* Il raiſonne juſte quand il allégue pour raiſon de les ſupprimer ; qu'avec tant de jours déſœuvrés, on ne pouvoit ſuffire aux affaires du gouvernement.

Il faut convenir néanmoins qu'il ne
* Chap. 23.

rencontre pas si bien sur la célébration du Dimanche ordonnée par Constantin. Il fit , dit-il , cette Ordonnance pour les Villes , & non pour les Peuples de la campagne. Il sentoit que dans les Villes *étoient les travaux utiles , & dans les campagnes les travaux nécessaires.* Le raisonnement est mal conçu de quelque maniere qu'on le prenne. Pourquoi plutôt interrompre les travaux utiles que les nécessaires ? Mais à le bien prendre , c'est dans les Villes que les travaux sont les plus nécessaires. La subsistance journaliere y dépend de ces travaux ; défendez aux pauvres artisans de travailler les jours de fêtes , vous les condamnés à mourir de faim. Le même inconvénient arrivera dans les campagnes , si dans certaines circonstances critiques , vous n'y permettez d'enlever les moissons , qu'un jour de délai fera périr. L'intérêt politique doit donc l'emporter alors sur celui de la Religion ; ou pour parler plus juste , tout intérêt de la Religion cesse dans ces sortes de cas , parce que le fond de la Religion n'en souffre point.

C'est encore hazarder contre la vraisemblance d'avancer que la Loi du Dimanche,

manche , *n'étoit faite sans doute que pour les Païens.* Il est évident que Constantin ne le fit que pour les Chrétiens qu'il favorisoit , & comme ce n'étoit qu'une Loi de Police , il ne prétendit, point autoriser tous les inconvéniens qui pouvoient en résulter & fut censé mettre à l'observation du Dimanche , toutes les exceptions , qu'on mit chez les Juifs a l'observation du sabat.

C'est une chimere de supposer que la suppression des fêtes *conveuoit* plus *aux Païs Catholiques qu'aux Protestans* ; les uns & les autres ont un égal besoin de leur travail , & les travaux nécessaires ne sont jamais contraires à l'esprit de la Religion. C'est la méconnoître absolument , disons plus , c'est s'en jouer indécemment d'imaginer que quand la Religion s'établit dans un païs , elle doit y multiplier ou diminuer les fêtes à proportion que les Peuples y ont plus de loisir , ou plus de penchant à se divertir ; comment l'Auteur n'a-t'il pas craint de trop déceler ses manieres de penser par des traits si peu convenables au sujet qu'il traite ?

Quand il remarque qu'il y a beaucoup

N

de * *Loix locales* dans les diverses Religions, cela ne peut s'entendre que de certains usages toujours indifférens en eux-mêmes, & que par conséquent les Législateurs ou les Peuples ont établis arbitrairement. Ainsi quand *Montesuma* s'obstinoit à dire *que la Religion des Espagnols étoit* bonne pour leur Païs & celle du Mexique *pour le sien*, il pouvoit dire *une absurdité*, supposé qu'il ne s'aîgt que de pratiques extérieures, qui ne sont essentielles dans aucun Païs. Il est vrai que les Législateurs n'ont pu *s'empêcher d'avoir égard à ce que la nature avoit établi avant eux*. La nature n'établit rien qui ne soit juste en soi-même, & qui par conséquent ne convienne à tous les Païs également. C'est la raison, qui doit le décider, & la raison ne dispute point contre la raison.

Les décisions de notre Auteur sont ici d'un caractere bien différent ; toutes péchent & par le principe, & par le genre des questions. *L'opinion de la Métempsycose est faite, dit-il, pour le climat des Indes. L'opi-*

* Chap. 24.

nion de la Métempſycoſe eſt-elle donc
une opinion reçue dans le cœur de tous
les hommes ? eſt - elle digne de la ſageſſe
& de la bonté du Créateur ? Indique-
t'elle un deſſein qu'on pût attribuer à
quelque être raiſonnable que ce fût ? lui
feroit-on produire tant d'intelligences
capables d'un ſuprême bonheur pour les
faire errer éternellement & miſerable-
ment de corps en corps ſans jouir jamais d'une récompenſe proportionnée
aux œuvres de juſtice qu'elles auroient
opérées durant leur ſéjour dans une
priſon très à charge à leurs deſirs naturels ? Mais enfin cette opinion les dé-
termine à s'abſtenir de la chair des animaux , *& une Loi de Religion qui les
conſerve , eſt très-convenable à la Police
du païs.* Ce n'eſt donc après tout qu'u-
ne Loi de police ſans rapport aux vrais
ſentimens de la Religion. La Loi qui
ne permet que le ritz *pour toute nourriture eſt donc dans le même ſens très-utile* aux
hommes dans ces climats. Enfin la Loi
qui défend de tuer des Vaches *dont la
chair n'a point de goût, n'eſt donc pas
non plus déraiſonnable aux Indes.* Mais
par-là les Légiſlateurs ont-ils eû beau-

coup d'égard à ce que la nature avoit établi avant eux ? La juſtice & les vertus morales en ſont-elles mieux obſervées;& les peuples réellement plus heureux ?

N'oublions pas un dernier trait, où le déguiſement ſe montre avec tant d'affectation qu'on ne peut le diſſimuler. C'eſt par les affections & par les mouvemens de l'ame que Dieu veut être honoré. Je ferois un Volume pour montrer que ce fut là l'idée commune à ceux qui penſerent dignement de lui dans tous les tems. A ce ſujet les Philoſophes ont parlé comme les Prophêtes , & les Poëtes même comme les Philoſophes. * Donnez-moi , diſoit Perſe , un cœur plein de droiture, & les mouvemens ſaints d'une ame ennemie de tout vice, d'une ame fortement affermie dans le bien ; donnez - moi ces vertus & je ne craindrai point de n'aller offrir dans les Temples que de la fleur de froment. Tels étoient les anciens ſacrifices. La reconnoiſſance offroit au Créateur une partie de ſes dons

* Perſ. ſat. 2.

comme pour lui rendre hommage du tout. Quelques épics de blé choisis, quelque poignée de farine, un peu d'huile ou de vin qu'on répandoit dessus. Ainsi se forma *la maxime religieuse* que ceux qui offroient aux Dieux *quelques petits présens, l'honoroient plus que ceux qui immoloient des bœufs*. Or selon notre Auteur, *ce fut une maxime d'épargne & d'économie pour Athenes*. Elle avoit dans son sein *une multitude innombrable de peuple, & son territoire étoit stérile*. Il est trop évident que la maxime dont il s'agit n'est pas née de ce principe pour ne pas le soupçonner d'avoir voulu fronder ici la Religion, comme une invention purement politique, qui doit s'assortir aux intérêts des lieux. Mais pour lui rendre quelque justice, il faut toujours en revenir à dire qu'il confond la Religion, qui consiste essentiellement dans les sentimens, avec les pratiques sensibles, qui n'en sont que les symboles.

C'est dans ce même sens qu'il traite *des inconvéniens du transport d'une Religion d'un païs à un autre*. La Religion qui consiste dans les sentimens, peut être sans inconvénient transportée de lieux en lieux. Elle peut subsister partout par le seul culte de l'esprit, si les hommes y sont trop dispersés pour s'unir dans l'exercice d'un culte extérieur. C'est même une méprise d'imaginer que quelque pratique antérieure soit par elle-même essentielle à ce culte, de maniere qu'elle ne puisse être changée. Bien plus c'est se tromper grossierement de prendre la défense de quelque sorte d'aliment pour une Loi de Religion. Ces sortes de défenses ne regardent que la police, qui n'est pas immuable, à moins qu'elle ne soit essentielle au bien de la société, telle que seroit celle de manger de la chair de Cochon, dans un certain païs où cet aliment est nuisible à la santé des sujets. Dans ce cas toute Religion peut & doit même s'accommoder à la police, elle n'est point un véritable obstacle à son transport d'un païs dans un autre. Ce sont de fausses suppositions de dire que *lorsqu'une Religion fondée sur le climat a trop choqué le climat d'un autre païs, elle n'a pu s'y établir, ou que quand on l'y a introduite elle en a été chassée.* La supposition est plus fausse

d'ajouter qu'il *semble humainement par-*
lant que ce soit le climat qui a prescrit
des bornes à la Religion Chrétienne & à
la Religion Mahométane. La Religion
n'est point fondée sur le climat, parce qu'aucun climat n'est incompatible avec les sentimens que la Religion
prescrit.

Que les Lotions soient très en usage dans
les climats chauds ; que ce soit une action
très-méritoire aux Indiens de prier Dieu
dans l'eau courante ; ce sont des superf-
titions vaines qui ne mettront jamais
d'obstacles à l'introduction d'une Religion pure qui montrera sans peine
qu'elles sont incapables de tout mérite.
C'est se tromper de dire que dans les
Loix qui concernent les pratiques du
culte , il faut peu de détails. Ces Loix
ne sont au contraire que des Loix de détail. Que l'abstinence soit de droit divin,
méprise encore. L'abstinence en général est de droit naturel, C'est la fonction de la raison de modérer tous nos
penchans , & de les fixer dans les justes limites des besoins qu'ils ont pour

* Chap. 25. 26.

N iiij

objet. L'abſtinence particuliere eſt de police, & l'obligation de l'obſerver ne s'étend pas plus que l'autorité qui l'impoſe.

XXVI. LETTRE.

Sur le vingt-cinquiéme Livre.

VOus vous attendez bien, Monfieur, que fur tous les fujets que notre Auteur fe propofe de traiter, il eft comme guidé par une étoile qui le fait donner dans les inexactitudes, dans les inconvenances, dans les travers, dans les contradictions, & dans divers autres défauts fenfibles. Un des plus importans pour les Lecteurs, c'eft que prefque par-tout il fe borne à conter des faits qu'il ne caractérife point. Il ne les blâme, ni ne les approuve ; on ne fait s'il les donne pour juftes, ou pour injuftes ; il y mêle le faux avec le vrai ; les raifons qu'il en allégue font fouvent peu conféquentes, peu folides, louches, fauffes, ou détournées. C'eft trop vous en dire à la fois pour vous en rendre le difcernement aifé. Difons d'abord en général qu'il va parler *des Loix dans le rapport qu'elles ont avec l'établiffement de la Religion & fa police extérieure.*

N v

Il débute par une penſée, qu'il a cru devoir iſoler, pour la faire admirer dans tout ſon jour. C'eſt comme une pierre précieuſe qu'il a détachée de tout l'œuvre pour ne lui rien faire perdre de ſon propre éclat. Elle compoſe ſeule un chapitre de trois lignes, dans lequel il veut exprimer tout le fond * *des ſentimens pour la Religion. Liſez. L'homme pieux & l'athée parlent toujours de Religion. L'un parle de ce qu'il aime & l'autre de ce qu'il craint.*

Penſée fauſſe ou vraie, ſi vous voulez, ſelon les occaſions ou les circonſtances. Penſée plus communément fauſſe dans l'une de ſes parties. Il n'eſt point naturel que les Athées parlent toujours de Religion. Leur interêt doit leur inſpirer de s'en taire. Jamais ils n'ont été dans les ſociétés que le petit nombre. Les rieurs ne ſont pas pour eux. Moins ils craignent Dieu, plus ils craignent les hommes. Ils les ménagent lors même qu'ils dominent. C'eſt ainſi que ceux qui gouvernent maintenant la Chine, continuent d'enſeigner ou de faire enſeigner au peuple l'ancienne

* Chap. 1.

Doctrine de Confucius fur la différence réelle du bien & du mal moral, du jufte & de l'injufte, & fur l'attente d'une autre vie, où chacun fera récompenfé ou puni felon ce qu'il aura fait en celle-ci. Cela s'appelle la Doctrine *extérieure*, au lieu que la Doctrine contraire eft une Doctrine *intérieure*, qu'on ne communique qu'aux initiés. Le Spinofifme parmi nous ne fe prêche pas non plus fur les toits. C'eft donc une maxime plus qu'outrée d'établir que les impies parlent toujours Religion.

Mais fuppofé que la maxime foit vraie, comment nous introduira-t-elle dans le fond ou dans la fuite des matieres de ce Livre ? Comment verrons-nous les autres Chapitres naître de ce premier ? Le penfer, c'eft avoir trop préfumé de notre difcernement ou de notre pénétration. Nous n'atteindrons jamais à celle de l'Auteur. Nous ne diftinguerons point par quels motifs les Athées font attachés à leur non – religion. C'eft le fujet du Chapitre fuivant.

On conçoit bien que *les* * *diverfes*

* **Chap. 2.**

N vj

Religions du monde donnent à ceux qui les professent des motifs d'attachement. Mais ces motifs sont-ils également solides, également justes, également louables, également capables de diriger au bien ceux qu'ils affectent ? C'est ce qu'il nous seroit important de sçavoir, & dangereux d'ignorer, & c'est ce qu'on ne nous apprendra pas. Y aura-t'il du moins de la justesse & de la vérité dans l'exposition des faits ? Ce seroit trop exiger d'un esprit capricieux, qui semble s'être fait un systême de contredire la notoriété des événemens les plus avérés pour y substituer ses propres imaginations, & pour avoir le plaisir d'en rendre des raisons fausses, mais en quelque sorte spécieuses & dignes d'un esprit supposé sain. Ainsi, *dit-il, nous sommes extrêmement portés à l'idolatrie, & cependant nous ne sommes pas fort attachés aux Religions idolâtres.* Dit-on jamais rien de plus vrai dans un sens, & de plus faux dans l'autre ? Un seul exemple suffit pour nous convaincre de ces deux faits. Jamais Peuple ne montra plus de penchant à l'idolatrie que le Peuple Hébreu, & jamais Peuple n'y parut plus opiniâtrement attaché. Pendant plus de deux mille ans ce ne fut chez lui qu'un continuel enchaînement de rechutes au culte idolâtre, malgré les promesses, & les menaces de la Loi de Moyse, qui devoient le fixer dans le culte du Dieu suprême. Quel fut le furieux déchaînement d'Athènes contre Socrate en faveur de ses fausses Divinités que ce Philosophe osoit décrier ? Ne sçait-on pas quelle fut l'émotion de St. Paul à la vue de la multitude d'idoles auxquelles cette Ville étoit dévouée, quel fut le soulevement des Ephésiens contre ce même Apôtre & ses compagnons, en faveur de *Diane leur grande Déesse* ? Ne pourroit-on pas même observer qu'une partie des Chrétiens reproche à l'autre son attachement à des pratiques vraiement idolâtres ? Il est donc plus que communément faux que les Peuples extrêmement portés à l'idolâtrie ne soient pas fort attachés aux Religions Idolâtres.

La premiere raison, qu'on nous rend au contraire de l'attachement aux Religions, qui nous font adorer un Etre spirituel est spécieuse & digne des ames intelligentes ; mais malheureuse-

ment , elle opére trop rarement , & ce-
la vient , dit-on , *de la satisfaction que
nous trouvons en nous-mêmes d'avoir été
assez intelligens pour tirer la Divinité de
de l'humiliation où les autres l'avoient mise.* Mais cette satisfaction suppose que
les Religions idolâtres ont précédé celle qui reconnoît Dieu pour un pur esprit , & ce n'est qu'une imagination
sans fondement. La seconde raison ,
n'est qu'une absence de mémoire. Nous
regardons , continue-t'on , l'idolâtrie ,
comme la Religion des Peuples gros-
siers , & la Religion , qui a pour objet
un Etre spirituel comme celle des Peuples éclairés , & nous sçavons pourtant
que les Peuples de l'Amérique adorent
l'Etre suprême , sous le nom du *grand
esprit* ; ils ne sont donc pas plus gros-
siers que nous. C'est ainsi que l'envie
de dire des choses singulieres , en fait
souvent dire de fausses. On oublie ce
qu'on fait pour hazarder sans fruit des
fictions sans réalité. Suivons l'Auteur ,
*quand avec l'idée d'un Etre spirituel su-
prême , qui forme le Dogme , nous pouvons joindre encore des idées sensibles ,
qui entrent dans le culte ; cela nous donne un grand attachement pour la Reli-*

gion. Oui ; mais cet attachement naturel pour les choses sensibles, est-il d'un grand mérite ? N'est-il pas même nuisible au culte de l'esprit, qu'on nous ordonne ? N'a-t'on pas sagement remarqué que rien ne fut si simple que tous les anciens cultes ? Que Romulus accoûtuma les nouveaux Citoïens à ne se former que ses idées les plus sublimes de l'Etre suprême ; que Numa son successeur les affermit dans ces idées, persuadé que Dieu demandoit des hommes plus de sentimens que d'offrandes, il réduisit les hommages qu'il lui faisoit rendre à tout ce qu'il y avoit de moins pompeux. Sa Religion, dit Tertullien, fut pauvre & frugale. Que dis-je ? St. Augustin, n'a-t'il pas fait la même observation sur la Religion des premiers Chrétiens ? Jesus-Christ, dit-il, *lia la société de son nouveau Peuple par des mysteres ou par des cérémonies en très-petit nombre.* Ce ne fut plus cette multitude de *minucies*, dont Moyse avoit embarassé le culte Judaïque. Notre Auteur, enfin n'a-t'il pas dit lui-même, quoique sur de fausses considérations, que la suppression des fêtes convenoit plus *aux pais Catholiques qu'aux Protestans* ?

Mais quand je l'entens ajouter qu'en conséquence de la multiplication des pratiques sensibles, les Catholiques sont plus inviolablement attachés à leur Religion que les Protestans, je suis tenté de me laisser persuader par ceux qui me disent que j'ai mal pris son sens, & qu'il n'a prétendu composer le tissu de son Livre que de contre-vérités. Est-il quelque Roïaume où les Protestans aient donné de plus fortes preuves de leur attachement à leur Religion que dans celui-ci ? Me sieroit-il ? Ne se moqueroit-on pas même de moi, si je me mettois à faire sérieusement l'Histoire des sacrifices qu'ils ont faits pour la conserver ou pour n'y renoncer pas. J'aimerois qu'on dît la vérité sans intérêt, ou qu'on sçût du moins se restraindre à la dissimuler sans la contredire avec si peu de pudeur.

Rendons pourtant quelque justice à ce Dissimulateur. Il a senti la contre-vérité de sa preuve d'un parfait attachement pour la Religion dans les Catholiques & nous en glisse une autre dans une note. C'est que les Catholiques sont plus zélés que les Protestans pour *la propagation de leur Religion.* J.C. a reconnu ce zèle dans les Pharifiens. *Ils couroient*, dit-il, *la terre & la mer pour faire un feul Profélyte;* mais il ajoute, que ce zèle n'avoit point d'autre fruit pour eux, que de les rendre double-ment coupables par les pratiques hypo-crites ou fuperftieufes, dont ils entê-toient ce Profélyte. Ne pourroit-on point en faire un paralléle affez juf-te ?

On nous vante la joie du Peuple d'Ephéfe, quand il apprit que le Con-cile avoit décidé qu'on pourroit don-ner à la Vierge le nom de mere de Dieu. Mais cette joie fenfible contri-bua-t'elle beaucoup à perfectionner le culte de l'efprit ? Les dévotions popu-laires l'affoibliffent plus qu'elles ne l'é-purent.

Quand une Religion intellectuelle nous donne encore l'idée d'un choix fait par la Divinité, & d'une diftinction de ceux qui la profeffent d'avec ceux qui ne la profeffent pas, cela nous attache beau-coup à cette Religion. Mais la grande at-tention, qu'il faut dabord faire ici, c'eft que ces idées de choix, & de diftinc-tion, font communément & peut-être toujours des idées illufoires. On doit

craindre qu'elles ne foient fuggérées que
par une fupercherie du Légiflateur,
pour infpirer au Peuple une préfomption fans affurance ; & l'Auteur auroit
pû mieux choifir les exemples qu'il en
allégue. *Les Mahométans*, dit-il, *ne
feroient pas fi bons Mufulmans, fi d'un côté il n'y avoit pas des Peuples idolâtres,
qui leur font penfer qu'ils font les vengeurs
de l'unité de Dieu, & d'autre des Chrétiens pour leur faire croire qu'il font l'objet de fes préférences.* Ce caractére étoit
bien plus marqué dans les Juifs. Ils fe
croïoient tellement le Peuple unique-
quement chéri de Dieu, que leurs Pro-
phétes effaierent en vain de leur faire
rabattre de cette préfomptueufe confiance. Ils haïffoient tous les autres Peuples par principe, & l'Auteur fçait
bien qu'il nous a dit dans le livre précédent que les Loix de la Religion doï-
vent éviter de nous infpirer d'autre mépris que celui du vice, & fur-tout d'é-
loigner les hommes de l'amour, & de
la pitié pour les hommes.

Il le répéte, & craint même avec
raifon, de fe contredire. Il croit que
parler des motifs d'attachement pour
une Religion, ce n'eft pas la même

chose que parler *des moïens de la ren-*
dre plus générale , & quoi qu'il en soit,
les Peuples Barbares & sauvages , changent aisément de Religion, parce qu'u-
niquement occupés de la Chasse , & de
la Guerre , ils ne se chargent guéres
de pratiques Religieuses. La conséquence ne tient point au principe.
Une Religion très-pure peut être fort
peu chargée de pratiques.

Les hommes sont extrêmement portés
à espérer & à craindre, & une Religion
qui n'auroit ni enfer ni paradis ne sçau-
roit guérir leur plaie. Une telle Religion n'en pourroit porter le nom que
très-abusivement. Ce seroit une Religion sans devoirs , & sans Divinité.
Tout devoir suppose une idée de châtiment ou de récompense, selon qu'on
le viole, ou qu'on l'accomplit. Il suppose des notions fixes du bien & du
mal , & ce bien & ce mal ne peuvent
être récompensés ou punis dans la
vie présente. C'est ce que le spectacle
du monde apprend de lui-même. Le
Dogme de l'Enfer ou du Paradis est
donc selon notre Auteur , ce qui donne aux *Religions étrangeres la facilité de*
s'établir au Japon , & la *cause du zèle*

& de l'amour avec lesquels elles y sont reçues. Mais n'y comptons pas trop. Ce ne sont proprement ici que des sujets de contradictions, que l'Auteur se prépare, & nous les rencontrerons bien-tôt.

Voici le grand & le juste sujet d'attachement pour cette Religion; *c'est qu'elle ait une morale pure.* Ce caractère est si sûr & si marqué, que l'Auteur le prouveroit *admirablement bien; par ce qui se passe sur les Théâtres. On est sûr de plaire au Peuple par les sentimens que la morale avoüe, & on est sûr de le choquer par ceux qu'elle réprouve.* Cette preuve est décisive, & fait voir qu'il n'est point de lieux innaccessibles à la vraie Religion. Mais l'Auteur, qui contre le titre de son Livre, est toujours plus attentif à ce qui se fait, qu'à ce qui doit se faire, revient encore au culte extérieur, dont la magnificence nous flate, & nous donne *beaucoup d'attachement pour la Religion. Les richesses des Temples, & celles du Clergé, nous* affectent beaucoup; & qu'en conclud-il ? Ainsi *la misere même des Peuples est un motif, qui les attache à cette Religion, qui a servi de prétexte à ceux qui ont causé leur misère.* C'est ainsi qu'il n'attaque ici qu'obliquement un désordre universel, qui devoit être l'objet de ses attaques les plus directes. Il y reviendra pourtant, & nous verrons ce qu'il en pense ; mais après coup, & comme sans dessein d'y rémédier.

* L'idée qu'il nous donne de l'origine des Temples est peu naturelle. Elle vient, selon lui, de ce que tous les Peuples policés habitent dans des maisons. Ils ont pensé qu'ils en devoient bâtir une à Dieu. Cette idée fut au contraire très-tardive, & postérieure de beucap à l'établissement des grandes Sociétés. On dit que les Egyptiens furent les premiers, qui consacrerent un lieu particulier au culte de la Divinité. Les Perses n'y consentirent qu'un grand nombre de siécles après. Ils trouvoient qu'il étoit peu digne de la Majesté de Dieu, de vouloir comme le renfermer dans une maison bâtie de la main des hommes, & Salomon pensoit à peu près de même, au moment de la Dédicace de celle qu'il venoit de

* Chap. 3.

lui bâtir. On peut dire en effet que les Temples font moins bâtis pour Dieu que pour les hommes. Ce ne font que des lieux deftinés à les réunir pour l'adoration commune & publque. Du refte, tous les autres lieux font également propres à lui rendre des hommages intérieurs. Il n'a de prédilection pour aucun. Quant à l'attachement que la conftruction des Temples donna pour les Religions aux divers Peuples, on ne le prouve ici que par des déclamations pures, c'eft par des contre-vérités notoires & démenties par des événemens plus ou moins ignorés parmi nous.

L'idée d'Afyles qu'on attache de plus à ces lieux étoit de même fi peu raifonnée, qu'elle fit tomber dans une contradiction groffiére. Si les criminels, dit notre Auteur, avoient offenfé les hommes, ils avoient à plus forte raifon offenfé les Dieux, qu'on ne devoit point regarder comme leurs protecteurs. L'ufage des afyles en un mot produifit plus de mal que de bien dans les fociétés, qui s'obftinerent à vouloir l'obferver.

* On nous parle avec peu d'exactitude & de vérité sur l'institution des Ministres de la Religion, sur la nature & la nécessité de leurs fonctions, ou de l'étendue qu'elles aquirent selon les lieux, & les circonstances. Mais sans tout dire, on en peut dire assez pour redresser les notions qu'on nous en donne. Il n'est point vrai que les premiers hommes ne sacrifiassent que de *l'herbe* ; il ne seroit pourtant point absurde de le supposer, & ce n'étoit pas beaucoup plus de sacrifier quelques épics, que'ques fleurs ou quelques prémices des fruits que les terres cultivées avoient produits. Il n'est point vrai non-plus que le simple desir de plaire à *la Divinité multiplia les cérémonies*, & quand on le supposeroit, les cérémonies peuvent être de nature, à ne pas exiger le ministere d'un homme établi pour les exercer. Lever les yeux, ou les mains au Ciel, demeurer de bout, ou prosterné devant la Majesté suprême, qui remplit le Ciel & la terre ; affecter devant Dieu des déhors tristes, quand on croit l'avoir offensé ; lui faire

* Chap. 4.

faire des fupplications, ou lui rendre des actions de graces ; tout cela pouvoir être exécuté par des ordres particuliers, ou par des actions communes indiquées par célui qui préfidoit aux cérémonies Religieufes ; à ce prix chacun pouvoit être le Pontife non-feulement de fa famille ; mais d'un peuple plus nombreux. Auffi voions-nous que les premiers Chefs des fociétés civiles en furent en même tems les Rois & les Prêtres. Il n'eft donc pas vrai non plus que les anciennes cérémonies multipliées aient rendus *les hommes occupés à l'agriculture incapables de les exercer toutes, & d'en remplir les détails*. Les actes folemnels du culte étoient rares ; ils avoient leurs faifons marquées telles que celles des moiffons & des vendanges. Les peuples alors s'affembloient pour marquer à la Divinité leur reconnoiffance ; on voïoit venir furtout les Laboureurs, offrir des fleurs ou d'autres préfens de leurs produits. *Sertis ornare folebant agricolæo fruclu proveniente Deos.*

On confacra depuis aux Dieux des lieux particuliers. Il fallut, continue notre Auteur, *qu'il y eût des Miniftres pour*

pour en prendre soin, comme chaque Ci-
toïen prend soin de sa maison. Des Gardiens , des Portiers , ou si vous voulez
des Sacristains. *Ædítui.* Quelle idée dé
fonctions attachées à ces offices ? *Des*
gens consacrés à la Divinité devoient
être honorés, surtout chez les peuples qui
s'étoient formé une idée d'une pureté cor-
porelle nécessaire pour approcher des lieux
les plus agréables aux Dieux, & dépen-
dante de certaines pratiques. Voilà bien
du chemin fait en peu de tems. Les
portiers ou les gardiens des temples
furent de très-habiles gens pour pér-
suader si-tôt aux peuples qui les avoient
établis, que leurs fonctions étoient si
sublimes , & que leur ministere fut si
nécessaire pour les rendre dignes d'approcher de ces lieux , que leurs propres
mains avoient édifiés. Ne le dissimu-
lons pas pour parvenir par degrés à
des faits aussi vrais qu'intéressans.

Les Egyptiens furent les premiers chez
qui nous trouvions un ordre de Prêtres
subordonnés à la puissance Roïale. Moïse en chérit. sur cet établissement. Les
Prêtres une fois établis furent les vrais
Auteurs de la multiplication des ob-

fervances Religieufes. Leurs intérêts s'y
trouvoient mêlés ; ils avoient leurs portions affignées dans les facrifices, & leurs
fonctions devinrent pour eux un prétexte d'avarice. Ces fonctions qu'on
nommoit faintes les rendirent refpec-
tables à ce titre ; ils fe donnerent pour
les Médiateu s des peuples ; ils affecte-
rent d'avoir avec Dieu des communications fecretes ; ils fe difoient les In-
terprétes de fes volontés. Cette four-
berie leur fit inventer des oracles &
des prodiges pour accréditer les lieux
de leur miniftere , & pour fe faire un
plus grand nombre de tributaires.
Ils encouragerent les particuliers à des
offrandes propres , dont ils auroient
tout le mérite. La fimplicité des Temples & des Autels , ne leur parut pas
affez lucrative; Ils fuggérerent que la
richeffe & le fafte d'un plus pompeux
appareil plairoit davantage à la Divinité. L'or & l'argent furent introduits
dans les Sanctuaires. Les peuples donnerent dans le piége de la magnificence & des riches ornemens.

L'Auteur toujours renfermé dans
ce qui fe faifoit , fans égard à ce qui fe
devoit faire , ne fait aucune réflexion

fur ce culte ainſi fourré par le manége & par les artifices des Prêtres. Il paſſe les yeux fermés ſur ce monſtrueux aſſemblage de pratiques inutiles , fuperficielles , fuperſtitieuſes , injurieuſes à la Divinité , ruineuſes & nuiſibles à ſes adorateurs féduits ; & comme fi tout eût été dans le meilleur ordre , il dit auſſi froidement qu'improprement : *Le culte de Dieu demandant une attention continuelle , la plûpart des Peuples furent portés à faire du Clergé un corps féparé... Il y eut même des Religions , où l'on ne penſa pas ſeulcment à éloigner les Eccléſiaſtiques des affaires ; mais encore à leur ôter l'embarras d'une famille.* Ainſi du Clergé des Egyptiens , des Juifs & des Perſes , le voilà qui retombe tout d'un coup à la pratique *de la principale branche de la Loi Chrétienne.* C'eſt le célibat. Laiſſons-le politiquer ou verbiager de nouveau ſur cette pratique. *On fent,* dit-il, *qu'elle pourroit devenir nuiſible à proportion que le corps du Clergé ſeroit plus étendu.* Mais il ne nous a déja que trop arrêtés à pure perte ſur ſes raiſonnemens alambiqués & contradictoirement entortillés ; paſſons à des queſtions plus importantes , & pourtant encore plus mal digérées.

Des bornes que les Loix doivent mettre aux richeſſes du Clergé. Sur ce ſujet l'ignorance ou la mépriſe caractériſe tout ce que notre Auteur nous en dit. *Le Clergé eſt une famille, qui ne peut pas périr ; les biens y ſont donc attachés pour toujours.* Mépriſe dans la thèſe , mépriſe dans la conſéquence. Le Clergé n'eſt point une famille, ce ſont des Miniſtres députés au nom de l'Etat en différens lieux , & quelquefois réunis en un même lieu pour différentes fonctions publiques. Il eſt juſte qu'on leur y procure une ſubſiſtance honnête, & conforme à la différence des fonctions, qu'ils y doivent exercer. On peut leur aſſigner des penſions ſur les fonds publics , ſans leur aſſigner des biens particuliers , qui paſſent à ceux qui leur ſuccéderont. C'eſt l'uſage le plus convenable à la bonne police , & le moins ſujet aux plaintes de ceux qui ſont emploïés.

Le Clergé eſt une famille qui ne doit point s'augmenter ; les biens y doivent

* Chap. 5.

donc être bornés. Cela veut dire que le nombre des Ministeres étant une fois réglé sur les besoins du peuple, celui des Ministres doit aussi l'être ; a moins que les besoins n'augmentent ; & c'est alors à la police civile d'y pourvoir en la maniere que je viens de le dire par de nouvelles pensions.

Nous avons retenu les dispositions du Lévitique sur les biens du Clergé, excepté celles qui regardent les bornes de ces biens. A qui conte-t'on ces disparates ? A-t'on vu dans le Christianisme quelques dispositions, qui destinent au service de la Religion des Ministres sans nombre, & presque toujours sans fonctions, & qui jouissent de certains émolumens à titre de naissance ? Qu'on parcoure nos siécles ou nos fastes, y découvrira-t-on quelques vestiges d'un pareil établissement, si ce n'est peut-être quelques comparaisons ineptes ou quelques prétentions frivoles hazardées par la cupidité des Ministres plus avides du gain, que zèlés pour le véritable objet de leur ministere.

Effectivement on ignorera toujours parmi nous quel est le terme après lequel il n'est plus permis à une Communauté Re-

ligieuſe d'acquérir. Qu'eſt-ce que ce nouveau barbouillage ? L'Auteur ignore-t'il que ce qu'on nomme les Communautés Religieuſes, & le Clergé, ſont deux ordres de perſonnes totalement différentes ? Le Clergé c'eſt le nombre des Miniſtres chargés des fonctions de la Religion néceſſaires au peuple, pour lequel ils doivent les exercer. Ces Miniſtres dont le nombre eſt ou doit être fixé, peuvent ſubſiſter, comme je l'ai dit, ou par des penſions, ou par des rétributions attachées aux différens exercices de leurs fonctions, & dans ces cas les acquiſitions leur ſont inutiles, & peuvent & doivent leur être interdites.

A l'égard des Communautés de quelque genre qu'elles ſoient, ce ſont des aſſociations privées ſans rapport au bien commun de l'Etat. Leurs établiſſemens ou leurs acquiſitions ne doivent donc être permiſes ou tolérées qu'autant qu'elles n'y nuiſent point ſenſiblement, & l'Auteur a raiſon de dire : *que leurs acquiſitions ſans fin paroiſſent aux peuples ſi déraiſonnables, que celui qui voudroit parler pour elles, ſeroit regardé comme imbécille,* ou comme un vrai fanatique.

Passons-lui donc sa méprise en faveur du défaveu tacite qu'il fait des nouvelles conséquences, qu'on pourroit en tirer. Mais aidons-le à n'être pas si réservé sur la réforme indispensable des abus qui ne peuvent plus se tolérer. *Les Loix civiles trouvent*, dit-il, *quelquefois des obstacles à changer des abus établis, parce qu'ils sont liés à des choses, qu'elles doivent respecter.* Que veut-il dire ? L'immense opulence, le faste, le luxe, l'intempérance & les autres attraits de la sensualité sont-ils liés au ministere de ceux qui sont chargés d'enseigner le détachement, la simplicité, la modestie, la sobriété, l'éloignement de toutes les vanités du monde ? Est-ce là ce que les Loix doivent respecter en eux, au risque d'augmenter le désordre, & de le laisser dominer plus impunément ? Quel remede notre Auteur suggére-t'il ?

Au lieu de défendre les acquisitions du Clergé, il faut chercher à l'en dégoûter lui-même. Laissez le droit, & ôtez le fait.... Rendez sacré & inviolable l'ancien & nécessaire Domaine du Clergé. Qu'il soit fixe & éternel comme lui ; mais laissez sortir de ses mains les nouveaux Domaines. Permettez de violer la régle,

lorsque la régle est devenuë un abus ; souf-
frez l'abus lorsqu'il rentre dans la régle.
Décomposons tout cet alliage de mauvaise politique, & réduisons-le à sa juste valeur. Pourquoi se contenter de dégoûter le Clergé des nouvelles acquisitions ? N'est-il pas important pour
l'Etat de revenir sur les anciennes, pour
juger si les motifs, & les moïens en ont
été convenables & légitimes ? Quel
droit ont eu d'acquérir ceux dont les
fonctions assuroient la subsistance ?
Etoit-il nécessaire qu'ils eussent un domaine, & pourquoi faudroit-il que ce
Domaine fût sacré ? Pourquoi faudroit-
il qu'il fût inviolable, s'il n'étoit pas
nécessaire, & si d'ailleurs il étoit usurpé ?
Pourquoi faudroit-il qu'il fût éternel
& fixe, s'il avoit été donné pour des
usages qui ne subsistent plus ? Pourquoi dans ce cas ne le pas faire sortir
des mains de ceux qui le retiennent
sans sujet aussi-bien que les nouveaux
Domaines ? *Permettez de violer la régle,*
lorsque la régle est devenuë un abus ; souf-
frez l'abus, lorsqu'il rentre dans la régle.
Ce sont là des mots, & rien de plus ; des
mots, qui ne sont supceptibles d'aucun
sens raisonnable. L'abus, quelqu'an-

cien qu'il foit, eft toujours fujer à la réforme, & ne peut jamais avoir l'autorité de la régle.

A quel propos l'Auteur nous conte-t'il le fuccès d'un Mémoire, qui fut envoïé à Rome *à l'occafion de quelques démêlés avec le Clergé ?* On y avoit, dit-il, mis cette maxime. *Le Clergé doit contribuer aux charges de l'Etat.* On en conclud que l'Auteur du Mémoire *entendoit mieux le langage de la maltote que celui de la Religion.* N'eft-ce qu'une plaifanterie dont on veut régaler les Lecteurs ? Eft-ce une approbation férieufe qu'on donne aux prétentions ultramontaines ? L'Auteur devoit réfléchir d'abord qu'il eft contre les droits d'une puiffance fouveraine de recevoir pour le gouvernement de fon Etat les maximes d'une puiffance étrangere. Avancer même que tout Clergé qui poffféde des biens dans quelqu'Etat que ce foit, ne doit point contribuer aux charges communes. ; n'eft-ce pas une maxime que l'efprit de la Religion dément ? Il y auroit plus que de l'imprudence à le hazarder. Un homme qui connoît la nature des conftitution civiles n'ignore pas que rien n'eft

O v

plus essentiel à leur bonne administration que l'égalité proportionnelle des
contributions qu'on y doit imposer aux
Citoïens. C'est un des objets les plus
dignes de l'attention d'un Prince, qui
veut traiter avec équité tous ses sujets,
de ne pas décharger les uns pour faire
porter leurs fardeaux aux autres. On
ne blâma point Charlemagne, quand
il ordonna que ses *Envoiés* ou Com-
missaires lui fissent un * dénombrement
exact de tous les Bénéfices, afin qu'il
pût savoir ce qu'il devoit retirer du dé-
partement de chacun d'eux. Si le Clergé se trouvoit réduit à de simples pensions, on pourroit plaider pour ses im-
munités.

L'Auteur revient à l'appareil du culte
extérieur, & ce qu'il en dit de mieux, c'est
qu'il le nomme dans son titre ** *le luxe de la superstition.* J'ai dit que tous
les anciens cultes furent extrêmement
simples, & comme je l'ai dit aussi, ce
furent de tous tems les Prêtres qui firent abandonner cette simplicité par la
suggestion de mille pratiques supersti-

---

* Capit. Reg. Franc. Tom. I. pag. 498.
** Chap. 7.

tieuſes. Qu'on ſuive la Religion de tous les peuples depuis ſa premiere inſtitution, n'y trouvera-t'on pas que tous ont comme adoré des Dieux nouveaux & récemment admis que leurs peres n'avoient point honorés. *Novi, recenteſque venerunt quos non coluerunt patres eorum.* C'eſt une fauſſe penſée de dire que *la magnificence du culte extérieur a beaucoup de rapport à la conſtitution de l'Etat.* Cette magnificence a ſa vraie ſource, & ſa ſource intariſſable dans la cupidité des Miniſtres, tant qu'elle ne ſera pas arrêtée par la ſageſſe de la puiſſance civile, à qui la police religieuſe appartient. *Il ne faut pas, remarque fort bien notre Auteur, que la Religion, ſous prétexte de dons, exige des peuples ce que les néceſſités de l'Etat leur ont laiſſé.* Il ne faudroit pas non plus, continue-t'il, que la Religion encourageât les dépenſes des funérailles. C'eſt la vanité pure, qui fit abolir l'ancienne & prudente Coutume de ne point ſouffrir de tombeaux dans l'enceinte des Villes, & qui fit aſpirer à la ſépulture dans les Egliſes. L'argent en ouvrit premierement les portes aux riches, & l'appas du gain n'a point ceſſé de faciliter ce nouvel ufage, & d'augmenter les dépenfes infructueufes par de nouvelles idées du bien que les vivans croient faire en faveur des morts. Ces queftions font trop importantes pour ê.re traitées dans un racourci comme celui-ci. L'Auteur pouvoit en dire beaucoup plus s'il avoit fû ne rien dire d'inutile.

Il veut nous parler auffi du * Pontificat, & tout ce qu'on y comprend. C'eft qu'il avoit dans la tête le mot de Pontificat fans en avoir d'idée. *Lors* , dit-il, *que la Religion a beaucoup de Miniftres, il eft naturel qu'ils aient un Chef*. Mais fi l'Etat eft affez étendu pour fe partager en plufieurs diftricts, ne fuffit-il pas qu'il y ait dans tous un Chef au-deffus des Miniftres fubalternes , & que ces Chefs répondent tous de la portion de leur miniftere à la puiffance publique qui les établit ? Quelle néceffité qu'il y ait un fupérieur entre des égaux foumis tous à la même puiffance ? L'Auteur toujours plein de fes gauches idées nous dit : *que dans la Monarchie où l'on ne fauroit trop féparer les Ordres de l'Etat , & où l'on ne doit point affem-*

* Chap. 8.

bler *fur une même tête toutes les puiffan-*
*ces ; il eft bon que le Pontificat foit féparé
de l'Empire.* Faut-il donc que ce Pontificat y forme *un fecond Empire dans
l'Empire ?* Par qui ce Pontificat féparé
de l'Empire fera-t'il établi ? Sera-ce le
Monarque lui - même qui communi-
quera cette puiffance égale ou fupérieu-
re à la fienne ? Faudra-t'il qu'il reconnoiffe hors de fes Etats une puiffance
étrangere dont fa Couronne dépende ?
Toutes ces imaginations ne font-elles
pas monftrueufes ?

On nous dit que la même néceffité
du Pontificat ne *fe rencontre pas dans le
Gouvernement defpotique , dont la nature eft de réunir fur une même tête tous
les pouvoirs.* Comme fi dans les Gouvernemens modérés la même réunion
ne fe faifoit pas réellement fur une ou
plufieurs têtes , de maniere que la puiffance qui gouverne eft toujours unique,
& qu'on ne peut pas y reconnoître
deux Puiffances indépendantes. A ce
prix-là donc le Pontificat ou l'adminiftration de la police Religieufe y doit
être réunie.

Pour prévenir en ce cas tout inconvénient, ou pour empêcher que la Religion ne dépende des caprices du Prince, il faut, nous dit-on, qu'il y ait des monumens qui la fixent, & qui la réglent, par exemple, *des livres sacrés.* C'est ainsi que *le Roi de Perse est le Chef de la Religion ; mais l'Alcoran regle la Religion. L'Empereur de la Chine est le Souverain Pontife ; mais il y a des livres qui sont entre les mains de tout le monde.* Tout autre Monarque, toute autre Puissance pourra donc de même avoir la surveillance de la Religion. S'il s'y glisse des erreurs, s'il s'introduit des abus, on aura recours aux anciens monumens, on consultera les hommes les plus éclairés, & les mieux instruits de l'Etat. La Religion ne sera jamais arbitrairement administrée par les Princes sages.

L'Auteur nous avertit ici de nouveau * qu'il *est politique, & non* pas Théologien; mais il ajoute, que *pour les Théologiens même, il y a bien de la différence entre tolerer une Religion & l'approuver.* Sur ce principe, il raisonne d'abord, non pas en Théologien ; mais en Poli-

* Chap. 9.

tique, & veut que *quand les Loix d'un Etat ont cru devoir souffrir plusieurs Religions ; il faut qu'elles les obligent aussi à se tolérer entr'elles.* De cette conséquence, il suit que les sujets qui professent ces différentes Religions tolérées, doivent se tolérer aussi mutuellement ; de maniere qu'ils ne troublent ni le Corps de l'Etat, ni quelque Citoïen que ce soit. La tolérance est donc prescrite aux Théologiens même en vertu des Loix de l'Etat, quand même le devoir n'en résulteroit pas de l'esprit de la Religion.

Mais en poussant son raisonnement plus loin, l'Auteur donne dans de grands écarts, pour n'avoir pas assez approfondi les principes, ou pour leur avoir donné plus d'étendue qu'ils n'en ont. * *Ce sera*, dit-il, *une très-bonne Loi Civile, lorsque l'Etat est satisfait de la Religion déja établie de ne point souffrir l'établissement d'une autre.* Constantin fit donc une mauvaise Loi, quand il permit l'établissement ou l'exercice public du Christianisme dans tout l'Empire Romain ; mais ce Prince raisonna sur

* Chap. 10.

un principe antérieur à tout principe politique. *Nous avons réfléchi , dit-il , qu'il ne falloit point empêcher la liberté de la Religion ; mais qu'il convient au contraire de laisser à la liberté de chacun d'honorer la Divinité , par quel culte il lui plaît, selon ses sentimens.* Sur le Civil même , les Puissances ne peuvent rien ordonner qui soit manifestement injuste & contraire à la Loi naturelle ; à plus forte raison ne peuvent-elles pas prescrire un culte religieux contraire aux notions saines de la Divinité. Or , les Religions les plus anciennement établies dans les Etats , peuvent être susceptibles de ces abus. La Puissance qui gouverne , doit donc laisser à chaque Sujet la liberté de les approfondir. C'est un droit , dont elle ne peut les priver ; c'est un devoir même , dont elle ne peut les dispenser. Il est donc faux que ce soit une bonne Loi Civile , je ne dis pas de ne point souffrir qu'une nouvelle Religion s'établisse dans un Etat ; mais de ne point souffrir qu'on examine celle qu'on y professe pour s'assurer de ses preuves & de ses principes ; de ne point souffrir que chacun puisse sur ce sujet proposer ses doutes, s'en entrete-

nir avec liberté, le difpenfer d'obferver les pratiques qui bleffent fa confcience.

Il eft du devoir des Princes d'entretenir la pieté dans leurs Etats ; mais
ce devoir doit aller jufqu'à les rendre
attentifs à rendre cette pieté plus pure,
jufqu'à fouhaiter du moins qu'on ac-
quiere fur cela chaque jour de nouvelles lumieres, tandis qu'on ne le fait pas
avec un efprit capable d'exciter des
difputes trop échauffées jufqu'à troubler la tranquillité publique. C'eft s'exprimer mal, de dire que *le principe fon-
damental des Loix politiques en fait de
Religion, foit de n'en pas recevoir une
nouvelle, tandis qu'on eft maître de la
recevoir ou de ne la pas recevoir*, parce
que jamais on n'eft dans ce cas. Jamais on n'eft maître de maintenir l'erreur ou de rejetter la vérité. La Puiffance politique ne s'étend pas jufques-
là. Le bien des Sociétés en eft la mefure, & ce bien dépend d'avoir une Religion fûre & vraie.

* *Un Prince qui entreprend de détruire ou de changer dans fon Etat la Reli-*

* Chap. 11.

gion dominante, s'expose beaucoup. Mauvais raisonnement. Un Prince sage qui comprendroit la nécessité d'un tel projet pour le bien de son Etat, n'emploieroit que des moiens pacifiques. Il permettroit les instructions ; il retrancheroit insensiblement les abus les plus manifestes ; il y substitueroit des institutions plus raisonnables ; il ameneroit par degrés les gens sensés à souhaiter le changement, qu'ils auroient pu craindre, s'il le leur avoit proposé brusquement. Il ne feroit point sur-tout * *de Loix pénales ;* mais il ne choisiroit point non plus les expédiens, que notre Politique lui suggére. *Il est plus sûr,* dit-il, *d'attaquer une Religion par la faveur, par les commodités de la vie, par l'espérance de la fortune,* &c. *Régle générale en fait de changement de Religion, les invitations sont plus fortes que les peines.* Régle illusoire, indigne, pernicieuse. Attaquer la Religion par les passions qu'elle doit anéantir, c'est introduire les ennemis dans une place, pour la garder. C'est par la force des raisons qu'on établit la Religion. Elle

* Chap. 12.

se persuade parce qu'elle est de son propre fonds. Alléguer qu'*une ancienne Religion tient à la constitution de l'Etat, & que la nouvelle n'y tient pas ; que celle-la s'accorde avec le climat, & que souvent la nouvelle s'y refuse.* Ce sont des allégations pernicieuses & vaines, dont la Religion doit toujours être indépendante. La Constitution de l'Etat peut être bonne, & n'avoir d'autre défaut qu'une Religion mauvaise. Joignez à cette Constitution bonne en elle même une Religion meilleure, les Loix Civiles en seront plus goûtées, & le Gouvernement plus estimé.

* Je ne discute point la remontrance d'une jeune Juive aux Inquisiteurs d'Espagne & de Portugal, dont l'Auteur a composé son treiziéme Chapitre. Je la laisse, & je dis seulement qu'elle contient au moins un raisonnement assez fort pour convaincre ces Inquisiteurs d'ignorance, & de barbarie.

** Les raisons qui font proscrire au Japon la Religion Chrétienne présen-

---

* Chap 13.
** Chap. 14.

tent un grand fpécieux d'injuftice ; mais
il y peut avoir des torts réciproques du
côté de ceux qui l'annoncent , & du
côté de ceux qui la rejettent. On ne
peut en juger avec une exacte équité ,
que fur le détail des faits particuliers ,
& ce détail nous manque. La maxime
des peuples de l'Orient * *que toute Religion eſt bonne*, eſt de même viſiblement outrée, quand elle eſt propoſée
fans conditions ; mais il faut avouer
que c'eſt un préjugé très-déſavantageux
pour une Religion nouvellement an-
noncée, quand ceux qui la prêchent
n'en conviennent pas entr'eux. La vérité ne ſe contredit point.

* Chap. 15.

XXVII. LETTRE

Sur le vingt-sixiéme Livre.

ON pourroit considérer ce vingt-
sixiéme Livre comme une espece
de résumé de tout le systême de l'Auteur.
Il est vrai que le terme de systême est très-
impropre pour exprimer le tissu de son
Ouvrage. Un systême de l'esprit des Loix
bien digéré ne devoit consister que dans
un assemblage raisonné des principes
dont les hommes peuvent & doivent tirer des regles sûres de conduite pour toutes les citconstances de leur vie, de maniere qu'ils observeroient en tout la justice pour laquelle ils ont été faits & dont
le Créateur leur a donné des notions.
Or est-ce là M. l'idée qui vous a paru
résulter de l'analyse que je vous ai faite
de cet ouvrage sur lequel vous avez sou-
haité de savoir mes sentimens ?

Il semble que l'Auteur se soit flaté
de ce succès, & cette confiance lui
fait poser en maxime : * *Que la su-*

* Chap. 1.

blimité de la raison humaine consiste à
savoir bien à quel ordre de Loix se rapportent principalement les choses sur lesquelles on doit statuer, & à ne point
mettre de confusion dans les principes,
qui doivent gouverner les hommes. C'est
ce qu'il entreprend d'achever dans ce
Livre, où je ne vois pourtant pas moins
de confusion que dans les autres.

Cette confusion naît ici de deux sour-
ces principales, du vice de ses idées, &
de celui de ses définitions. Ecoutons-le
débuter. * *On ne doit point statuer par les
Loix divines ce qui doit l'être par les
Loix humaines, ni regler par les Loix
humaines, ce qui doit l'être par les Loix
divines. Ces deux sortes de Loix différent
par leur origine, par leur objet & par
leur nature. Tout le monde convient bien
que les Loix humaines sont d'une autre
nature que les Loix de la Religion, &
c'est un grand principe; mais ce principe
lui-même est soumis à d'autres qu'il faut
chercher.* Tout cela donc lui paroît fort
clair, fort exact & fort vrai. Mais tout
cela néanmoins n'est qu'un pur verbiage, qu'un spécieux assemblage de
suppositions gratuites, ou fausses, & par

* Chap. 2.

conséquent qu'un raisonnement illusoire. Qu'appelle-t'il premierement les
Loix divines ? C'est ce qu'il appelle en
d'autres termes *les Loix de la Religion.*
Or les Loix de la Religion sont-elles
des Loix qu'on puisse appeller divines,
quand ce sont les hommes, qui les ont
faites ? Comment ces Loix different-elles
en ce cas de ce qu'on nomme les Loix
humaines ? Comment tout le monde
convient-il en ce même cas que les Loix
humaines sont d'une autre nature que
les Loix de la Religion ? Comment ce
faux principe seroit-il un grand principe. Vous me comprenez, Monsieur,
l'Auteur parle ici de toutes les Religions, & suppose par conséquent que
toutes les Religions ont des Loix qui
viennent immédiatement de Dieu; supposition qui n'est pas tolérable & qui
n'est pas sans illusion dans les Religions
mêmes qui se flatent de cet avantage
& dont les prétentions doivent être
renfermées dans une grande précision.

J'observe de plus que le nom de Religion se prend en deux sens, qui ne
doivent pas être confondus. Dans l'un
& dans l'autre elle a des objets sur lesquels les Loix humaines ne peuvent

rien ſtatuer de contraire au droit naturel, que tous les hommes ont de penſer de Dieu, & de l'honorer en la maniere, qu'il leur plaît, ſans pouvoir être
contraints par des peines à changer d'o-
pinions & de culte. Sur ces deux points
les Loix humaines ſont ſujettes à ſtatuer beaucoup d'injuſtices, & notre
Auteur le reconnoît ſans beaucoup en
approfondir les principes.

Ici ſon langage eſt plein d'inexactitudes, ſoit ſur les Loix humaines, ſoit
ſur les Loix divines. *La nature des Loix
humaines eſt*, dit-il, *d'être ſoumiſes à tous
les accidens qui arrivent, & de varier
à meſure que les volontés des hommes changent.* A conſidérer ces Loix du côté de
leur juſtice ou de leur injuſtice, leur nature n'eſt pas plus changeante que celle
du blanc & du noir, qui ne dépend
point des volontés des hommes. Il
n'eſt point contraire à la nature des Loix
de la Religion *de ne varier jamais.* Si
ces Loix ont pour objet les manieres
de penſer de Dieu, ces manieres peuvent & doivent changer, quand on en
a penſé d'une maniere indigne de lui.
Si les Loix de la Religion ſont de celles, qui regardent le culte, elles peuvent

vent changer fans inconvénient , parce que tout cela eft arbitraire dans fon origine. Il ne confifte que dans démonf-trations extérieures des fentimens , & ces démonftrations peuvent être atta-chées à des fignes différens. Il eft égal d'être affis ou débout pour marquer à la divinité fon refpect.

Tous les autres raifonnemens de ce Chapitre font des raifonnemens frivo-les, ou faux. *les Loix humaines ftatuent fur le bien, la Religion fur le meilleur.* Ces façons de parler ne peuvent être entenduës fans être appliquées à des objets déterminés, dans ce cas elles n'au-ront plus de vérité. Quand les Loix hu-maines ftatuent fur un devoir de juf-tice, que les hommes doivent fe ren-dre, elles ftatuent fur un bien ; c'eft une bonne action qu'elles ordonnent. Que cette même action foit ordonnée par un precepte de Religion, elle n'en fera pas meilleure; rien n'eft meilleur que la juftice, *Le bien peut avoir un au-tre objet, parce qu'il y a plufieurs biens ; on peut bien changer les Loix, parce qu'elles ne font cenfées qu'être bonnes.* So-phifme groffier, il y a plufieurs biens, c'eft-à-dire plufieurs devoirs de juftice que les Loix peuvent ordonner ; mais elles ne peuvent changer ce qu'elles ont ordonné ſur un certain bien, parce que l'objet en eſt fixe ; le devoir toujours le même ; parce qu'un devoir ne diſpenſe point d'un autre & ne le compenſe point. *Mais les inſtitutions de la Religion ſont toujours cenſées les meilleures.* Penſée fauſſe encore & d'autant plus fauſſe, que par le terme d'inſtitutions, on ne peut entendre que des pratiques ordonnées pour le culte extérieur. Ces pratiques ne ſont jamais cenſées les meilleures, parce qu'elles ne ſont pas même cenſées bonnes en elles-mêmes. Ce ne ſont que des ſignes des ſentimens, qui ne ſignifient que ce qu'on leur fait ſignifier. qui ſont par-là même indifférens, & par conſéquent arbitraires. Deux ſignes oppoſés peuvent être emploïés au même uſage.

Autre ſophiſme. *Il y a des Etats où les Loix ne ſont rien, ou ne ſont qu'une volonté capricieuſe & tranſitoire du Souverain.* C'eſt-à-dire que ces Etats n'ont point de vraïes Loix. Si dans ces Etats. *les Loix de la Religion* étoient de la même nature, *elles ne ſeroient rien non plus.* Fauſſe conſéquence. Les Loix du culte peuvent être arbitraires, sauf à changer par le changement de la volonté du Prince ou de celle de son successeur. C'est ainsi qu'on les a vues changer dans plusieurs Nations & peut être dans toutes. *Il est pourtant nécessaire à la société qu'il y ait quelque chose de fixe, & c'est cette Religion, qui est quelque chose de fixe.* C'est-à-dire qu'il est nécessaire qu'il y ait une Religion ou un culte extérieur, quel qu'il soit & toujours sujet à changer.

La force de la Religion vient de ce qu'on la croit. Cette force vient de ce qu'on croit, non pas la nécessité d'un certain culte; mais d'un culte en général. *La force des Loix humaines vient de ce qu'on les craint.* Cette force vient de ce qu'on en croit l'observation nécessaire en conséquence de la foi d'une Divinité qu'on en regarde comme la vengeresse, parce qu'on croit qu'elle-même les a faites ou dictées aux Législateurs par les notions de la raison saine.

L'antiquité convient à la Religion, non pas parce *que nous croïons plus les choses à mesure qu'elles sont plus reculées ;* mais parce qu'une notion naturelle nous apprend que la Religion ne peut pas être moins ancienne que le Monde. Supposés l'existence du Créateur, & la création de l'homme, vous voiez la Religion établie, & nous n'avons pas besoin d'avoir dans la tête, & nous n'avons point en effet *d'idées accessoires tirées de ces tems-là, qui puissent contredire cette vérité.* Il est faux au contraire que *les Loix humaines tirent avantage de leur nouveauté.* Les Législateurs sensés ont averti les Peuples qu'il y avoit des Loix avant leurs Loix, & ceux qui nous ont parlé des premiers tems, nous ont insinué, que les hommes y vivoient sous les Loix sans avoir de Loix; *sponte suâ sine lege.* Rien en tout sens n'est si mal digéré que la prétendue dissertation que notre Auteur a composée sur ce sujet.

La distinction détaillée, qu'il fait en conséquence des différentes sortes de Loix, & les préférences qu'il leur donne aux unes sur les autres, pour décider dans certaines especes, est de peu d'usage. L'essentiel est que la décision soit toujours appuiée sur les vrais principes de la Justice. Sur cette regle abregée nous déciderons * que c'étoit une

* Chap. 2.

injustice dans les Loix de Platon de vouloir qu'un Esclave qui se défendoit contre un homme libre, fut puni comme un Parricide. L'Esclavage étoit une oppression tyrannique qui ne dépouilloit point l'Esclave de la liberté, que la nature donne à tout homme de se défendre. La plus simple notion de la Justice réprouvoit la Loi de Henri VIII. qui faisoit condamner un accusé sans que les témoins lui fussent confrontés. Toute condamnation suppose une conviction qui laisse le coupable sans excuse; aucun moien de se décharger du crime ne lui doit être refusé; condamner une fille pour avoir manqué de déclarer au Roi son commerce antérieur avec celui qu'elle épouse, c'étoit la punir pour une faute reparée, qui ne méritoit plus aucune peine. Ceux qui gouvernent les sociétés n'ont pas droit de faire déclarer les actions qui ne nuisent point au bien public. La Loi de Henri II. qui jugeoit digne de mort la fille dont l'enfant perit pour n'avoir pas déclaré sa grossesse au Magistrat a plus de specieux. La fille s'est justement rendue suspecte d'homicide, à moins qu'il ne soit d'ailleurs avéré qu'elle ne l'a point commis.

Quelque cher que ſon honneur lui ſoit, elle n'a pas droit de le conſerver au mépris d'une Loi qui la rend comptable de la vie d'un autre. Gondebaut Roi de Bourgogne vouloit faire une obligation civile de violer les affections naturelles, quand il réduiſoit à l'eſclavage la femme ou le fils d'un voleur qui ne reveloient pas ſes vols. C'eſt beaucoup qu'on oblige les Citoïens à dépoſer contre les Citoïens. Il n'y a que l'engagement qu'ils ont pris de contribuer au bien commun de la ſociété qui les excuſe alors. Les délateurs volontaires pêchent toujours contre la Loi qui nous défend de faire aux autres ce que nous ne voudrions pas qu'ils nous fiſſent; c'eſt cette trahiſon qui rend ces délateurs odieux à tous les Peuples.

S'il y eut quelque réalité dans la Loi d'Angleterre, qui permettoit aux filles de ſept ans de ſe choiſir des maris ; tout ce qu'on en doit dire, c'eſt qu'elle étoit extravagante. Il faut plus de maturité pour diſpoſer de ſa perſonne que pour diſpoſer de ſes biens. Les Loix qui donnent des Tuteurs & des Curateurs aux pupilles des deux ſexes ſont dictées par la nature même qui ſent ſes foib'effes; c'eft elle-même qui fixe l'âge où les filles font nubiles ; les exceptions font des prodiges, & les prodiges ne font point des regles.

Un pere qui vouloit forcer fa fille à faire divorce après un mariage auquel il avoit confenti, vouloit ufer d'un droit qu'il n'avoit plus. La fille n'étoit plus en fa puiffance. Le divorce d'ailleurs eft d'un intérêt fi perfonnel pour les époux, que leurs volontés feules y peuvent intervenir. Leur union dans fes premiers motifs eft indiffoluble ; leur féparation ne peut fe faire que par des raifons phyfiques ou morales d'incompatibilité, qu'eux feuls fentent, & la Loi ne l'autorife que fur les plaintes qu'ils en font & fur les preuves qu'ils en donnent.

* La Loi de Receffuinde qui permettoit aux enfans de la femme adultere ou à ceux de fon mari de l'accufer & de mettre à la torture les efclaves de la maifon pour les forcer à dépofer de ce qu'ils en pouvoient favoir, étoit auffi contraire au bien de la fociété que celle de Gondebault. Mais l'exemple d'Hy-

* Chap. 4.

polite, qui fe tait fur l'accufation de Phedre, n'eft point un exemple à citer dans un Traité de l'Efprit des Loix. *Hyppolite accufé, jugé, condamné, profcrit & couvert d'infamie* n'étoit point obligé de fe taire. Il pouvoit défendre fon innocence à la confufion de fa calomniatrice. Il eft vrai qu'on trouve un certain plaifir à la lui voir épargner ; *mais il eft faux que ce foient les accens de la nature, qui caufent ce plaifir.* C'eft un effet du ftratagême des Auteurs de Théàtre, qui fe font une étude d'outrer leurs caracteres pour les rendre plus frapans. Le vrai caractere de la vertu, n'eft point de fe facrifier elle- même, pour laiffer triompher le vice ; notre Auteur ne devoit pas oublier fi-tôt ce qu'il a dit dans le chapitre précédent *qu'il eft auffi déraifonnable d'exiger d'une fille de faire une déclaration contre la pudeur, qu'il eft déraifonnable de demander d'un homme qu'il ne cherche pas à défendre fa vie.* La nature demandoit d'Hyppolite de défendre en même tems fa vie & fon honneur. Si la cataftrophe eût été d'armer la jufte indignation de Théfée contre Phédre, que pour mieux venger Hyppolite fon fils, il eût confenti qu'il époufât Aricie, la piéce peut-être n'en eût pas été moins goû- tée. Ce font également les accens de la nature, qui font applaudir à la puni- tion du crime, & à la récompenfe de la vertu.

Il y avoit une apparence plus fpé- cieufe de juftice dans la Loi d'Athenes, qui de l'obligation qu'elle impofoit aux enfans * de nourrir leurs peres tombés dans l'indigence, exceptoit ceux qui étoient nés d'une courtifane, ceux dont le pere avoit expofé la pudicité par un trafic infâme, ceux à qui il n'avoit point laiffé de métier pour gagner leur vie. Mais la nature eut toujours reclamé contre ces difpenfes dans les néceffités extrêmes. Il n'eft rien que l'humanité n'oblige les hommes à pardonner aux hommes quand ils ont befoin les uns des autres. Ce fentiment ne permettoit pas qu'on refufât de fecourir un pere dans un cas où ce feroit une inhumani- té de ne pas fecourir un étranger. La Loi d'Athènes ufoit d'une fage vi- gueur contre les peres fans autorifer

* Chap. 5.

P v

les enfans à toujours s'en prévaloir.

Il y a plus que de la confusion dans ce qu'on nous dit sur l'ordre des succeffions. L'auteur se contredit, ou met en contradiction les décisions qu'il allegue avec des autorités qu'il leur oppofe. * La Loi Voconienne ne permettoit point *d'instituer une femme héritiere, pas même sa fille unique*, & sur cela Saint Augustin dit qu'Il n'y eut jamais de Loi plus injuste. Une formule de Mareulfe traite *d'impie* la Coutûme qui prive les filles de la succeffion de leurs peres, & Justinien nomma *barbare* le droit de succéder des mâles au préjudice des filles. Mais *ces idées font venues*, réplique notre Auteur, *de ce qu'on a regardé le droit que les enfans ont de succéder à leurs peres, comme une conséquence de la Loi naturelle*, ce qui, dit-il, *n'est pas*. Et pourquoi cela n'est-il pas ? C'est que cela n'est pas. Il le nie, parce qu'il le nie. *La Loi naturelle ordonne aux Peres de nourrir leurs enfans*, il en convient ; mais elle *n'oblige pas de les faire héritiers*. Cela ne peut avoir été reglé que par la fociété & par conféquent par des Loix

* Chap. 6.

politiques ou civiles. Conféquence fauffe & contradictoire. Une des conditions préliminaires de la fociété qui fe
traite entre des familles déja formées,
c'eft que chacune confervera la propriété des biens, dont elle eft en poffeffion.
C'eft un droit de la nature ; la Loi de
la fociété le confirme, ou n'y touche
point, ce n'eft point la Loi politique
ou civile, qui donne ce droit. Il eft fi
naturel, qu'un fils fuccéde à la poffeffion des biens propres à fon pere,
qu'on le confidere comme ne faifant
avec lui qu'une même perfonne ; de-là
vient parmi nous la maxime, *que le
mort faifit le vif*, c'eft à-dire qu'un fils
n'a pas befoin d'autre titre que fa filiation
pour entrer en jouiffance des biens de fon
pere mort. C'eft cette mort même, qui
l'en faifit, & qui lui en donne la jouiffance actuelle, comme en aïant déja
joui par indivis avec ce pere qni n'étoit
avec lui que la même perfonne.

Avouer même que la Loi naturelle
ordonne aux peres de nourrir leurs enfans, c'eft avouer qu'elle les oblige à les
faire héritiers. Cette obligation de nourrir leurs enfans fubfifte pour eux, tant
que les enfans ne font pas capables de

pourvoir à leur propre subsistance. Quand donc les peres meurent avant qu'ils en soient capables, il faut que les biens qu'ils possedoient suppléent pour eux à ce qu'ils ne peuvent plus faire par leurs soins. Les Loix sages donnent des Tuteurs à ces enfans ineptes, & les Tuteurs leur sont comptables de l'usage des biens, dont ils ont l'administration. On dit de plus que l'ordre politique & civil demande souvent que les enfans succédent à leurs peres ; mais qu'ils ne l'exigent pas toujours, c'est-à-dire que quand cet ordre paroît ne le pas exiger, c'est qu'on viole à l'égard des enfans le droit naturel, sans en avoir droit ou de raisons légitimes.

On présume pourtant que les Loix nos Fiefs ont pu avoir des raisons pour que l'aîné des mâles, ou les plus proches parens par mâles eussent tout, & que les filles n'eussent rien ; que les Loix des Lombards ont pu avoir aussi des raisons pour que les sœurs, les enfans naturels, les autres parens & à leur defaut le fisc, concourussent avec es filles. Mais c'est une présomption que je ne discuterai point quoique j'aïe paru vous le promettre. Notre Au-

teur *auroit crû qu'il y auroit une imper-
fection dans son ouvrage, s'il passoit sous
silence un évenement arrivé une fois dans
le monde, & qui n'arrivera peut-être jamais ; s'il ne parloit de ces Loix que l'on
vit paroître en un moment dans toute l'Europe, sans qu'elles tinssent à celles que
l'on avoit jusqu'alors connues. Ceci, dit-il,
demanderoit un ouvrage exprès ; mais vû
la nature de celui-ci, on y trouvera plutôt ces Loix comme je les ai envisagées
que comme je les ai traitées.* Les Loix
féodales en un mot sont un beau spectacle. Un chêne antique s'eleve ; l'œil
en voit de loin les feuillages; il appro-
che, il en voit la tige ; mais il n'en apperçoit point les racines, il faut percer
la terre pour les trouver.

De tout ce discours il résulte pour
moi deux conséquences principales, l'u-
ne que la découverte des Loix des Fiefs
est d'un travail immense, & l'autre
que les découvertes de l'Auteur ne
sont pas fort avancées.

Je vois sur-tout que quelques efforts
que je pûsse faire, je ne ramene-
rois jamais ces Loix à la source générale des Loix, qui se déduisent toutes
des notions du juste & de l'injuste aux-

* Chap. 3.

quelles je me suis proposé de rappeller tout ce que je vous ai dit sur le tissu de *l'Esprit des Loix*, tel que notre Auteur a voulu nous le tracer ; je laisse donc le fond de cette nouvelle matiere pour ce qu'il est. Ce sont des droits introduits sans principes dont la longue possession fait le titre le plus spécieux. La Loi du plus fort en fut l'origine. L'abus s'est soutenu, parce qu'il étoit devenu général, & paroît aujourd'hui trop ancien pour être reformable. La Jurisprudence est fondée sur les faits, & tout se décide par les Coutûmes passées en Loix, qui ne tiennent point en un mot à celles qu'on avoit connues de tout tems & dans tous les païs de l'Europe.

L'Auteur voudroit pourtant les y lier, mais mal-à propos. Il fut reglé dit-il, *dans quelques Dinasties de la Chine que les freres de l'Empereur lui succéderoient & que ses enfans ne lui succéderoient point.* Mais c'est visiblement changer la these. Il n'est point de la nature de la roïauté d'être héréditaire. La reconnoissances des Peuples qui la donnent, les a quelquefois portés à la déférer aux enfans de ceux qui leur avoient rendus des services signalés. C'est ainsi que les

Ifraëlites difent à Gédéon : *dominés-nous , foïez notre Roi, vous, votre fils & votre petit fils*, parce que *vous nous avez délivrez des Madianites* ; mais ce motif de gratitude ne fubfifte pas toujours & l'intérêt de la fociété , qui dépend beaucoup de la bonne adminiftration des Princes, a toujours été le motif dominant , dans la maniere dont on regle la fucceffion ,qui ne dépend point du droit naturel , & quand quelques Ecrivains *ont traités d'ufurpateurs les freres de l'Empereur de la Chine appellés au Trône par la délibération des peuples , ils en ont jugé,* dit notre Auteur, *par les Loix de ce Païs.* C'eft trop peu dire : ces Ecrivains ont jugé contre le droit naturel de tous les Peuples. Il a dépendu d'eux de rendre les Monarchies héréditaires ou fucceffives, & quand on a confervé ce droit dans fon entier , c'eft à la raifon , je dis à la raifon de l'Etat de décider dans quel cas la fucceffion doit-être déferée aux enfans ou déferée à d'autres.

Il y a plus de bizarrerie que de fageffe dans ce qu'on nous cite des regle-

* Judic. 8. v. 23.

mens faits sur ce sujet en différens Païs. C'étoit bizarrerie dans un peuple d'Arabie de donner des gardes à toutes les femmes grosses le jour que le Roi montoit sur le Trône, afin que l'enfant qui viendroit le premier au monde, fut *le Prince héritier*. C'étoit laisser au hazard à décider ce qui devoit être l'objet du choix le plus sage & le plus murement délibéré. C'est bizarrerie de statuer dans les Païs ou la Polygamie regne que les enfans du Roi ne lui succederont pas. Il suffiroit de statuer que la Couronne reste toujours à la disposition de l'Etat. Ce statut n'empecheroit pas qu'on ne put la deférer par choix à quelqu'un des enfans, & quand on les en excluroit tous, ce ne seroit point un inconvénient. Leur grand nombre ne rendroit point leur entretien trop a charge au peuple, parce que le peuple n'est jamais chargé de cet entretien. Il n'est obligé qu'à l'entretien du Roi, tandis qu'il regne. Ce grand nombre d'enfans n'exposeroit point l'Etat à des guerres civiles, parce qu'aucun n'auroit droit de prétendre à la Couronne toujours élective.

C'est plus que bizarrerie d'imaginer

que quelques raiſons d'Etat, ou quelque maxime de Religion demande
que la même famille ſoit toujours regnante. La ſuprême raiſon de l'Etat
ſera toujours que le meilleur regne.
Abandonner ce principe, c'eſt s'expoſer
à tant de ſortes d'inconveniens, qu'il
eſt ſouvent plus ſage de les ſouffrir
quand ils arrivent, que d'eſſaier d'y
mettre remede.

*Qu'il ne faut pas décider par les pré-
ceptes de la Religion lorſqu'il s'agit de
ceux de la Loi naturelle.* C'eſt un principe immuable, que Dieu n'ordonne
jamais rien qui ſoit contraire à la nature. Le jeûne des Abyſſins, qui leur
ôte la force de ſe deffendre, ne doit
donc pas être conſidéré comme un
précepte de Religion;ce ſeroit la porter
juſqu'au fanatiſme. C'étoit de même
une vraïe ſtupidité dans la nation Juive
de ne pas ſe défendre, quand leurs ennemis les attaquoient le jour du ſabat.
C'étoit une ſuperſtition folle dans les
Egyptiens de reverer des animaux comme ſacrés, juſqu'à ne pas tirer ſur eux
pour défendre la Ville de Peluſe aſſié-

* Chap. 7.

gée par Cambyse. Ces sortes de questions font trop absurdes pour laisser des doutes à ceux que la raison saine éclaire. Ils doivent être bien assurés que Dieu sage & bon ne hait rien de tout ce qu'il a fait, & que leurs soins pour se conserver doivent concourir avec ceux de la Providence. Quiconque voudroit leur insinuer d'autres idées, ne les leur suggeroit que par les illusions d'une Religion fausse.

Quand on dit au contraire qu'il ne faut pas * *regler par les principes du droit* qu'on appelle *canonique, les choses reglées par les principes du droit civil;* il y a dans les exemples qu'on nous allegue de cette décision, des défauts, qui la rendent confuse, vraiment douteuse & réformable; quiconque reconnoît dans un Etat un droit canonique avec un droit civil, suppose de deux choses l'une; ou que ces deux droits dérivent de la même puissance, ou qu'ils sont fondés sur deux puissances indépendantes. Dans ce dernier cas on introduit un monstre dans la constitution de l'Etat, où la puissance législa-

* Chap. 8.

tive doit nécessairement être unique. Le droit Canonique ne sera donc alors qu'un droit précaire, dont les Jugemens doivent être portés par appel au Tribunal Civil, & ce Tribunal Souverain ne souffrira pas qu'on ait infligé la peine du sacrilége pour un simple vol. Celui-ci consiste à voler une chose privée dans quelque lieu que ce soit, & le sacrilége à voler dans un lieu qu'on nomme sacré, ce qui sert aux usages de ce lieu même.

Le second exemple est plus intéressant pour le bien public, & plus susceptible du soupçon d'injustice & de partialité de la part du Tribunal Civil. *Autrefois* la femme avoit action contre le mari pour cause d'infidélité, comme le mari contre la femme, & le Tribunal Canonique l'admettoit. Notre Auteur convient *qu'effectivement à ne regarder le mariage que dans des idées purement spirituelles, & dans le rapport aux choses de l'autre vie, la violation de la fidélité est la même.* Il s'égare & ne va point au fait. Le mariage étoit le contrat d'une société personnelle, dont la fidélité réciproque des deux époux étoit une clause essentielle. La police des sociétés

générales en a fait un contrat civil ,
dont elle n'a pu changer la nature &
les engagemens naturels , cependant
ajoute notre Auteur , *les Loix politi-*
ques & civiles de presque tous les peu-
ples ont avec raison distingué ces deux
choses , c'est-a-dire qu'elles ont restraint
la clause de la fidélité mutuelle aux seu-
les femmes. Elles ont demandé d'elles
un dégré de retenue & de continence qu'el-
les n'exigent point des hommes ; mais de
quel droit l'ont elles fait ? De quel
droit ont-elles affranchi les maris de
leurs engagemens ? Dans tout autre cas
ne seroit-ce pas résoudre le contrat par
le seul fait ? Ne suffit-il pas qu'une des
Parties contractantes manque aux clau-
ses essentielles , pour dégager l'autre de
ses promesses , & par quelles raisons
encore les Loix politiques ont-elles usé
de cette partialité ? C'est parce *que la*
violation de la pudeur suppose dans les
femmes un renoncement à toutes les ver-
tus. Raison frivole , qui ne prouve pas
plus contre les femmes que contre les
maris , c'est *parce que la femme en*
violant les Loix du mariage , sort
de l'état de sa dépendance naturelle.
Raison purement illusoire. Il n'y a point

de dépendance naturelle dans une société qui se contracte entre des personnes égales & libres. La dépendance de la femme à l'égard du mari n'est qu'une dépendance d'affection, de bonne intelligence & d'économie, qui laisse subsister l'égalité naturelle. C'est enfin parce que *la nature a marqué l'infidélité des femmes par des signes certains, & que les enfans adulterins de la femme sont nécessairement au mari & à la charge du mari.* Suppositions gratuites, nous voïons tous les jours ces enfans adulterins rejettés par les Tribunaux, & privés de tout droit à la succession des maris. Il falloit donc se contenter de dire que les femmes ne sont plus admises à poursuivre les maris pour cause d'adultere en vertu des Loix politiques & civiles de plusieurs peuples; Loix qu'on peut comparer à celles qui prononcent des séparations de corps & de biens, sans laisser à ceux qu'elles ont séparés, la liberté de se remarier à d'autres, Loix dont on ne peut rendre la moindre raison tant soit peu specieuse.

L'Auteur qui n'écrit point, dit-il ; *pour censurer ce qui est établi dans quel-*

que Païs que ce ſoit , ſe tait en effet ſur une Jutiſprudence, contre laquelle la Juſtice & la raiſon reclame ; il laiſſe les jugemens des Tribunaux pour ce qu'ils ſont , équitables , ou non. Il ne donne point à ceuxqui s'en plaignent la conſolation d'apprendre qu'ils s'en plaignent juſtement , & que les traitemens qu'on leur fait ſont contraires à l'Eſprit des Loix. Veut-il enſuite leur montrer que *les choſes qui doivent être reglées par les principes du droit civil, peuvent également l'être par les principes des Loix de la Religion ?* D'abord il ſemble poſer des principes, dont il tirera cette conſéquence ; mais ces principes ne ſont que des idées alambiquées , dont il ne ſuit rien. *Les Loix religieuſes ont plus de ſublimité ; les Loix civiles ont plus d'étendue.* Tournez & retournez cette fraſe , qu'eſt-ce que la ſublimité ? Le grand caractere des Loix , c'eſt leur juſtice , & dès qu'elles ſont juſtes , elles ſont ſublimes. *Les Loix de perfection tirées de la Religion...* L'idee de perfection ne ſe tire point de la Religion ; mais de la nature. Tout Etre intelligent eſt parfait quand il uſe de ſes connoiſſances , de ſes penchans ,

* Chap. 9.

& de ses affections selon les vues du Créateur. C'est à ces vues que la Religion le rappelle par le respect qu'il doit à son Auteur, dont les volontés sont ses Loix suprêmes. Ces Loix de perfection, non pas tirées de la Religion; mais auxquelles la Religion rappelle, ont plus pour objet *la bonté* de l'homme qui les observe, que *celles de la société dans laquelle elles sont observées.* La bonté de l'homme en lui-même, ne doit point être séparée de celle de la société dans laquelle il vit, parce que l'homme est né pour elle, & que le bien de la société fait une partie de ses devoirs. *Les Loix civiles au contraire ont plus pour objet la bonté morale des hommes en général que celle des individus.* Où est ici la contrariété ? Peut-on vouloir la bonté des hommes en général, sans vouloir la bonté des individus ? Qui dit tout n'excepte rien. Les Loix civiles qui se proposent en général de former de bons Citoïens, veulent donc qu'ils le soient tous en particulier.

Ainsi quelques respectables que soient les idées, qu'on dit *naître immédiatement de la Religion, elles ne doivent pas*

toujours servir de principes aux Loix Ci-
viles; fauſſe ſuppoſition; fauſſe conſéquence. Fauſſes ſuppoſition; les idées qui
tendent à perfectionner les mœurs, ne
naiſſent point immédiatement de ce
qu'on nomme la Religion; mais des
réflexions, que la Religion fait faire
ſur la nature, qui tend par elle-même,
ou par un devoir indiſpenſable à la
perfection, dont ſon Auteur l'a rendue
ſuſceptible, au moins dans le deſir de
devenir parfaite. Fauſſe conſéquence.
Si les idées, qu'on fait naître de la Religion ſont tellement reſpectables que
leurs objets puiſſent être des ſujets de
Loix, elles doivent en ſervir de principes aux Loix Civiles, ou le peuvent
du moins, Les Loix Civiles peuvent
commander tout ce que Dieu commande ſans être outrées.

A quoi tout ceci va-t'il ſe coudre ?
N'en ſoyez point ſurpris, Monſieur, les
tiſſus des Chapitres de l'Auteur ſont
communément des rapſodies de penſées, qui n'ont pas été faites les unes
pour les autres. Mais quelquefois le
vice, qui met ces penſées en contraſ-
te, ne vient que de ce que quelques-
unes

unes sont faussement présentées. Un mot, qui les rend à leur vrai sens, les rapproche, & les réunit par une coûture très-naturelle. Telles sont celles-ci: *Les Romains firent des réglémens pour conserver dans la République, les mœurs des femmes. C'étoient des institutions politiques. Lorsque la Monarchie s'établit ; ils firent là-dessus des Loix Civiles, & les firent sur les principes du Gouvernement Civil.* Passons par dessus ce verbiage, & continuons. *Lorsque la Religion Chrétienne eût pris naissance, les Loix nouvelles que l'on fit, eurent moins de rapport à la bonté générale des mœurs, qu'à la sainteté du mariage,* arrêtons. La vérité déguisée, va se montrer à nous dans tout son jour. Ces Loix que les Romains firent pour conserver les mœurs des femmes, eurent le même objet que les Loix que les Chrétiens firent depuis. Ils vouloient conserver la *sainteté du mariage.* Ils regarderent l'adultere, qui la souille comme la premiere source des malheurs de la République. C'est ainsi qu'Horace, plus instruit ou plus ingénu, nous en parle.

Fæcunda culpæ sæcula nuptias primum inquinavere. Hoc fonte derivata clades

Q

&c. Dirons-nous donc auffi, que les Romains alors *confideroient |moins l'union des deux fexes dans l'Etat Civil , que dans un Etat fpirituel* ? Chiméres pures. Des deux côtés on confidéroit les Sexes unis dans leur état naturel & fociable. On vouloit qu'ils obfervaffent la juftice, par qui la fociété fubfifte. Cette juftice, dis-je , qui confifte à rendre à chacun ce qu'on lui doit. La fidélité réciproque des époux , eft un devoir fondé fur la nature, & fur les claufes du contrat qu'ils ont fait enfemble. C'eft l'obfervation de ce devoir qui fait la fainteté du mariage , & fa fpiritualité. Les conjonctions vagues n'ont rien que d'animal.

Par la Loi Romaine , un mari qui ramenoit fa femme après la condamnation de l'adultere , étoit complice de fa débauche. Cette févérité parut néceffaire au maintien des bonnes mœurs , que les Légiflateurs avoient à cœur. Trop de facilité dans le mari le rendoit fufpect de n'être pas affez touché d'un outrage dont il avoit pourfuivi la réparation. Mais Juftinien dans un autre efprit , ordonna *que le mari pourroit pendant deux ans aller reprendre fa femme dans le Monaſtere.* Il n'eſt point de fautes, quelques graves qu'elles ſoient, que la tolérance naturelle ne puiſſe faire oublier. Il eſt des maris qui ne ceſſent point d'aimer leurs femmes, quoiqu'infidéles. Il eſt digne de l'offenſé de n'être point inflexible ſur les offenſes. Une faute ſincérement pardonnée, devient un motif preſſant de ne la plus commettre. On voit que rien n'eſt ſouvent plus aiſé que le racommodement dans le mariage. Juſtinien put donc ſe déterminer par ces conſidérations, qui n'ont rien au fond de contraire à la Loi Civile, & qui ne font qu'honorer le penchant de l'humanité, qui ſe montre capable d'indulgence.

La cauſe des femmes, qui n'entendent point parler de leurs maris abſens pour la guerre, étoit peut-être trop favorable quand les Loix leur laiſſoient la liberté du divorce, & Conſtantin ne la rendit point trop défavorable quand il ordonna qu'elles attendroient quatre ans avant d'envoïer le libelle de divorce; de ſorte qu'alors ſi le mari ne revenoit pas, il ne pourroit plus les accuſer d'adultere, quand elles ſe feroient remariées. Les maris donnoient le juste soupçon d'une désertion réelle, qui le leur permettoit. Quand Justinien ne leur permit plus de préfumer cette défertion si plaufible, & voulut qu'elles donnaffent des preuves pofitives de la mort de ces maris fufpects ; la Loi parut trop dure ; mais après tout, ce n'étoit qu'un combat des Loix Civiles, qui déféroient plus ou moins aux idées Religieufes. Il femble même que dès que la Religion reconnoît des caufes légitimes de la diffolution du mariage, on pourroit penfer qu'il n'eft point contre fon efprit, de lui faire préfumer celle d'une défertion, qui paroît peu douteufe. Il y a des inconvéniens des deux côtés. Les maris abfens peuvent être dans l'impuiffance de revenir, & de faire même fçavoir s'ils vivent. Les femmes impatientes produifent de fauffes atteftations de leur mort. Les Juges qui balanceront les torts & les maux, auront toujours peu de fûreté d'en décider fans injuftice.

L'Auteur penfe jufte fur la Loi de Juftinien, qui met parmi les caufes de divorce le confentement du mari & de la femme, d'entrer chacun dans un Monaftere. C'eft-là pécher contre les idées naturelles, civiles, & vraiement religieuses. On ne peut y méconnoître un esprit prévenu des fausses imaginations du Mochanisme. Le divorce suppose entre les époux des incompatibilités, qui les dispensent de leur engagement, & leur laissent la liberté de s'engager à d'autres. Se séparer sans ces conditions, ce peut être une apostasie plus réelle & plus injuste que celle de quitter la Profession du célibat pour le mariage.

C'est encore un raisonnement sensé de dire * que dans un païs où la pluralité des femmes est permise, un homme ne doit pas embrasser une Religion, qui la défend sans dédommager les femmes, ou sans leur conserver ou sans leur faire rendre par le Magistrat tous les avantages civils qu'elles ont acquis pour elles, & pour leurs enfans par un mariage, qui n'avoit rien que de légitime. On peut conclure des faits que j'ai rapportés ailleurs à ce sujet, qu'il nous est plus évident que Dieu nous ordonne d'accomplir toute justice, qu'il ne l'est qu'il condamne absolument un usage, qu'il a plus qu'autorisé chez un Peuple dont les Loix étoient censées venir immédiatement de lui. C'est une

* Chap. 10.

Q iij

attention digne de ceux qui vont prêcher l'Evangile dans des Pays où la Polygamie regne. Ils doivent craindre d'y
faire paroître Dieu contraire à lui-même, & de faire commettre à leurs Pro-
félytes des injustices indubitables. Il est
du juste rigide que la mere & les enfans jouiſſent des avantages d'une union
qui n'avoit rien d'incontestablement
contraire aux Loix naturelles.

    * Les deux Chapitres suivans trai-
tent du tribunal de l'Inquisition, dont
l'Auteur trop réservé se borne à dire,
qu'il *est contraire à toute bonne police,*
sur cette maxime : *qu'il ne faut pas régler les tribunaux humains par les maximes des tribunaux qui regardent l'autre vie.* C'est alambiquer sur des préjugés aussi mal conçus que faux sur l'idée
qu'on doit se former de ce tribunal.
*Il a trouvé par tout, dit-il, un souleve-
ment général. . . . Il est insupportable dans
tous les Gouvernemens.* Ces deux traits
le caractérisent suffisamment. Il est
contraire à tout ce qu'il y a de plus inviolable dans le droit de la nature. Les
hommes n'en ont aucun sur les pensées

    * Chap. 19.

des autres hommes. La Religion sur-
tout chez eux, est essentiellement libre.
Quiconque les force d'en répondre devant un Tribunal humain, exerce sur
eux la tyrannie la plus inhumaine & la
plus exécrable. Il suffit de renvoïer là-
dessus aux cris unanimes de tous nos
anciens Apologistes.

Voici des questions plus embarassan-
tes, parce qu'elles sont plus étrangeres
aux vrais principes des Loix. Le pis, c'est
qu'elles ne sont fondées que sur des
faits plus qu'incertains en eux-mêmes,
& d'une nature à n'en pouvoir tirer
que des conséquences absurdes. * On
demande *en quel cas il faut suivre à l'é-
gard des mariages les Loix de la Religion, & dans quel cas il faut suivre les
Loix Civiles.* Pour décider, on pose
pour préliminaire, *qu'il est arrivé dans
tous les païs & dans tous les tems que la
Religion s'est mêlée des mariages.* A qui
le dit-on ? Ce fait est-il assez notoire,
pour n'avoir pas besoin d'être attesté
par des preuves bien positives ? Dans
quels monumens des premiers tems
qui nous sont restés trouverions-nous

* Chap. 1.

Q iiij

que la Religion s'y foit mêlée des mariages ? Suppofons le fait plus que gra-
tuitement. S'il eft arrivé dans tous les
tems & dans tous les païs , la Religion
qui s'y mêloit des mariages étoit donc
une Religion quelconque, fauffe , idol-
lâtre , & fur-tout fuperftieufe. Cela
fuppofé , comme il eft clair que l'Auteur le fuppofe ; tout le tiffu de ce Chapitre n'eft qu'un *farrago* , qu'un compo-
fé , qu'un mêlange bizarre , & monf-
trueux d'idées folles , abfurdes , in-
conciliables , dont il prétend former
cette régle indifpenfable pour le mariage dans quelque païs que ce foit.
Cette régle fe fera donc par une efpéce d'opération magique , où comme
un miroir en cylindre ; elle raffem-
blera fous une forme réguliere , mille
traits difperfés , qui ne fembloient
pas faits les uns pour les autres. Ef-
faïons de faire comprendre ce prodige
par un exemple. *Dès que certaines cho-*
fes ont été regardées comme impures, ou
illicites,& que cependant elles étoient né-
ceffaires , il a bien fallu y appeller la
Religion pour les légitimer dans un cas,&
les réprouver dans les autres. D'un autre
côté, les mariages étant de toutes les

actions humaines, celle qui *intéreſſe le
plus la ſociété*, il a bien fallu qu'ils fuſſent *réglés par les Loix Civiles*. Où ?
quand ?. & par qui certaines choſes
furent-elles regardées comme impures ? & quelle Religion donnoit ces
idées, ſi ce n'étoit la ſupperſtition dominante du païs ? Falloit-il donc que
les Loix Civiles, qui devoient ſtatuer
ſur les mariages, appellaſſent néceſſairement la ſuperſtition pour ôter ces
impuretés prétendues, & pour les légitimer ? ·Fit-on chez les Romains
quelque choſe de pareil, pour légitimer leurs mariages avec les filles des
Sabins qu'ils avoient enlevées ?

Mais que dis-je ? un ſeul exemple ne
ſuffit pas. La régle doit comprendre
tous les cas particuliers des différentes
Religions, puiſque ce qu'on en a dit
convient à la Religion quelconque.
Auſſi l'Auteur conclud-t'il ſans diſtinction. *Tout ce qui regarde le caractére du
mariage, ſa forme, la maniere de le
contracter. la fécondité qu'il procure ; qui
a fait comprendre à tous les Peuples qu'il
étoit l'objet d'une bénédiction particuliére,
qui n'y étant pas toujours attachée dépendoit de certaines graces ſupérieures ,*

Q v

tout cela est du ressort de la Religion.
Tout cela prouve donc seulement ici
que l'Auteur raisonne sur une suppositi-
tion fausse.

Les mariages de toutes les Nations,
qui n'ont point observé, qui n'ont pas
même connu ces conditions, n'en ont
pas été considérés comme moins légitimes. La Religion même d'après laquelle toutes ces observations sont pri-
ses, n'en juge pas autrement. Elle ne
rompt point les mariages, de ceux qui
l'embrassent ; elle n'y met point son caractére; elle les regarde comme authen-
tiques. Les Loix Civiles, en usent de
même ; elles les laissent tels qu'ils ont
été faits.

Tout ce que l'Auteur ajoûte, est de
même plein d'inconséquences, & de
contradictions. Il dit, que c'est *à la
Loi de la Religion à decider si le lien
d'un mariage sera indissoluble ou non,* &
souvent les Loix Civiles prononcent
qu'un mariage déclaré indissoluble peut
se rompre. Il nous cite des exemples
où les Loix Civiles ont déclaré nul de
leur propre autorité ce que d'autres
Loix n'avoient déclaré qu'illégitime.
En un mot, la Loi Civile se détermi-

ne, dit-il, *selon les circonstances. Quelquefois elle est plus attentive à réparer le mal, qu'à le prévenir.* Il n'est rien d'uniforme & de constant dans ses dispositions.

Le tout vient de ce qu'on ne consulte pas assez la Loi naturelle, & que des inconvéniens civils ou politiques forcent à s'en ecarter au risque de faire à la société beaucoup de mal pour un peu de bien.

C'est ce que l'Auteur suppose, *lorsqu'il examine dans quel cas il faut se régler par les Loix de la nature ou par les Loix Civiles dans les mariages entre parens. C'est une chose très-délicate,* dit-il, *de bien poser à ce sujet, le point où les Loix de la nature s'arrêtent, & où les civiles commencent.* Dans la supposition la plus raisonnable nous reconnoissons que Dieu ne créa qu'un homme & qu'une femme. On peut donc dire qu'indépendamment des inconvéniens, que l'Auteur allegue, il ne fut point naturre alors que les pere & mere épousassen leurs enfans. Le cas ne pouvoit arriver que par un accident qui fît mourir l'un ou l'autre dans un âge à pouvoir encore contribuer à la propa-

gation de leur efpece. Il fut plus poffible que les peres époufaffent leurs
filles, comme on dit que les Tartares
en ufent encore, Mais dans les premieres générations les mariages ne purent
fe faire qu'entre les freres & les fœurs.
A l'époque du déluge, ils ne purent fe
faire qu'entre les coufins germains.
Dans ce double cas on ne peut dire
que ces conjonctions fuffent contraires à la nature. Aucune Loi du Créateur ne les avoit prohibées, puifqu'il
les avoit rendues néceffaires. Dans tous
ces premiers tems nous ne voions point
de fcrupules fur ces alliances. Les plus
honorables & les plus recherchées,
furent celles que chacun contractoit
dans fa propre famille. Abraham époufa Sara fa niéce. Ifaac époufa Rébecca
fa coufine germaine ; Jacob les deux
filles de Laban fon oncle. Nous ne
voïons point de Loix, qui prohibent
ces mariages avant les Loix de Moyfe,
& ces Loix ne furent vifiblement que
des Loix de politique. Ce Légiflateur veut
en général que les Citoïens fe marient
toujours dans leur propre famille, afin
que les biens n'en foient point confondus. Il ordonne qu'un frere époufe

la veuve de son frere, quand celui-ci n'aura point laissé d'enfans, & quand celui-ci n'avoit point de frere, l'obligation d'épouser sa veuve passoit au parent le plus proche, de sorte que s'il réfusoit d'obéir à la Loi, son refus étoit puni d'une peine infamante.

Au reste comme cette police n'étoit point fondée sur une raison naturelle, on ne doit pas penser que la prohibition des mariages dans certains dégrés de parenté soit fondée non plus sur ce que ces alliances étoient contraires à la nature. On nomme Loix naturelles celles qui résultent de l'instinction du Créateur, & quand on veut parler dignement de l'être suprême, on ne doit rien tant éviter que d'attribuer à sa conduite tout ce qui peut indiquer en lui la moindre ombre de changement. Je suis Dieu, dit-il, & je ne change point. Les mariages qui se sont faits dans les premieres générations du monde ne peuvent donc être considérés comme illégitimes en eux-mêmes dans les progrès de la génération.

Mais comme l'Auteur l'a remarqué dans son premier Livre, *les Etres intelligens ne suivent pas toujours leurs*

Loix. Leurs inclinations & leurs mœurs ſe dépravent, & les Loix civiles peuvent mettre des barrieres à cette dépravation. C'eſt un devoir exprès dans les parens de veiller à ce que la corruption ne s'introduiſe point dans leur famille. On ne peut donc que louer les raiſons morales que l'auteur allegue pour juſtifier l'éloignement que certains parens donnent à leurs enfans pour les mariages entre les proches à certains degrés; mais il ne peut diſconvenir, s'il y réfléchit, *que ce principe que ces mariages ſont défendus pour la conſervation de la pudeur naturelle dans la maiſon ne peut ſervir à nous faire découvrir quels ſont les mariages défendus par la Loi naturelle & ceux qui ne peuvent l'être que par la Loi civile.* Ce n'eſt qu'un pur paralogiſme qui la fait tomber dans des contradictions très-ſenſibles. Il reconnoît avec raiſon *que les Loix de la nature ne peuvent être des Loix locales.* Le principe eſt déciſif & ne ſouffre point d'exceptions. La *défenſe* ou la *permiſſion* des Loix de la Nature *eſt invariable*, parce *qu'elle dépend*, dit-il, *d'une choſe invariable*, c'eſt-à dire de l'inſtitution, ou de la volonté du Créateur, qui n'eſt pas susceptible d'inconstance. Il reconnoît pourtant aussi que les Loix de Moïse, celles des Egyptiens & de plusieurs autres peuples *permettent le mariage entre le beau-frere & la belle-sœur*, *pendant que ces mêmes mariages sont défendus chez d'autres Nations*. Si ces mariages sont permis ou défendus en conséquence des Loix naturelles, il s'ensuit donc que les Loix naturelles, ne sont que des Loix locales. La contradiction ne peut être plus palpable.

Tous les raisonnemens que l'Auteur fait encore pour essaïer de persuader que les Loix de la nature peuvent devenir en effet des Loix locales, sont de même des raisonnemens frivoles. Les mariages défendus ou permis selon les lieux *ne le sont que par une Loi civile*, *qui dépend des usages de chaque Païs.* Comment ne sent-on pas qu'on nous dit des absurdités quand on hazarde que si les Perses ont épousé leurs sœurs, c'est parce que la Religion de Zoroastre donnoit la préférence à ces mariages? Abraham, Isaac & Jacob qui leur donnerent cette même préférence, Philon qui nous dit qu'ils étoient regardés comme les plus honorables, étoit-il de la

Religion de Zoroaftre ? Comment nous dit-on que fi les Egyptiens ont époufé leurs fœurs, ce fut encore par un délire de la Religion Egyptienne, qui confacra ces mariages en l'honneur d'Ifis ? Dans la premiere fucceffion des hommes où les freres fe marierent avec les fœurs, étoient-ils dans un femblable délire, & pour légitimer leurs mariages, eurent-ils le foin de les confacrer à la Déeffe Ifis ? Je m'arrête & je conclus qu'on ne doit pas du moins tourmenter imprudemment les confciences de ceux qui font difpenfés pour contracter des mariages dans les dégrés prohibés comme s'ils avoient violé des Loix naturelles, dont perfonne en effet ne peut difpenfer, parce que la défenfe des Loix de la nature eft invariable, & qu'elle dépend, dit notre Auteur, d'une chofe invariable.

* *Qu'il ne faut point décider par les principes du droit politique les chofes qui dépendent des principes du droit civil.* L'Auteur décide fort bien les queftions qu'il fe propofe fur ce fujet ; mais il les décide par les diftinctions alambiquées

* Chap. 15.

de príncipes, qui se confondent, & qui rentrent nécessairement les uns dans les autres. Il dit par exemple que ce sont les Loix politiques qui *acquiérent* aux citoïens *la liberté*, & les Loix civiles qui leur acquierent la *propriété*; mais il dira bientôt que la liberté *consiste à ne pouvoir être forcé à faire une chose que la Loi n'ordonne pas, & on n'est dans cet état, ajoute-t-il, que parce qu'on est gouverné par des Loix civiles. Nous sommes donc libres, parce que nous vivons sous des Loix civiles.* Ce sont donc en effet les Loix civiles & non les Loix politiques qui nous acquiérent *la liberté*, ou dans ce cas les Loix politiques ne sont pas distinguées des Loix civiles. C'est donc un vrai pot-pourri de dire qu'il ne faut pas décider par les Loix de la liberté, ce qui ne doit être décidé que par les Loix qui concernent la propriété, puisque ce sont les mêmes Loix, qui nous assurent & la liberté & la propriété. Ces Loix ou cette Loi veut que tous les citoïens contribuent pour les besoins ou pour les dépenses publiques; mais cette

* Chap. 20.

contribution doit fe faire avec équité, de maniere qu'elle foit vraiment commune & jamais perfonnelle.

Ainfi, dit notre Auteur, *lorfque le public a befoin d'un fonds particulier, il ne faut jamais, agir par la rigueur de la Loi politique; mais c'eft-là que doit triompher la Loi civile, qui avec des ieux de mere regarde chaque particulier comme toute la cité même.* Ces dernieres expreffions font mignardes, douces, gracieufes mais très - impropres pour exprimer au vrai les bornes du droit que la fociété prife en corps peut exercer fur tous les citoïens en vertu de leurs conventions. *La fublimité* de la raifon n'a donc point empêché notre Auteur de confondre ici les principes qui doivent gouverner les hommes. La Loi fondamentale de la fociété civile, c'eft de conferver à tous les membres qui la compofent la propriété de leurs biens. Quand on a befoin du fonds de quelqu'un il faut qu'on *l'indemnife*; le public eft à cet égard comme un particulier, qui traite avec un particulier. On en ufoit ainfi, continue-t'il, au douziéme fiécle; on fe déterminoit alors par la Loi politique; cela veut dire que plus nous sommes devenus vieux, plus nous sommes devenus injuftes, & que cette prétendue Loi politique n'eft qu'une chimere accréditée qui commet une injuftice pour violer une Loi jufte. Telle eft la confufion, qui naît de ces vaines partitions, qui font donner aux Loix des noms différens fans égard aux notions du jufte & de l'injufte.

On verra pourfuit encore notre Politique, *le fonds de toutes les queftions fi on ne confond point les régles qui dérivent de la propriété de la Cité avec celles qui naiffent de la liberté de la Cité.* Chimere, Chimere. Comment verra-t'on par-là le fonds de la nouvelle queftion qu'on propofe. *Le domaine d'un Etat eft-il aliénable ou ne l'eft-il pas?* Allons d'abord à la définition. Qu'eft-ce que le domaine d'un Etat? C'eft un fonds, ou des revenus deftinés aux dépenfes communes néceffaires pour faire fubfifter l'Etat ou ceux qui le gouvernent. Si c'eft un Etat démocratique la difpofition de ce fonds ou de ces revenus appartient aux Magiftrats, qui font actuellement en charge. Si l'Etat eft Monarchique, elle ap-

---

* Chap. 16.

partient au Monarque. Demander donc
ſi le domaine eſt aliénable, c'eſt demander ſi les Magiſtrats , le Monarque ou
le corps entier de l'Etat a droit de l'a-
liéner. Or tout cela ſe confond dans la
queſtion telle que l'Auteur la propoſe.
Elle ne doit pas, dit-il , *être décidée par
la Loi Civile*. Pourquoi ? *parce qu'il eſt
néceſſaire qu'il y ait un domaine pour faire ſubſiſter l'Etat*. Ce premier raiſonnement ſuppoſe qu'on aliéneroit le domaine ſans le remplacer , & c'eſt ce
qui n'eſt point dans la queſtion , & ce
qui ſeroit réellement contraire à la Loi
civile , c'eſt-à dire à la premiere conſtitution de l'Etat , qui ne peut ſe former ou ſubſiſter ſans un domaine tel
que j'ai dit. Suppoſons-le , en ce cas
ſi le domaine eſt aliéné , *on ſera forcé
de faire un nouveau fond pour un autre domaine*, nous en conviendrons ; mais dit-
on, *cet expédient renverſe encore le gouvernement politique*. Et comment le ren-
verſe-t'il ? *Parce que par la nature de la
choſe , à chaque domaine qu'on établira ,
le ſujet paiera toujours plus & le Souverain recevra toujours moins*. Suppoſition
fauſſe & peu raiſonnée. Par la nature
de la choſe il peut arriver que le ſujet

païe moins., & que le Magiſtrat ou le Souverain recoive plus du nouveau domaine que de l'ancien. De l'argent qu'on au a retiré de l'aliénation de cet ancien domaine on pourra acheter un fonds, qui produira plus que le premier ſelon la nature de l'un & de l'autre. L'un ſera ſuſceptible de plus d'économie, d'une regle plus facile, d'un produit moins ſujet aux accidens. Si le domaine conſiſtoit dans des droits attribués à ceux qui gouvernent, on pourra leur en attribuer d'autres, qui ſeront d'un plus grand rapport pour eux & moins onéreux au corps de l'Etat. C'eſt donc en un mot ne rien conclure de répéter que *le domaine eſt néceſſaire, & que l'aliénation ne l'eſt pas.* L'aliénation peut n'être pas néceſſaire; mais plus commode, plus convenable, plus avantageuſe aux parties intereſſées. Elle peut donc ſe faire, & la ſeule condition néceſſaire c'eſt qu'elle ſe faſſe par les conventions de ceux qui gouvernent, & de ceux qui ſont gouvernés, & ces conventions feront une Loi juſte, quelque nom qu'on veuille lui donner, civile ou politique, tout cela m'eſt indifférent.

Il faut juger de même des Loix qui fixent l'ordre de la succession dans les Monarchies. Ces Loix font fondées fur le bien de l'Etat auquel toutes les volontés concourent. *Ce n'est pas pour la famille regnante que cet ordre est établi.* Quand cet ordre vient à finir, *il est absurde de réclamer la succession en vertu d'une Loi civile, de quelque païs que ce soit. Les Loix Romaines ne font pas plus applicables que quelques-autres Loix civiles.* Ils ne les ont point emploiées eux-mêmes, lorsqu'ils ont jugé les Rois. Ce trait me furprend dans un Ecrivain fi déclaré pour les Romains, qu'il *fe croit fort* quand il les a pour lui. *Les maximes,* dit-il, *par lesquelles ils ont jugé les Rois, font fi abominables, qu'il ne faut point les faire revivre.* Il s'entend, & caractérife ces maximes fans les expliquer. Il s'entend & ne juge pas à propos d'inftruire fes Lecteurs, qui fûrement ne l'entendent pas.

On ne l'entend pas mieux fur les reftitutions que ceux qui font exclus de la fuccession par la Loi d'un Etat pourroient prétendre. Il dit *que les reftitutions font dans la Loi & peuvent être bonnes pour ceux qui font établis pour la Loi, &*

qui vivent pour la Loi. Ce qu'il y a de clair c'est qu'il est ridicule de décider des droits des Roïaumes contre les Loix des Roïaumes, qui sont maîtres d'établir quelles Loix il leur plaît contre quiconque prétendroit les gouverner sans leur consentement. C'est ce que l'Auteur établit très-formellement dans son vingt-troisiéme Chapitre. *Quand la Loi, qui a établi dans l'Etat un certain ordre de succession qui devient destructif du corps politique pour lequel elle a été faite, il ne faut pas douter qu'une autre Loi ne puisse changer cet ordre.* Sur ce principe, *le salut de l'Etat est la suprême Loi.* Sur ce principe encore, si l'héritier de l'Etat est déja Souverain d'un autre, ce premier peut l'exclure : il peut faire renoncer ceux qui par un mariage peuvent acquérir quelque droit sur son indépendance, ou l'exposer à la nécessité d'un partage, & quand il aura fait renoncer, il seroit absurde qu'on prétendît à des restitutions. C'est ce qu'il disoit dans le dix-huitiéme Chapitre, où nous en étions.

   ＊ Par ce même principe qu'il *ne faut*

＊ Chap. 17.

point décider par les regles du droit civil, quand il s'agit de décider par celles du droit politique ; il prétend justifier l'ostracisme, ou le bannissement de dix ans, auquel on obligeoit certains citoiens d'Athènes ; mais ilimportoit peu qu'on nommât la Loi, qui l'imposoit civile, ou politique, il s'agissoit de décider si ce bannissement étoit juste en lui-même, & la plus simple notion de l'établissement d'une société civile, décide qu'il étoit contre toute justice. En vain l'Auteur demande-t'il : *si dans les tems & dans les lieux, où ce jugement s'exerçoit, on ne le trouvoit point odieux, c'est à nous qui voïons les choses de si loin, de penser autrement que les accusateurs, les Juges & l'accusé même.* La nature des actions morales est immuable. Nous jugerions d'un assassinat commis au commencement du monde, comme nous en jugerons, quand il est commis sous nos ïeux. Prononçer que l'Ostracisme n'étoit point odieux, parce qu'il ne se prononçoit que contre les hommes d'un mérite extraordinaire ; c'est prouver qu'il étoit doublement injuste. C'est ainsi que nous jugeons, quand nous voïons un Citoïen dépouil-
lé

lé de son emploi, quand il l'exerce avec trop de probité. Nous louons l'homme, & nous blâmons le traitement qu'on lui fait.

* *Qu'il faut examiner si les Loix, qui paroissent se contredire, sont du même ordre.* Cette maxime est ridicule. Ce qu'il faut examiner dans les Loix, c'est leur justice, ou leur injustice. Dans quelque ordre qu'on les mette, & quelque nom qu'on leur donne, on n'en doit pas moins les juger contradictoires, quand elles se contredisent réellement. Telles sont les deux Loix, que l'Auteur prétend ne se point contredire, parce que l'une étoit, dit-il, une Loi politique, & l'autre, une Loi Civile. A Rome, un mari qui souffroit les débauches de sa femme *étoit puni:* cependant à Rome il fut permis *au mari de prêter sa femme aux autres.* C'étoit une contradiction. Mais où est cette Loi ? Quelle preuve en donne-t'on ? La voici. *On sait que Caton prêta sa femme à Hortensius,* & Caton *n'étoit point un homme à violer les Loix de son païs.* On sait que Caton étoit un homme dominé par l'humeur; un homme d'une imagina-

* Chap. 18.

R

tion capricieuſe juſqu'au fanatiſme. Ce fanatiſme put aller juſqu'à lui faire prêter ſa femme, en conſéquence de celui de Licurgue, qui l'avoit permis dans Lacedomone. Mais le fait peut être, fut trop peu connu pour être puni par la Loi Romaine. C'eſt tout ce qu'on peut dire ſur un fait, qui peut être faux. Il ſuffit de réfuter l'objection par des conjectures. C'en eſt une bien fondée de penſer que les Romains ne furent * pas aſſez peu ſenſés pour admettre deux Loix contradictoires.

Celle des Viſigots qui vouloit que *les Eſclaves fuſſent obligés de lier l'homme & la femme, qu'ils ſurprenoient en adultere, & de les préſenter au mari & au Juge*, étoit ce qu'on peut appeller une Loi vraiment barbare, ou d'un peuple peu civiliſé. Loi dure, mais qui n'avoit rien d'injuſte dans l'objet qu'elle ſe propoſoit. Il s'agiſſoit de la punition d'un crime extrêmement déteſté par la Nation, qui ne péchoit que dans la maniere de s'aſſurer des coupables. Il étoit dur d'impoſer cet office aux Eſclaves; mais ceux qu'ils arrêtoient ne méritoient pas que leurs

* Chap. 19.

crime restât impuni par égard pour
leurs personnes. Les Executeurs de la
Justice vont prendre les voleurs chez
eux, de quelques conditions qu'ils
soient. On doit compte aux Sociétés
les moins polies de leur amour pour
la justice, lors-même qu'il paroît un
peu brutal.

*Il ne faut pas décider par les princi-
pes des Loix civiles, les choses qui appartiennent au droit des gens; mais il
faut du moins raisonner exactement
sur ce dernier sujet. Il en suit, dit-on,
que les Princes, qui ne vivent point entr'eux sous des Loix Civiles ne sont point
libres. Ils sont gouvernés par la force; ils
peuvent continuellement forcer & être for
cés. Pensées outrées.* Par le droit des
gens les différentes Nations ou leurs
Princes, qui les représentent, sont
dans le même cas où les hommes sont à
l'égard des autres hommes, par le droit
naturel. Or ce droit naturel ne permet
jamais aux hommes de se faire violence
les uns aux autres. Il ne suit donc
point de là que *les traités que les Princes auront fait par force, soient aussi
obligatoires, que ceux qu'ils auroient*

* Chap. 20.

faits de bon gré. Ce n'est d'ailleurs qu'au nom de leur nation qu'ils sont censés traiter, & c'est leur nation même qui les dispense de tenir les promesses qu'ils ont faites par contrainte. C'est par cette raison que les Nations exigent que les traités qu'elles ont faits avec les Princes soient ratifiés par le corps de leur propre Nation. Si cet usage n'est pas toujours observé, c'est qu'on suppose que la Nation consent aux traités, même les plus défavorables, par des raisons de justice ou de politique. Par ces mêmes raisons, les Traités que le Prince a faits en son nom sont censés obligatoires comme s'il les avoit faits de son bon gré. Ce sont les droits de la guerre qui le forcent, non pas le défaut de liberté naturelle. Quand il s'en plaint, ce n'est pas qu'il prétende être Prince à l'égard des autres Princes ; mais parce qu'il se regarde comme inférieur à l'égard de ceux qui l'ont obligé à leur céder dans son infériorité.

On exagere aussi les droits des Ambassadeurs. Ils peuvent parler avec toute liberté pour les intérêts & pour les droits des Princes qui les envoient. Mais ils ne peuvent rien attenter contre ceux des Princes auxquels ils font envoïés. *S'ils abufent de leur être repré-fentatif*, on peut non-feulement le faire ceffer & les renvoïer chez eux; Mais on peut même les arrêter, s'ils font convaincus d'avoir fait des brigues & des complots; s'ils ont commis des crimes nuifibles à la tranquilité de l'Etat; s'ils ont contracté des dettes oné-reufes. On peut les accufer alors de-vant leur Maître, qui devient leur Ju-ge & leur complice, & qui doit ré-pondre d'eux avant de les rappeller. Le droit des gens a fes bornes au-de-là defquelles il n'oblige point. Il permet aux Princes de prendre des fû-retés les uns contre les autres.

* Il n'eft point vrai par tout, que *les Réglemens de Police foient d'un autre ordre que les autres Loix Civiles.* Cet-te différence n'a lieu que quand les Loix Civiles ont établi deux ordres de Juges pour ces différens objets. Ail-leurs il n'y a de vrai que ce que l'Au-teur dit au commencement de ce Cha-pitre. *Il y a des criminels, que le Ma-giftrat punit; il y en a d'autres, qu'il corrige.* Et cette diftinction n'eft fon-

* Chap. 24.

dée que fur celle que les Loix fages ont mife entre les fautes & les peines. Il eft alors du devoir des Magiftrats de fe conformer à cette diftinction dans leurs jugemens. Si les peines ne font pas proportionnées aux fautes, cela vient du vice des Loix, foit qu'elles aïent établi deux ordres de Magiftrats ou qu'elles n'en aient établi qu'un feul. C'eft le vice qu'on peut reprocher à cette République d'Italie, qui punit le port des armes à feu comme crime capital. Il doit être plus funefte d'en faire un mauvais ufage, que de les porter. Il eft vifible que le Sultan, qui fit empaler un Boulanger pour l'avoir furpris en fraude, exerçoit une juftice outrée. Tout ce que je puis reprocher à notre Auteur à ce fujet, c'eft d'avoir fuppofé qu'on ait établi dans toutes les Societés civiles des Cenfeurs. Ils étoient d'une grande utilité pour le bien des Etats. L'établiffement des Juges particuliers de Police, feroit de la même utilité, l'effentiel eft que ces fortes de Magiftrats exercent leurs fonctions avec autant d'équité que de vigilance & d'exactitude.

Fin de la Seconde Partie.

POST SCRIPTUM.

AU moment que j'allois finir ma derniere Lettre, on m'apprit qu'il pa-
roiſſoit un Ecrit, où je n'étois pas traité gracieuſement; mais on ne put m'en
dire le Titre. Je m'en ſuis informé, je
l'ai fait chercher, & depuis deux jours
on me l'a remis. C'eſt une *Apologie de
l'Eſprit des Loix*, ou des Réponſes aux
Obſervations de M. de la Porte, *par M.
de R.* Ce dernier Ecrivain n'eſt point
de ma connoiſſance, & j'en connois
trop peu de ſon goût pour le deviner à
ſa façon d'écrire. Mais il ne me laiſſe
pas douter au moins que ce ne ſoit un
Partiſan très-déclaré de l'Auteur, qu'il
entreprend de défendre. *Il ne s'engage
pourtant pas à répondre à toutes les Obſervations de M. de la Porte*; mais ſeulement à celles *auxquelles il croira pouvoir repondre.* S'il y répond mal tout ce
qu'il en faudra conclure, dit-il, c'eſt
qu'il *aura fait une mauvaiſe réponſe.*
Moi qui n'ai lu ni les Objections ni les
Réponſes, je ne m'aviſerai pas d'en ju-

ger fans connoiffance de caufe. Mais
feroit-ce trop me hâter de tirer déja de
fa défiance un préfage en ma faveur. Il
ne me répondra point , parce qu'il ne
croira pouvoir me répondre. Que *pour-*
rois-je dire , s'écrie-t'il ? *à un autre cri-*
tique , qui vient de fe mettre fur les rangs.
C'eft de moi qu'il parle. Que pourroit-
il me dire ? En critiquant l'Efprit des
Loix, je ne *fuis point convenu ,* comme
Monfieur de la Porte , que *c'étoit un*
Livre utile , admirable , unique. Ce n'é-
toit point l'objet de mon engagement.
Vous m'aviez demandé ce que je pen-
fois de cet Ouvrage , & je vous l'ai dit
avec ingénuité. C'eft - là mon caractére. Mais l'Apologifte zèlé ne m'en fait
pas affez de gré pour s'être mis en peine de me répondre.

Répétons-le , il a fenti qu'il ne le
pouvoit, & n'a trouvé que la mauvaife foi qui put prêter quelques miférables
armes à fa mauvaife caufe. Le ftra-
ragême eft groffier. Ce font quatre mots
ifolés qu'il a tirés de mon texte. Il s'eft
flatté qu'en les préfentant détachés de
toutes liaifons , il leur donneroit des
fens ridicules , outrés , infultans. Ma
juftification fera trop facile & trop cour-

te pour me faire craindre de vous en caufer la peine & l'ennui.

J'annonce dans mon préambule, dit le judicieux & fincére Apologifte, que je ferai *plaifant.* Voici mes paroles. Je prendrai dans mes Lettres *le ton férieux qui me convient, & fi je fuis forcé d'y mêler quelques plaifanteries, j'aurai foin du moins que la raifon les affaifonne.* Voilà mon premier crime. Je plaifanterai, quand j'y ferai forcé ; mais mes plaifanteries feront toujours affaifonnées de la raifon. Quel reproche à me faire, fi j'ai fatisfait à mes promeffes ?

L'Auteur de l'Efprit des Loix nous avertit dans fa Préface, qu'il y a dans fon Livre *une infinité de chofes.* Et comme cette façon d'annoncer le contenu d'un Livre eft une efpéce d'infulte faite aux Lecteûrs, je leur dis : *& moi, duffiez-vous un moment me prendre pour un batteleur, je fuis réduit à vous dire : vous y verrez ce que vous y verrez.* N'eft-il donc pas permis de répondre quelquefois au fou felon la folie ? Ne fuffit-il pas en mille occafions d'oppofer le ridicule au ridicule, quand fur-tout ce ridicule n'eft qu'affecté pour montrer dans tout fon jour un ridicule réel?

J'appelle l'Efprit des Loix des *brou-tilles*. J'appelle les chofes par leur nom. Qu'on cite l'endroit, & les lecteurs verront que je nomme broutilles des minucies auxquelles l'Auteur n'auroit pas dû s'arrêter. C'eft ainfi que je dis encore ailleurs. Je ne vois là que quelques petites attentions à faire fur un menu verbiage , auffi peu jufte que frivole. Je nomme enfin celui qui parle dans l'Efprit des Loix, *notre Auteur vagabond*. C'eft le terme que l'Analogie du difcours demandoit. Quand on a bien prouvé qu'un Auteur qu'on voudroit fuivre , ne fe fuit point ; qu'il paffe brufquement d'un fujet à l'autre , fans qu'il y ait entr'eux le moindre rapport & les liaifons les plus éloignées , on ne lui fait point d'injure de le nommer Auteur vagabond. Ce font les matieres qui dictent le choix des expreffions, & ces expreffions, fur-tout, ne tombe jamais fur la perfonne de l'Auteur. Je l'ai déclaré, *ma difpofition naturelle* à l'égard de celui de l'Efprit des Loix *étoit de lui rendre une juftice exacte*. J'ai porté par tout cette exactitude jufqu'au fcrupule, dans mes dernieres Lettres auffi-bien que dans les premieres. L'en-

vie même de l'excuſer m'a fait ſouvent
lui prêter des excuſes , quand j'ai cru
que ſes écarts ou ſes inexactitudes en
étoient ſuſceptibes. J'ai loué ce qui méritoit d'être loué. C'eſt tout ce que j'ai
pu faire. Il avoit demandé comme une
grace à ſes Lecteurs *d'approuver ou de
condamner ſon Livre entier , & non pas
quelques phraſes. Non*, vous ai-je dit',
je n'en ferai rien. Je ne ſais pas me con-
trefaire, & je le vois bien ; c'eſt ma ſincérité qui deplaît beaucoup à ſon Apologiſte. C'eſt la force de mes critiques,
qui l'a dégoûté de l'envie d'y répliquer.
En vain prend-il le ton dédaigneux.
Je n'ai garde, dit-il, *d'entrer en lice
avec un pareil adverſaire.* A ce langage
on reconnoît le Renard de la Fable. Il
mouroit de faim ; mais après avoir
long-temps ſauté de toutes ſes forces
pour atteindre une grape de raiſin trop
élévée, je la laiſſe, dit-il, en s'en al-
lant , je n'aime pas les raiſins verds *.
Nolo acerbam ſumere. L'apologiſte s'a-
vance juſqu'à dire que *quiconque prendra la peine de parcourir mes Lettres,
verra qu'il a eu raiſon de ſe diſpenſer d'y*

* Phed. l. 4. Fable 2.

répondre. Il se trompe, & je veux bien l'avertir qu'il ne trouvera les gens qu'il lui faut que dans un certain Caffé. C'est là que je sais qu'une cabale échauffée se déchaînoit contre mon Ouvrage au moment qu'il parut. N'achetés pas ce livre la ; c'est un mauvais Ouvrage : il est pitoïable. L'Auteur est cent piques au-dessous de celui qu'il attaque. A-t'il lu tous les livres qu'il faudroit avoir lu pour atteindre à sa vaste érudition ? Quelle profondeur a-t'il ? Quel génie ! Quelle connoissance ! Si quelqu'un de sang froid vouloit souffler, on lui fermoit aussi-tôt la bouche. Mais l'Auteur a passé pour avoir de l'esprit, il nous a même donné quelques Ouvrages estimés. Oui repliquoient les plus emportées : il avoit quelque esprit ; mais c'est un esprit tombé. Vous, Monsieur, de qui j'ai l'honneur d'être connu depuis des années, me faites - vous aujourd'hui, celui de penser que je radote ? Si quelqu'un s'avisoit de l'afficher au coin des rues, croïez-vous que je resterois sans replique ? *Sicut homo non habens in ore suo redargutiones.*

FIN